Jost Müller-Bohn

Die Flügel sind stark

Bleib du im ewgen Leben – mein guter Kamerad

Band III

Verlag der
St.-Johannis-Druckerei
C. Schweickhardt
Lahr-Dinglingen

CIP-Kurztitelaufnahme der Deutschen Bibliothek

Müller-Bohn, Jost:
Bleib du im ewgen Leben – mein guter Kamerad / Jost Müller-Bohn. – Lahr-Dinglingen: Verlag der St.-Johannis-Druckerei Schweickhardt
Bd. 3. Die Flügel sind stark. – 1985.
(TELOS-Bücher; Nr. 2093: TELOS-erzählendes-Paperback)
ISBN 3-501-00143-6
NE: GT

ISBN 3 501 00143 6

TELOS-Bücher
TELOS-Erzählendes Paperback Nr. 2093

Umschlagfoto: Military Archive & Research Services, Lincs.
Gesamtherstellung: St.-Johannis-Druckerei, Lahr-Dinglingen
Printed in Germany 8569/1985

Inhalt

Dieses Jahr in Jerusalem

»Die Flügel sind stark, die mich tragen«, denkt Frau Nowak, während die Landeklappen des Jumbo-Jets ausgefahren werden. Die Boeing 747 befindet sich im Landeanflug auf den Flughafen von Tel Aviv.

Mit forschenden Blicken durchschreiten die Stewardessen die Gänge des gewaltigen Luftriesen, um zu überprüfen, ob alle Passagiere die Sicherheitsgurte vorschriftsmäßig angelegt haben.

»Sehen Sie dort, gnädige Frau, die funkelnden Lichter, das ist der Strand von Tel Aviv – oh, herrliches Israel, mein geliebtes, schönes Israel!«

Voller Begeisterung deutet ein leicht ergrauter Israeli auf die unzähligen Lichter in der großen Weltstadt des jungen Staates hin.

»Ein schönes Bild«, pflichtet ihm Frau Nowak bei. »Ja, einmalig schön.«

Die Beleuchtung im Passagierraum erlischt, um den Fluggästen den faszinierenden Anblick der Stadt noch eindrucksvoller werden zu lassen. Über den Schaumkronen des Mittelmeeres spiegeln sich die bunten Lichter der Geschäftsviertel. Durch die Bordfunkanlage erklingt die weltbekannte Melodie des Liedes: »Hevenu Shalom Alechem«. In die flotten Rhythmen stimmen die Israelis, aber auch einige andere Passagiere mit ein. Dazu klatschen sie schallend in die Hände. Freudenrufe sind zu vernehmen.

»Halleluja – Halleluja!« singen einige hocherfreut, während die Linienmaschine aus Frankfurt am Main auf die Stadt zuschwebt.

»Ist das nicht ein einmaliges Erlebnis?« fragt Michael Deutschkron seine Nachbarin. »Immer wieder ist mir so, als würde ich zum erstenmal das ›Gelobte Land‹ erreichen, das Land Abrahams, Isaaks, Jakobs und aller Propheten.«

Frau Nowak nickt mit dem Kopf. Tränen steigen ihr in die Augen, Tränen der Freude, aber auch Tränen der Erinnerung an eine unglückselige Vergangenheit. Jetzt überquert die Düsenmaschine die belebte Innenstadt in nur geringer Höhe. Langsam schwebt der Riesenvogel der EL AL dem Ben-Gurion-Flughafen zu. Noch immer schaut Frau Nowak über die große Tragfläche der

Boeing 747 bis hin zu den Positionslichtern. Wieder erklingt in ihr leise das Lied: »Die Flügel sind stark, die mich tragen, und unter den Flügeln ist Ruh.«

»Ich wünsche Ihnen einen glücklichen und gesegneten Aufenthalt in Israel, gnädige Frau. Wenn ich Ihnen bei den Zollformalitäten behilflich sein kann«, er macht eine einladende, elegante Geste, »aber Sie werden ja wohl gleich von Ihrer Bekannten in Empfang genommen. Also ›Shalom‹ und viel Freude im Land der Bibel!«

Als sie die Stufen der Gangway hinuntergehen, flutet ihnen tropische Wärme entgegen. Samtweich ist die Luft, die sich leider mit dem penetranten Geruch der Abgase von Kerosin und Öl vermischt.

Ruth Engelmann steht in der Empfangshalle des Flughafens inmitten einer erregten Menge von Wartenden. Von Zeit zu Zeit stellt sie sich auf die Zehenspitzen, um besser sehen zu können. Sie hält Ausschau nach ihrem heiß erwarteten Gast aus Deutschland. Ihr kommen die Nachkriegsjahre in der einstigen Heimat in den Sinn und das Durchgangslager Friedland, wo sie oft und lange, voller Erwartung und tiefer Sehnsucht auf die zurückkehrenden deutschen Soldaten geblickt, aber nur einen, ihren Hans Nowak, erwartet hat. Doch er kam nie. Wie lange hatte sie vergeblich dort gestanden mit einem großen Schild vor sich:

›Wer kennt den Kameraden Hans Nowak?
Letzter Standort: STALINGRAD‹

Damals lebte sie bei Frau Nowak, die von Mitteldeutschland in den Westen übergesiedelt war. Ihr Hans kam nicht zurück. Er hatte sich freiwillig für einen Kameraden zurückstellen lassen. An seiner Stelle war der Familienvater Siegfried Kittel aus dem Kessel von Stalingrad herausgeflogen worden.

Ruth war noch immer eine hübsche, gepflegte Frau in den besten Jahren. Sie wanderte 1965 nach Israel aus, denn alle ihre Verwandten und viele der einstigen Bekannten waren durch die grausame Treibjagd während des Hitlerregimes in irgendwelchen Konzentrationslagern ums Leben gekommen. Sie selber verdankte ihr Leben einigen Berliner Familien, die ihr Unterschlupf gewährt und so geholfen hatten, daß sie nicht entdeckt wurde.

Christen hatten den Mut besessen, und das unter Lebensgefahr, sie zu verstecken, bis die Stunde der Befreiung geschlagen.

»Mutter! – Mutter! – O, meine Mama!« rief Ruth aufgeregt und umarmte Frau Nowak stürmisch unter vielen Küssen.

Nachdem Frau Nowak ihr Gepäck in Empfang genommen hat, gehen die beiden zu einem Taxi. Die Nacht bricht schnell herein, die Sonne ist am Horizont versunken. Von einer Minute auf die andere hat die Dunkelheit das Sonnenlicht über Israel verdrängt. Sanfter, milder Wind streicht vom Meer her über die flache Küstenlandschaft. Nach der drückenden Hitze des Tages drängen sich die Bürger der Stadt auf den Straßen, um die angenehme Kühle des Abends zu genießen. Durch dunkle Wälder schnurrt der Dieselmotor des Taxis. Spiralenförmig windet sich die ausgebaute Straße hinauf nach Jerusalem. Mitten in der Stadt, und zwar in der Yaffa-Street, verlassen die beiden das Taxi. Ruth führt Frau Nowak die Treppe hinauf, ihre Wohnung liegt im zweiten Stock.

»Willkommen, Mama, herzlich willkommen bei deiner israelischen Tochter! – Fühl dich hier ganz daheim und wohl, so wie ich mich viele Jahre nach dem Krieg bei dir geborgen wissen durfte.«

Eine behagliche Dreieinhalb-Zimmer-Wohnung, geschmackvoll eingerichtet, ist Ruths Zuhause. Frau Nowak mustert alles mit erstaunten Blicken. Auf einem Sideboard steht, von Blumen geschmückt, das Bild ihres Sohnes Hans.

»Mach es dir bitte bequem, Mutter!« fordert Ruth ihren Gast auf.

»Hier findest du das Bad, wo du dich frischmachen kannst. Ich will uns inzwischen das Abendessen herrichten.«

Sie gibt ihr einen liebevollen Kuß auf die Stirn und eilt dann in die Küche. Frau Nowak tritt für einen Augenblick auf den kleinen Balkon, um den Anblick der Stadt Jerusalem mit nächtlicher Beleuchtung in sich aufzunehmen. Von hier aus kann sie einen kleinen Teil der angestrahlten Stadtmauer und den Davidsturm sehen. Der Wind rauscht in den Palmen, die vor dem Haus stehen. Rabbiner mit langen Bärten und schwarzen Hüten gehen, still betend, die Straße entlang. Zeitungsjungen rufen die letzten Nachrichten des Tages aus. Hin und wieder sieht man auch hübsche, junge Israelis Arm in Arm mit ihren Mädchen.

Wie schön doch diese Menschen sind, denkt Frau Nowak. Welch einen Ungeist der Dämonie hatte der Nationalsozialismus damals in die deutschen Landsleute gepflanzt: jüdische Untermenschen! – Abschaum der Menschheit! – Vom barbarischen Judenblut war die Rede gewesen. Es war nicht zu fassen, daß eine ganze Nation sich hatte hinreißen lassen, diese Menschen ausrotten zu wollen! Traurig geht Frau Nowak ins Zimmer zurück.

Ruth stellt die siebenarmige Menorah auf den Tisch und zündet die Kerzen an. Wie festlich alles aussieht.

Nach dem Essen sitzen die beiden Frauen beim flackernden Schein der Kerzen und lassen die Vergangenheit in Worten noch einmal auferstehen.

Frau Nowak hat mehrere Fotoalben mitgebracht. Was nicht in Bildern festgehalten ist, kramt sie aus der Erinnerung hervor, aus den Tagebüchern ihres Mannes und aus eigenen Aufzeichnungen. Auch Ruth weiß viel von ihrer dramatischen Flucht und Rettung zu erzählen. Nach einiger Zeit erkundigt sich Ruth: »Wie geht es eigentlich Eberhard?«

»Das kannst du ihn bald selber fragen«, entgegnet Frau Nowak, milde lächelnd.

»Wie soll ich das verstehen?« Neugierig blickt Ruth ihre deutsche Mama an.

»Ja, ja, mein Kind, Überraschungen bringen oft ungeahnte Glücksgefühle in unser Leben!«

»Ist er etwa auch hier?«

»Eberhard kam letzte Woche mit seiner Frau nach Israel, um das Land kennenzulernen und mit uns das Passahfest zu feiern.«

»Das ist ja wunderbar!« Ruth ist ganz außer sich vor Freude. Damit hatte sie überhaupt nicht gerechnet. »Ein österliches Familientreffen in Jerusalem!«

»Nur Hartmut fehlt, er konnte leider nicht mitkommen«, seufzt Frau Nowak. Ihr Gesicht bekommt dabei einen leicht melancholischen Ausdruck, Ruth beobachtet sie von der Seite und stellt fest, wie gütig und liebenswürdig sie doch aussieht. Der Glanz in ihren Augen läßt Nachsicht und Milde erwarten. Die Fältchen um die Augen und in den Wangen verheißen Frieden und Segen. Ganz leise sagt Frau Nowak: »Ach, wenn Vater und Hans doch noch bei uns wären und das Wunder der Sammlung eures Volkes, der

Kinder Israels, hätten miterleben können, sicher würden auch sie vor Freude weinen.«

»Sie weilen bereits in einer besseren Welt, Mutter, und vielleicht blicken sie vom ›Himmlischen Jerusalem‹ auf uns herab«, antwortet Ruth tröstend.

Nach einem tiefen Seufzer sagt Frau Nowak: »Wie lange ist das alles schon her!« Über die flackernden Kerzen weht ein Hauch der Vergangenheit.

Aufklärer, wenn ich bitten darf

Bei der Musterung in Berlin-Lichterfelde wünschte Eberhard: »Aufklärer, wenn ich bitten darf, Herr Oberstabsarzt!«

Der Arzt machte sich seine Notizen, seine Augen schienen undurchdringlich.

»Großer Gott, hilf mir! Ich möchte nie in die Gefahr kommen, das Leben eines anderen Menschen auslöschen zu müssen. Hilf, Herr Jesus, denn dir ist alle Gewalt gegeben, im Himmel und auf Erden!« betete Eberhard im stillen. »Du kannst selbst die Gedanken eines Oberstabsarztes beeinflussen!«

Dem Wunsche wurde stattgegeben. Deshalb kam Eberhard zur Grundausbildung zur Luftwaffe und später zum Spezialunterricht für Fernaufklärer.

Eberhard Nowak hieß der »Neue«. Bald hatte es sich bei den Kameraden der Staffel herumgesprochen, er sei ein »Frommer«! Es gab geradezu einen kleinen Aufstand, als bekannt wurde, daß der Neue bei Tisch betete, und zwar am Morgen wie am Abend. Stets hatte er auch seine kleine Taschenbibel dabei! Wie konnte man einen solchen »Waschlappen« beim fliegenden Personal gebrauchen?, dachte wohl mancher.

Leutnant Hansen wollte sich mit diesem Sonderling unbedingt auf den Prüfstand der Bewährung begeben. Sein Plan stand fest, diesen, noch nicht ausgereiften jungen Mann, den härtesten Anforderungen bei einem Probeflug zu unterziehen. Durchdringend musterte er den Oberfähnrich, der zur kampferprobten Einheit als examinierter Kampfbeobachter frisch hinzugekommen war. Dieser Nowak entsprach keineswegs der schneidigen Erscheinung eines Soldaten der vielgerühmten deutschen Luftwaffe. Bei Höhenflügen bekam er regelmäßig Magenbeschwerden. Er betrachtete zudem alle körperlichen Anspannungen, die ihm das Fliegen verursachte, als von Gott auferlegte Prüfungen. Privat liebte er klassische Musik, war Nichtraucher und enthielt sich, soweit er nur konnte, allen Ausschweifungen und sinnlosen Saufgelagen.

Als er sich freiwillig zu den Fernaufklärern meldete, wurde seine Begabung als guter Fotograf wohlwollend anerkannt, aber seine Neigung zur Weitsichtigkeit nicht bemerkt. Während des Offizierslehrgangs verstand es der Oberfähnrich, diese kleine Augenschwäche zu verbergen. Im Grunde war es für den Bildbeobachter kein entscheidender Nachteil, denn bei der Auswertung der Frontaufnahmen konnte er sich getrost eine starke Lupe zu Hilfe nehmen.

›Ich will ihn auf Herz und Nieren prüfen‹, dachte der Flugzeugführer, ›ehe ich mit ihm bei den wilden Turbulenzen über Feindgebiet eine Pleite erlebe.‹

»Sagen Sie, Nowak, warum haben Sie sich eigentlich nicht zum Dienst beim Bodenpersonal gemeldet?«

»Ich wollte unter allen Umständen vermeiden, eine Waffe gebrauchen zu müssen, Herr Leutnant, weil ich als überzeugter Christ auf keinen Menschen schießen will.«

»Wie kamen Sie denn durch die Tauglichkeitsuntersuchung?«

»Herr Leutnant, ich hatte einen unsichtbaren Helfer«, bekannte Eberhard.

Es schien, als habe er beim Leutnant einen schlechten Tag erwischt, denn dieser beobachtete seinen Neuling sehr mißtrauisch. Mit leichter Ironie bemerkte er:

»Sie meinen wohl, sich im Ernstfall zwischen Himmel und Erde auch auf diesen sogenannten ›unsichtbaren Helfer‹ verlassen zu können?«

»Ich bin fest davon überzeugt, Herr Leutnant.«

Ein etwas zynisches Grinsen legte sich über das Gesicht des Offiziers, als er sagte:

»Aber kotzen Sie mir nicht jedesmal die Maschine voll!«

»Ich bitte Sie, Herr Leutnant, es mit mir zu wagen.«

Nowak glaubte, einen etwas versöhnlicheren Ton aus den Worten » . . . nicht jedesmal . . .« heraushören zu können. Er nahm Haltung an und antwortete: »Augenblicklich fühle ich mich stabil und den Anforderungen gewachsen.«

»Wie Sie meinen. Sie können sich natürlich durchaus noch einmal vom Oberstabsarzt gründlich untersuchen lassen. Vielleicht erhalten Sie dann doch eine Untauglichkeitsbescheinigung.« Der Leutnant wirkte jetzt doch unerbittlich.

»Wenn ich erst in die Hände der Ärzte komme, so bedeutet das unweigerlich zeitraubende, langwierige Untersuchungen, und wer weiß, wohin man mich dann verfrachtet. Wie ich schon sagte, ich möchte auf keinen Fall zum Bodenpersonal, Herr Leutnant, ich bitte darum.«

»Komisch, komisch finde ich das. Die meisten sind darauf bedacht, irgendwo einen Drückebergerposten zu erhalten, und Sie wollen unter allen Umständen hoch in die Luft?« Der Leutnant fragte lächelnd:

»Sagen Sie mal, Nowak, so ganz privat, welche Berufsabsichten haben Sie eigentlich nach dem Krieg?«

»Wenn es im Willen Gottes ist, würde ich gern als Pastor das Evangelium verkündigen, Herr Leutnant.«

»So, so, wenn es der Wille Gottes ist . . ., und nun meinen Sie, in einem Kampfflugzeug dafür gute Erfahrungen sammeln zu können? Menschenskind, Nowak, in solch einer wackeligen Metallkiste können Sie sich doch nicht zum Theologen ausbilden!«

»Herr Leutnant, wenn die Gefahr am größten, ist Gott am nächsten, davon bin ich felsenfest überzeugt.«

»Ich möchte Ihren Glauben ja nicht antasten, Nowak, aber eines kann ich Ihnen versichern, ein Feindflug ist keine Spielerei! Dabei können Sie nicht singen: ›Nur wer dem Tod ins Angesicht schauen kann, der Soldat allein ist der freie Mann!‹ Dazu haben Sie dann keine Zeit mehr.« Herausfordernd sah er ihn an.

Eberhard aber blieb dem Leutnant keine Antwort schuldig: »Vielleicht gilt dann das Wort: ›Wenn alles bricht, Gott verläßt uns nicht, denn größer als der Helfer ist die Not ja nicht‹.«

Fromme Sprüche kennt er, dachte Hansen. Kurz entschlossen befahl er:

»Also gut, Herr Theologe, im Augenblick haben wir andere Sorgen, also gehen wir!«

Mit watschelnden Schritten wegen der klobigen Fliegerstiefel gingen die beiden zu den Liegeplätzen der Kampfflugzeuge. Das Bodenpersonal war gerade damit beschäftigt, die Maschinen startklar zu machen. Unter brüllendem Lärm wurden die starken Motoren abgebremst und magnetmäßig überprüft. An der »Diebischen Elster« warteten Feldwebel Schwarzkopf, der Funker und Bordmechaniker, und der Obergefreite Franz Springer, der Bordschütze. Auffallend kühl und reserviert begrüßten sie den »Neuen«. Die Männer hatten ihrer Maschine den Namen »Diebische Elster« gegeben, weil sie dem Feind möglichst alle Geheimnisse seiner rückwärtigen Bewegungen mit diebischer List entreißen wollten. Leutnant Hansen, der jetzt zu ihnen trat, lächelte aufgeräumt:

»Also, meine Herren, es kann losgehen!« Dabei zwinkerte er den kampferprobten »alten Hasen« verschmitzt zu.

An diesem Morgen sollte die gesamte Staffel für den Ernstfall getestet werden. Fünf Besatzungen mußten aus Gründen der Ergänzung für gefallene Kameraden in die Staffel neu eingeführt werden.

In aller Ruhe legten sich die Männer ihre Fallschirme an. Hansen kletterte auf den Pilotensitz und schnallte die Rückengurte fest. Eberhard nahm auf dem Hocker des Beobachters Platz. Schwarzkopf hantierte im rückwärtigen Teil der Kanzel an seinen Instrumenten herum, während sich Springer bequem in die Wanne legte. Hansen ließ die Maschine mit rasanter Geschwindigkeit zum Startpunkt rollen. Feldwebel Schwarzkopf ahnte bereits: das wird ein »Zirkusunternehmen« erster Klasse! Hansen will dem »Neuen« zeigen, was eine Harke ist.

Die »Elster« erzitterte unter dem Dröhnen der beiden 1500 PS starken Motoren. Der Startposten senkte die Flagge, Hansen gab Vollgas und beschleunigte dadurch die Propeller auf 1400 Umdrehungen pro Minute.

»Startklappen sind auf Startstellung ausgefahren!« meldete Eberhard befehlsgemäß. Hansen nickte und ließ den Vogel wie wild über die Startbahn rollen. Er drückte die Steuersäule an sich, bis das Leitwerk abhob und die Maschine mit der Gewalt von fast 3000 PS im Tiefflug davonbrauste. Nervös fingerte er mit seiner linken Hand an den Instrumenten herum. Ein leiser Ruck zeigte an, daß das Fahrwerk eingefahren war.

»Fahrwerk eingefahren«, meldete Nowak.

»Habe ich auch schon gemerkt! Vielen Dank!« höhnte der Pilot, obwohl die Meldung seines Beobachters einwandfrei war.

Die Maschine holte gierig Fahrt auf, sie wurde weich und schwebte schließlich gelöst zwischen Himmel und Erde. Eberhard atmete auf. Die leichte Bedrückung während des tollen Alarmstarts hatte sich verflüchtigt. Ein Gefühl irdischer Gelöstheit nahm von ihm Besitz. Er war bereit, den Beweis seiner Eignung für diesen Posten zu erbringen und alle Kraft zum Gelingen des

Fluges unter schwersten Bedingungen einzusetzen. Bei dem lauten Geheul der beiden Triebwerke dachte er an die Worte:

»Aber die auf den Herrn harren, kriegen neue Kraft, daß sie auffahren mit Flügeln wie Adler, daß sie laufen und nicht matt werden, daß sie wandeln und nicht müde werden.«

Nein, er wollte nicht versagen, es sollte sich keine Schwäche breitmachen. Er war überzeugt, daß der Herr dem Schwachen Stärke geben würde und dachte an seinen Taufspruch: »Laß dir an meiner Gnade genügen; denn meine Kraft ist in den Schwachen mächtig.«

Nun hatte die »Elster« ihre normale Fluggeschwindigkeit von 450 km/h erreicht. Hansen forcierte das Tempo, scharf zog er das Höhenruder an sich, so daß sich der Vogel mächtig aufbäumte. Im äußersten Steigwinkel gewann die Maschine an Höhe. Eberhard schielte verstohlen auf das Variometer. Bald werden wir die Gipfelhöhe von 8000 Metern erreicht haben, dachte er. Mit seiner Sauerstoffmaske und der dunklen Sonnenbrille sah er wie ein vorsintflutliches Lebewesen aus. Tief unter ihnen lagen, märchenhaft verkleinert, die Straßen, Flüsse und Brücken; selbst beachtlich große Städte wurden zu tellergroßen Flecken. »Was ist der Mensch, daß du seiner gedenkst«, Eberhard dachte an dieses Bibelwort. Von einer solchen Höhe konnte man überhaupt kein menschliches Wesen wahrnehmen, keines dieser selbstherrlichen, überheblichen und aufgeblasenen Geschöpfe. Von der Krone der Schöpfung war aus dieser Entfernung nichts auszumachen.

Hansen beobachtete konzentriert das Armaturenbrett. Nur manchmal glitt sein Blick zur Seite. Er wollte Nowak nicht quälen, aber knallhart die Grenze von dessen Belastbarkeit erkunden.

»Schalte die Pumpen auf Steuerbordflächenbehälter um«, meldete Eberhard.

Seine Stimme klingt gefaßt, dachte der Leutnant, bis jetzt noch.

»Verstanden!« rief er.

»Die Pumpen arbeiten unregelmäßig; der linke Flächenbehälter wird zu schnell entleert«, fügte der Oberfähnrich noch hinzu.

»Sie passen prächtig auf«, dankte der Leutnant und straffte sich:

»Achtung! An alle!« schnarrte es aus der Ohrmuschel der FT-Haube:

»Ich fliege jetzt Gefahrenzustände! Erbitte mir höchste Konzentration auf allen Gefechtsposten aus!«

Hansen drückte die Steuersäule nach vorn, die Maschine neigte sich steil nach unten. Eberhards Hände verkrampften sich an den Metallholmen seines Hockers angesichts der ungeheuren Tiefe, die sich vor seinen Augen auftat. Er stemmte die Füße gegen die Abgrenzung der Instrumentenanlage. Sein sensibler Magen machte sich bemerkbar. Wie ein Wurfgeschoß rauschte die Elster mit rasender Geschwindigkeit der Erde entgegen.

»Herr, bewahre uns jetzt und laß das Flugzeug nicht am Boden zerschellen!« waren Eberhards Gedanken.

Wiesen, Wälder, Äcker, Flüsse, Straßen und Häuser kamen aus dem Schlund der Tiefe bedrohlich näher. Die Maschine besaß keine Sturzflugbremsen, deshalb erforderte es vom Piloten höchstes, fliegerisches Können, das Flugzeug rechtzeitig mit stärkstem Steuerdruck zu bändigen und es wieder in den horizontalen Flug überzuleiten. Die Bleche der Tragflächen flatterten erheblich und schienen durch die Überbelastung des Sturzfluges zerbersten zu wollen. Mit aller Kraft zog Hansen deshalb noch immer an der Steuersäule. Nur widerwillig, so schien es, leistete der blecherne Adler dem Piloten Gehorsam.

Eberhard hatte seine Bauchdecke angespannt und preßte möglichst unauffällig seinen rechten Unterarm gegen die Magengegend, um den elenden Würgereiz zu bannen. Hansen lenkte die Elster in einer weit ausgeschwungenen Rechtskurve wieder allmählich in die Höhe. Der Oberfähnrich schwitzte aus allen Poren, er hörte sein Herz unter der FT-Haube hämmern.

»Mund offenhalten!« befahl Hansen, doch das hatten bereits alle Besatzungmitglieder automatisch getan, um den lästigen Druck auf die Trommelfelle zu mildern. Krampfhaft biß Eberhard sich auf die Lippen. Doch plötzlich riß er blitzschnell die Sauerstoffmaske vom Gesicht und mußte sich erbrechen. Hansen gab dem Oberfähnrich einen wohlwollenden Stoß in die Seite und meinte:

»Ist dem stärksten Riesen schon passiert!«

Schwarzkopf dachte sich sein Teil. Er grinste in sich hinein hinter seiner Maske. Schon wieder kletterte der Zeiger des Höhenmessers auf 6000 Meter.

»Also bitte, meine Herren, es geht noch einmal in die Achterbahn!« rief der Leutnant. Wollüstig drückte er die Steuersäule von sich. Die Maschine neigte sich. Insgesamt dreimal wiederholte er die Berg- und Talfahrt, wobei er stets mit einem halben Auge über seinen Beobachter wachte.

Schließlich erprobte er noch den Einmotorenflug. Er stellte den linken Motor ab und steuerte eine gefährlich aussehende Kurve über dem stehenden Motor. Dann ließ er das Triebwerk erneut anspringen. Der Anlasser jaulte, die Magneten zündeten, der ausgefallene Motor zog wieder kräftig mit. Das gleiche Spiel wiederholte er auch mit dem anderen Motor.

Alle atmeten erleichtert auf, als sie bemerkten, daß der Flugzeugführer den »Eignungstest unter erschwerten Bedingungen« abbrach. Ohne weiteren Kommentar flogen sie zum Feldflughafen zurück. Die Landung ging glatt vonstatten. Etwas benommen entstiegen die vier ihrer Maschine und wankten knieweich zu den Unterständen.

»Ich gehe noch zur Flugleitung, um mein Bordbuch abfertigen zu lassen«, rief Hansen ihnen zu.

Später begaben sich Schwarzkopf und Springer ins Kasino, um durch einen kräftigen Schluck ihren Kreislauf stabilisieren zu lassen. Eberhard lag währenddessen auf seinem harten Feldbett. Er hatte das Fenster geschlossen und das Verdunklungsrollo heruntergezogen. Auf dem groben, rechteckigen Tisch standen Rasierspiegel, Feldbecher, ein Kochgeschirr und andere Kleinigkeiten herum. Die vier doppelstöckigen Metallbetten waren an den Wänden aufgestellt. Der Raum wirkte in dem diffusen Licht einer schirmlosen Glühbirne gedrungen, kalt und häßlich. Auf den klobigen Stühlen hingen verschiedene Uniformstücke und Unterwäsche. Beim Ausbildungsgeschwader hätte eine solche Unordnung einen handfesten Krach mit anschließendem »praktischen Erdkundeunterricht« gegeben, wenn der Unteroffizier vom Dienst die Bude so vorgefunden. Aber hier draußen auf dem Feldflughafen ging alles legerer zu. In den mit dunkelgrüner Metallfarbe angestrichenen Kleiderschränken hingen so manche Bilder, unter den Betten standen Kartons und lagen Kleidersäcke, die zusätzlich auch noch als Ablage für privaten Krempel dienten.

Eberhard hatte seinen Kopf in beide Hände gestützt und blickte angewidert auf den ausgetretenen Fußboden. Bei mittlerer Erschütterung rieselte der Kalk von der Decke. Daheim, im väterlichen Einfamilienhaus in Berlin-Blankenburg, sah es auf dem Dachboden sogar noch wohnlicher aus als hier in dieser miesen Bude. Wie pflegte doch Unteroffizier Sander bei jeder Gelegenheit zu sagen? »Schmutz ist die beste Tarnfarbe! Es ist beileibe keine Schande, einmal in den Dreck zu fliegen; aber darin liegenzubleiben und nicht aufstehen zu wollen, hieße: sich im Schweinestall wohlzufühlen.« Wie recht hatte sein ehemaliger Ausbilder.

Während er so in das Durcheinander der Bude blickte, fragte er sich, ob sein Flugzeugführer nun zufrieden gewesen ist, auch trotz des kleinen unangenehmen Zwischenfalls, und ob er ihn einigermaßen überzeugen konnte. Würde er in naher Zukunft ein geeigneter Bildbeobachter werden? Er war sich seiner Sache nicht ganz sicher. So oft er auch seinen Körper auf dem plattgewalzten Strohsack drehte, er blieb im Zweifel und deshalb unzufrieden.

Seine Gedanken wanderten zu seinem Bruder Hans. Wie mochte es ihm ergehen? Ob er seine Grundausbildungen gut überstanden hatte? Wo mochte er jetzt stecken? Eberhard blieb unruhig und fühlte sich bedrückt. Warum nur mußte dieser elende Krieg sein? Warum mußten junge Männer in der Blüte ihrer Jahre ihre Kräfte für diesen Wahnsinn einsetzen? Sein Innerstes schien ihm wie ausgedörrt, sein Dasein ohne Sinn und Kraft. Nur schlafen, dachte er, einfach schlafen, alle zwingenden Umstände vergessen und nicht denken zu müssen wie ein Tier, nicht mehr am Leben zu sein, wünschte er sich auf einmal. Er konnte aber nicht schlafen, denn die aufregenden Minuten des Übungsfluges hatten ihn zu sehr mitgenommen, er konnte die innere Ruhe nicht finden.

›Menschenskind, Nowak, in einer solchen wackeligen Metallkiste können Sie sich nicht zum Theologen ausbilden lassen‹, hatte ihm der Leutnant versichert.

Erneut übermannte ihn die Unruhe, wieder und wieder warf er sich auf seinem Lager von der rechten auf die linke Seite und von der linken auf die rechte. An Schlaf war nicht zu denken, seine aufgewühlten Sinne ließen ihn nicht zur Ruhe kommen. Er fand, es wäre angebrachter, aufzustehen und in der Bibel zu lesen. Aber schon gleich regten sich Zweifel, ob es Zweck hätte, in der Bibel zu lesen, ob er sich darüber beruhigen könne und ob er wirklich Trost für seinen Zustand finden würde.

Noch immer unschlüssig, erhob er sich endlich. Er kramte seine Brille hervor und putzte sie umständlich, indem er die Gläser wiederholt anhauchte und dann mit einem sauberen Taschentuch blankrieb. Er setzte sich an den Tisch, wo das blasse Licht flackerte und begann, in der Heiligen Schrift zu blättern. Nach einigem hin und her fand er einen Text, in den er sich vertiefte.

»Lobe den Herrn, meine Seele, und was in mir ist, seinen heiligen Namen!«

Diese Worte berührten seine Seele. Sie erreichten sein Innerstes und schienen aus einer anderen Welt zu kommen und in ihn einzudringen. Es war nicht die profane Sprache der Menschen, ihm erschienen die Worte wie ein überirdischer Lobgesang durch den ewigen Schöpfergeist.

»Lobe den Herrn, meine Seele, und vergiß nicht, was er dir Gutes getan.«

Ja, er war davon überzeugt, daß das Göttliche sich bei dem Aufrichtigen Bahn brechen würde, denn Gottes Güte währet ewiglich. Er dachte an seinen Bruder Hans, der sich bei der Infanterie in diesem Augenblick vielleicht im Dreck und Schlamm herumquälen mußte, während er sich zu den pikfeinen, sogenannten »Schlipssoldaten« rechnen durfte. So wenigstens nannte man die Männer von der Luftwaffe im allgemeinen. Aufmerksam las er weiter:

»Der dir alle deine Sünden vergibt und heilet alle deine Gebrechen, der dein Leben vom Verderben erlöst, der dich krönt mit Gnade und Barmherzigkeit . . .«

Wie diese Worte in seiner Seele aufklangen, wie sie ihn ergriffen und seinem angeschlagenen Gemüt neuen Auftrieb gaben! Es war für ihn ein Hochtrieb, der ihn in unvergleichlicher Weise höher brachte, als etwa eine Gipfelhöhe von 8000 Metern, nämlich hinauf bis zur Unerreichbarkeit des ewigen Gottes. Und weiter zog es ihn mit Macht zu dem göttlichen Wort:

»Der deinen Mund fröhlich machet und du wieder jung wirst wie ein Adler . . .«

Ach ja, er war noch jung, sogar blutjung, wie man das zu nennen pflegte. Hier durfte er lesen, daß ihm neue Kraft gegeben werde, und schon bemerkte er, wie dieses von Gott gegebene Wort seinem Geist Flügel verschaffte, die sich ins Unermeßliche ausweiten wollten.

»Barmherzig und gnädig ist der Herr, geduldig und von großer Güte.«

Ja, er verspürte etwas von der Gegenwart Gottes, himmlische Pforten schienen für ihn geöffnet zu sein: barmherzig und gnädig sollte und wollte Eberhard auch werden. Aber wie konnte er es unter den rohen Sitten des Krieges? Wie vermochte ein Jünger Jesu die Normen der Bergpredigt in Uniform zu erfüllen? »Selig sind die Sanftmütigen, denn sie werden das Erdreich besitzen.« Wie sollte das erfüllbar sein in dieser Zeit, wo Gewalt vor Recht ging? Er dachte an die kreischende Stimme des Diktators. Unterjochte dieser nicht fast alle Nationen Europas in seinem fanatischen Machtrausch?

»Selig sind die Barmherzigen, denn sie werden Barmherzigkeit erlangen.«

Solche Worte erfindet kein Menschengeist. Sie geleiteten ihn im Geist in das ewige Reich des Friedens, aber nicht in das tausendjährige Reich eines Wahnsinnigen, der die Welt mit seiner Politik beherrschen und damit knechten wollte.

Eberhard gab sich mit geschlossenen Augen seinen Gedanken hin.

Plötzlich vernahm er ein Geräusch, einen metallisch-hellen, fremdartigen, fast singenden Ton. Sein Unterbewußtsein witterte Gefahr. Ehe er dieses giftige Pfeiffen recht identifizieren konnte, hämmerten schon Maschinengewehrsalven über den Flugplatz. Das Bellen der Abschüsse durch Bordkanonen mischte sich in die klatschenden Laute der Aufschläge.

Nein, das war kein himmlischer Gesang! Dieser höllische Krach versetzte ihn augenblicklich in die entsetzliche Gegenwart des Krieges. Blitzschnell ließ sich Eberhard auf den schmutzigen Boden fallen. Die Hände über dem Kopf verschränkt, rief er:

»Vater im Himmel, erbarme dich meiner, schütze mich! Hilf uns in dieser Not!« Jetzt hörte er das Motorengeräusch einer davonfliegenden Maschine. Vom Gang her lärmte es. Erregt stürmten seine Kameraden in den Raum und fanden ihn, den Bildbeobachter und Oberfähnrich, am Boden liegend. Obwohl auch ihnen noch der Schreck in den Gliedern saß, fingen sie an zu höhnen und zu spotten.

»Sieh mal einer an! Da liegt der heilige Oberfähnrich auf der Erde!«

Feldwebel Schwarzkopf stand breitbeinig im Türrahmen. Seine Hände hatte er ins Koppel gesteckt, so als wäre er der Reichsmarschall in Person. Über seine Schulter hinweg grinsten Franz Springer und andere Kameraden der Staffel.

Beschämt erhob sich Eberhard und blickte in das brutale Gesicht des Feldwebels.

»War das ein Tommy?« fragte er unsicher.

»Nee, nee, mein Lieber, es war ein Mosquito, ein ganz harmloser Aufklärer der Engländer. Ein paar hundert solcher Störflieger wären dem Führer sicher mehr wert als christliche Tiefflieger von deiner Sorte, die kaum vom Boden abheben können!«

Unbemerkt hatte sich Leutnant Hansen der Gruppe genähert. Er hatte einen wesentlichen Teil des Gesprächs mit angehört. Obwohl er die christliche Einstellung seines Beobachters keineswegs teilte, war ihm diese Art der Diffamierung doch sehr zuwider.

»Lassen Sie gefälligst solchen Unsinn! Sie sind doch auch wie eine aufgescheuchte Hammelherde aus der Kantine geflohen! Also Schluß mit dem Quatsch! Ihr Heldentum ist genauso groß oder auch klein, wie das des Oberfähnrichs. Schlimm genug, wenn ein einzelner Feindflieger über unseren Feldflughafen so ungestraft dahinbrausen kann und seine ›blauen Bohnen‹ wahllos über unseren Köpfen abfeuern darf!«

»Wo bleiben eigentlich die berühmten Eichenlaubträger der Jagdstaffel, die Herren Mölders oder Galland, wenn solche feindlichen Heinis einfach unsere Maschinen beschießen und dann quietschvergnügt das Weite suchen?« wollte der Feldwebel Schwarzkopf wissen.

»Das liegt gewiß nicht an unseren Ritterkreuzträgern, sondern einfach an der Qualität der Maschinen. Gegen die Jagdbomber der Feinde sind unsere hochmodernen JU 88 veraltete Schinken, meine Herren. Wenn wir unsere Mühlen mit Ach und Krach auf 500 km/h bringen, dann flitzen diese Mehrzweckflugzeuge mit fast 700 Sachen davon. Zum Glück sind nicht alle feindlichen Kampfflugzeuge so schnell. Wir haben also keinen Grund, darüber deprimiert zu sein.«

Hansen wechselte das Thema: »Heute abend bekommen wir übrigens Besuch vom Generalstab der Heeresgruppe. Das gesamte fliegende Personal versammelt sich pünktlich um 19.45 Uhr im Kasino! Alles verstanden? Irgendwelche Unklarheiten? Also, dann bis später!«

Leutnant Hansen, ein Muster an Genügsamkeit, preußisch und spartanisch im Umgang mit den Männern seiner Staffel, verließ das Zimmer.

»Hört, hört, Leute, es gibt Besuch«, Schwarzkopf erhob seinen Finger, »und zwar hohen Besuch: ein Herr mit weißen Hosenstreifen beehrt uns.«

»Das hat was zu bedeuten, und ich wette«, unkte er weiter, »wieder solch ein Spürhund, der Jagd auf sogenannte Drückeberger macht.«

»Ob jetzt endlich die Invasion in England beginnt?« wollte der sonst so zurückhaltende Franz Springer wissen.

»Invasion in England? Daß ich nicht lache! Man merkt, daß Ihr schon lange nicht mehr gegen diese Inselfestung geflogen seid. Ihr wißt doch sicher genau, mit welcher Zähigkeit sich der britische Löwe verteidigt! – Nein, nein, die rosarot gefärbten Wehrmachtsberichte können uns doch nicht täuschen, es ist die Ruhe vor dem Sturm. Man gönnt den jungen Lämmern, die zur Auffrischung in unsere dezimierten Kampfverbände eingegliedert worden sind, noch eine kleine Galgenfrist. Ich habe da eine ganz andere Idee. Ich meine, auf dem Balkan tut sich etwas«, äußert sich ein Oberfeldwebel vom Kampfgeschwader, ehe er, geschmeidig wie eine Katze, aus dem Raum verschwindet.

Pünktlich hatten sich die Flugzeugführer, Bildbeobachter, Bordfunker und die Herren des Stabes im Kasino eingefunden. Der dienstälteste Offizier schrie: »Achtung!« und öffnete die Tür. Herein schritt der General der Luftwaffe, der beim Oberbefehlshaber des Heeres die Luftflotte vertrat, gefolgt von einem Ordonnanzoffizier, dem Gruppenkommandeur sowie dem Staffelkapitän mit dessen Adjudanten. Wie erstarrt standen die Männer des fliegenden Personals vor dem hochdekorierten Herrn in Gold und Weiß.

»Heil, Flieger!« rief der etwas korpulente Generalleutnant mit an den Mützenrand gelegter Hand.

»Heil, General!« schallte es ein wenig nacheinander, denn drei Worte im Chor fallen selten synchron aus. Der General trat sofort ans Rednerpult. Seine Mütze hatte er dem Ordonnanzoffizier übergeben. Der legte dem hohen Herrn ein Manuskript zurecht, während dieser damit beschäftigt war, eine lästige Falte seines Generalsrockes auf dem stramm gewölbten Bauch zu glätten.

»Kameraden, es ist mir eine Ehre, die sogenannten unscheinbaren Männer der mir persönlich unterstellten Aufklärungsstaffel begrüßen zu können. Sie alle haben bei Ihren Feindflügen besonderen Mut und fliegerisches Können bewiesen, weil Sie sich nicht nur unter ständiger Abwehr durch englische Jäger und gegen den feindlichen Flakbeschuß durchsetzen mußten, sondern weil Sie zudem auch allen Unbilden des Wetters ausgesetzt waren.«

Flüchtig überschaute der General die versammelte Mannschaft und putzte nun sein Einglas mit einem Taschentuch.

»Durch Ihren pausenlosen Einsatz haben Sie der Heeresführung sehr wichtige Erkundungsergebnisse gebracht. Aus den von Ihnen fotografierten Luftbildern entdeckten die Bildoffiziere manche Absichten und Bewegungen des Gegners, die dann den Stäben der kämpfenden Truppen übermittelt werden konnten. Auch der Generalstab des Heeres konnte viele Entscheidungen für die mobile Operationstätigkeit fällen, und somit wurden unzählige Menschenleben der deutschen Armee durch Ihren stillen Einsatz bewahrt. Ich möchte Ihnen im Namen des Oberbefehlshabers des Heeres herzlich dafür danken.«

Die Bewegungen des Generals bei seinen Ausführungen waren geschmeidig und paßten zu der rosigen Glätte seines Gesichtes.

»Sie, meine Herren, können als Fernaufklärer nicht mit Zahlen aufwarten oder von sichtbaren Erfolgen sprechen. Ihre Maschinen tragen keine verderbenbringenden Angriffswaffen in sich, sie haben auch keine Bomben, die sie ins Hinterland des Feindes bringen.«

›Gott sei Dank!‹ dachte Eberhard, ›daß der Allmächtige mein innigstes Gebet erhört hat und ich keinen Bombenauslöseknopf über Marschkolonnen, Panzeransammlungen, Brücken, Eisenbahnstrecken oder über Sanitätswagen und Feldlazaretten betätigen muß.‹

Der General fuhr fort: »Ihre Waffen sind die hochwertigen optischen Geräte, die Reihenbildkameras mit ihrer unerhörten Schärfe, mit denen Sie, wenn möglich, unbemerkt die gegnerischen Absichten zu erkunden suchen. Den Kampf dürfen Sie nicht suchen, dem müssen Sie ausweichen, solange es nur geht. Ihre höchste Aufgabe besteht darin: Sicherstellung und Übermittlung wichtiger Erkundungsergebnisse um jeden Preis und schnellste

Durchgabe aller erkannten Feindbewegungen. Sie fliegen auch nie im Schutze einer zusammengeballten Kraft, das heißt im Verband von Jagdflugzeugen und Zerstörern, sondern haben die Ihnen gestellten Aufgaben allein und völlig auf sich gestellt zu erfüllen . . .«

›Bla – bla – bla . . .‹, dachte Schwarzkopf, ›warst du alter Herr denn schon einmal dem Flakfeuer über Feindgebiet ausgesetzt? Vielleicht im 1. Weltkrieg? Wenn nicht, dann hör endlich auf mit deinen Generalstabsweisheiten.‹

Monoton laberte die Stimme des Goldfasans weiter, aber Eberhard betete still vor sich hin: ›Mein Gott, ich hoffe auf dich! – Herr Jesus, ich vertraue dir von Tag zu Tag. – Zeig du mir den Weg, den ich gehen soll. – Laß mich nicht zuschanden werden bei diesem barbarischen Völkermorden. – Sei mir gnädig, daß ich nicht wie Kain meinen Bruder Abel oder einen anderen töten muß.‹

Obergefreiter Springer kaute an seinen Fingernägeln, was er immer tat, wenn ihm etwas auf die Nerven ging. Schließlich kam der hohe Gast zum Ende seiner Ausführungen: »Jeder übergebene Auftrag birgt eine große Verantwortung in sich. Von der gewissenhaftesten Durchführung der Ihnen erteilten Befehle hängt zum größten Teil der Erfolg unserer militärischen Operationen an der Front ab. Sie sind das Adlerauge der ganzen Armee. Die Erfolge der Infanterie, der Pioniere, Artilleristen, der Panzerschützen und Panzerjäger wird durch Ihren stillen Einsatz ermöglicht. Sie geben oft der Strategie eines Feldmarschalls den Ausschlag für seine Entscheidungen.«

Leutnant Hansen beobachtete seine Leute, Feldwebel Schwarzkopf blickte gleichmütig durch das Fenster zu dem verhangenen Himmel. Mit höchstem Pathos vollendete der General seine Ansprache: »Fliegen Sie, wie es der Befehl erfordert, getreu Ihrem Soldateneid für Führer und Volk, und wie alle anderen Kameraden der Luftwaffe bis zum endgültigen Sieg für die gerechte Sache. Dem geliebten Führer und Reichskanzler des deutschen Volkes geloben wir unabänderliche Treue und absoluten Gehorsam . . .«

In das vielstimmige »Hurra« der Anwesenden flüsterte Schwarzkopf sein diabolisches »Amen«! und blickte dabei Eberhard herausfordernd an.

Jerusalem, die Burg des Friedens

Ganz Israel ist in der Passah-Woche von Touristen geradezu überschwemmt. Viele Juden aus der ganzen Welt reisen für diese Tage in das Land ihrer Väter, um die höchsten Feiertage, zur Erinnerung an den Auszug der Kinder Israel aus dem Land der Pharaonen, miteinander zu verleben.

Schon vor Sonnenaufgang ließen sich Frau Nowak und Ruth mit einem Taxi auf den Ölberg fahren. Über die Höhen von Bethanien her krochen die ersten Sonnenstrahlen über die heilige Stadt.

Die Kuppel des Felsendomes, der sogenannten Omar-Moschee, erglänzte in strahlendem Gold. Das hellblaue Kuppeldach der El-Aksa-Moschee dagegen wirkte recht bescheiden neben dem Prachtbau des Mittelalters. Das Kidrontal und der Garten Gethsemane lagen noch im Schatten.

»Jerusalem! Mein über alles geliebtes *Jeruschalajim!*«

Ruth breitete ihre Arme aus, als wollte sie die ganze Stadt umarmen. »Ist es nicht herrlich, diese einzig schöne Stadt zu überschauen?«

»Beim wundervollen Gott, es ist kein Traum! Ich stehe tatsächlich auf dem Ölberg, und vor mir liegt der Mittelpunkt der Welt – *Jerusalem*, Stadt, vom Golde erbaut. Geistliche Träume sind Bilder des Unvergänglichen, des Ewigen! – Heil denen, die dich lieben!«

»Frieden herrsche vor deinen Mauern, sichere Ruhe in deinen Palästen!« sagte Frau Nowak.

Beide Frauen haben sich umarmt, Kopf an Kopf gelehnt, blicken sie andächtig über die Dächer der heiligen Stadt mit ihren unzähligen Kirchtürmen, Minaretts, Kuppeln und prächtigen Bauten hinweg.

»Und doch ist diese Stadt nur ein Abglanz des Ewigen, des Kommenden, das Gott für uns bereithält.«

Bei diesen Worten blickt Frau Nowak empor zu den rötlich angehauchten Schäfchenwolken, die wie ein Netz unter dem westlichen Himmel ausgebreitet sind.

»Ich sah die heilige Stadt, ein neues Jerusalem, aus dem Himmel herabkommen von Gott her, ausgestattet wie eine für ihren Bräutigam geschmückte Braut . . .« wie ein feierliches Gedicht zitiert Ruth diese Worte der Offenbarung Christi – und schwärmt.

»Es wird herrlich, einfach unbeschreiblich herrlich sein, wenn das Alte vergangen ist und Gott, der Herr, ein neues Jerusalem geschaffen hat.« Wie ein Gebet klingen die Worte, die Ruth gesprochen hat.

Die beiden gehen hinab, am Garten Gethsemane vorbei und überqueren an der Kirche der Nationen die belebte Straße, die von Bethanien herkommt. Dann steigen sie hinauf zu den hohen Mauern der Stadt und blicken hinunter zum Teich Bethesda mit dem grünlich schimmernden Wasser, der umgeben ist von den zerborstenen Säulen aus alten Zeiten. Später schieben sie sich durch die Basargassen, lassen sich vom Strom der Käufer mitdrängen vorbei an Händlern und Verkäufern, an Touristen, Juden und Arabern, bis sie durch das Jaffator wieder in den jüdischen Teil der Stadt gelangen. Vor einem Eiscafé lassen sie sich an einem weißen, runden Tisch nieder. Umgeben von grünen Anlagen und unter Palmen ausruhend, blicken sie nun direkt auf die Stadtmauer und den Davidsturm. Sie bestellen Eis mit Sahne und türkischen Mokka. Man serviert ihnen beachtlich große Portionen Schokoladeneis, und das starke Getränk bringt ihren Kreislauf wieder in Schwung.

»Wenn ich diese aufgeblühte Stadt sehe, muß ich unwillkürlich an das Wort des Psalmisten denken: ›Das ist vom Herrn geschehen und ist ein Wunder vor unseren Augen!‹« sagt Frau Nowak. Und Ruth setzt lächelnd hinzu: »›Dies ist der Tag, den der Herr macht; lasset uns freu'n und fröhlich darin sein.‹ Ich meine, Heil für Israel bedeutet in gewisser Weise auch Heil für die Welt, denn, geht es dem Volk Israel gut, behält es sein Land und seine äußerliche Existenz, die ja der inneren Erneuerung vorausgehen soll, dann geht es auch allen anderen Völkern relativ gut, ehe das große Gericht hereinbricht!« Frau Nowak legt ihre Sonnenbrille auf den Tisch und tupft mit einem Erfrischungstuch über die Stirnpartie und den Nacken: »Deshalb gibt es für uns Christen eigentlich auch keine Neutralität in Bezug auf Israel, denn Neutralität wird nach der Aussage Jesu für uns zur Schuld: ›Wer nicht mit mir ist, der ist wider mich; und wer nicht mit mir sammelt, der zerstreut.‹«

»Meinst du, man kann diese Worte Jesu auch auf Israel beziehen?«

»Aber warum denn nicht? Wer gegen Israel ist, fällt unter Gottes Gericht. Wir haben es als Deutsche doch im eigenen Vaterland erlebt. Aus diesem Grunde müssen sich die Christen entschieden und klar von einer neutralen oder antisemitischen Haltung distanzieren, um nicht auch und erneut dem Gericht Gottes zu verfallen.«

»Aber so denken nicht alle Christen! Wie kommt es eigentlich, daß der Vatikan keine diplomatischen Beziehungen zu Israel aufnimmt, obwohl ein Papst bereits das Heilige Land besucht hat? Man hat sogar den Plan, die heilige Stadt zu internationalisieren.«

Ruth wischt sich mit der Serviette die Hände ab.

»Jerusalem kann nicht internationalisiert werden, denn es ist und bleibt des großen Königs Stadt. Gott hat diese Stadt als zukünftigen religiösen, politischen und auch wirtschaftlichen Mittelpunkt festgelegt. Jesus Christus ist der König des Friedens und wird auch einst von dieser Stadt aus die Welt regieren.«

Ruth bemerkt, daß andere Gäste, die an den Nebentischen sitzen, auf ihr Gespräch aufmerksam werden.

»Ich finde, Ben Gurion hat es so treffend gesagt: ›Seit zweitausend Jahren haben wir auf diesen Tag gewartet, und nun ist es geschehen. Wenn die Zeit erfüllet ist, kann dem Herrn nichts widerstehen!‹«

Frau Nowak bekräftigt diese Aussage mit dem Bibelwort: »Himmel und Erde werden vergehen; aber meine Worte vergehen nicht.«

»Als ich damals, aus Deutschland kommend, hier einwanderte, befand sich noch alles im Umbruch. Ist es nicht erstaunlich, wie wortgetreu die Prophezeiungen Jesu in Erfüllung gehen? Als der Staat Israel zum Leben erwachte, also der Feigenbaum Blätter hervorbrachte, schüttelten auch die Staaten, die um Israel herum als Kolonialländer ihr Leben fristeten, die Knechtschaft ab, die ihnen lange Zeit von den Kolonialmächten auferlegt war. Wenn ich an Transjordanien denke, an den Irak und Syrien, an den Libanon, an Marokko, Tunesien, Libyen, Ägypten, Sudan, Somalia, Abbessinien, ja auch Belgisch-Kongo, Französisch-Kongo, Kamerun, Katanga, Niger und Uganda . . .«

Frau Nowak fällt Ruth ins Wort: »Man könnte sogar Indien und Ceylon nennen . . .!«

»Ja, sieh nur, so viele Völker wurden frei von der Herrschaft fremder Mächte, obwohl sie selbst, nach unserem Ermessen, noch gar nicht die nötigen Voraussetzungen für eine eigene Verwaltung hatten.«

Der Kellner kommt und räumt die Gedecke ab, und Ruth zahlt.

Jetzt hat die Sonne schon fast ihren Höchststand erreicht.

»Es wird sehr heiß werden«, meint Frau Nowak.

»Ja, obwohl wir hier auf den Bergen immer noch einen erquikkenden Wind verspüren. Aber laß uns nur gehen, denn über die Mittagszeit fühle ich mich in meinen vier Wänden am wohlsten.«

Sie schlendern durch die Parkanlagen, die sich gegenüber vom Oberrabbinat befinden, gehen noch in ein modernes Einkaufszentrum, ehe sie erschöpft daheim ankommen.

Noch spät am Abend, Frau Nowak schlief schon, las Ruth in dem Manuskript über Eberhards Lebensweg.

Erster Feindflug – ein glatter Verlust

Auf dem Feldflughafen herrschte Hochbetrieb. Die Luftschlacht um England ging mit unerbittlicher Härte vonstatten. Kampfflieger vom Typ JU 88 starteten und landeten unaufhörlich. Das Bodenpersonal war pausenlos gefordert, die Motoren mußten überprüft, die Bordwaffen ausgewechselt, Bomben und Munition erneuert werden. Konnten die Bremsklötze fortgeschoben werden, so rollten die Kampfmaschinen erneut zum Start. Über dem gesamten Flughafen lag ein ungeheurer Lärm, verursacht durch die starken Flugzeugmotoren. Die Besatzungen der Maschinen kamen und gingen zum Gefechtsstand. Mit ihren ölverschmierten Kombinationen, den gelben Schwimmwesten und den gelbfarbenen Kopfhauben, dazu ihren plumpen Pelzstiefeln an den Füßen, nahmen sie sich recht seltsam aus.

Die Fernaufklärerstaffel der Heeresgruppe war auf dem Fliegerhorst eines Bombengeschwaders untergebracht. Oberfähnrich Eberhard Nowak schlenderte gerade über ein künstlich angelegtes Stoppelfeld, das als Tarnung gegen feindliche Luftaufklärung dienen sollte.

Gesprächsfetzen von zurückgekehrten Bomberbesatzungen drangen an sein Ohr: »London brennt! – Jede Menge Jagdflugzeuge über dem Zielgebiet! – Ungeheuer massives Sperrfeuer der schweren Flak! – Unzählige Sperrballons! – Im Hafengebiet brennen Öltanks und Schiffe lichterloh!«

Er näherte sich einer Gruppe des fliegenden Personals. Um einen Offizier geschart, standen die Männer mit verschränkten Armen und gesenktem Kopf. Nowak verlangsamte seine Schritte und hörte mit geschärftem Ohr auf die kurzen Ausführungen des Kommandeurs: »Kameraden! Der Auftrag ist besch . . . eiden schön! Weil die meisten Kampfflugzeuge der Gruppe zur Überprüfung abgestellt sind, fliegen wir nur mit der zweiten und dritten Staffel. Da wir auch keinen Begleitschutz haben, sammeln wir uns nicht großartig, sondern schaukeln im losen Verband zur Insel hinüber. Punkt 10 Uhr also Treffpunkt mit der zweiten Gruppe, die vom Süden herankommt! Taktische Anweisungen sind nicht vorhanden, deshalb Hals- und Beinbruch, Leute! Nach Möglichkeit hängen wir uns an den Zerstörerverband, bis wir das Feindziel erreicht haben.«

Als Eberhard am Gefechtsstand vorbeikam, rollte gerade eine stark lädierte Maschine auf einen wartenden Sanitätswagen zu. Die Einstiegsluke des Flugzeugs wurde geöffnet. Sanitäter zogen einen schwerverwundeten Bordschützen aus der Bodenwanne. Er blutete an Kopf und Hals und schien ohnmächtig zu sein. Mit rasanter Geschwindigkeit fuhr der Sanitätswagen in Richtung Feldlazarett. Ein weiterer Körper fiel leblos aus der Luke; man hüllte ihn in eine Decke und hievte ihn auf einen LKW. Die schwer angeschossene Maschine sah wie eine von einer gewaltigen Schrotladung durchsiebte Zielscheibe aus. Eberhard erfaßte ein tiefes Mitgefühl. Er kam sich auf einmal wie ein Drückeberger vor, wie ein Etappenhengst. Die Besatzungen der Fernaufklärer wurden von den Besatzungen der Bombenflieger nicht für voll genommen. Deshalb verschwand er so schnell wie möglich in der Unterkunftsbaracke seiner Staffel. Obwohl der Frühling schon längst seinen Einzug gehalten haben sollte, war es noch recht kühl und unfreundlich. Man konnte deshalb noch nicht auf die Heizung verzichten. Im eisernen Kanonenofen bullerte und knisterte es unaufhörlich. Ein Holzscheit nach dem anderen wurde ins Feuerloch gesteckt. Eine angenehme Wärme hatte sich im Aufenthaltsraum ausgebreitet. Öffnete einer der Kameraden die eiserne Luke, dann flackerte der Widerschein der lodernden Flammen auf den bedrückten Gesichtern der im Halbkreis um den Ofen sitzenden Soldaten. Eine Maschine ihrer Staffel war als überfällig gemeldet worden. Es handelte sich um Oberleutnant Kreier mit seiner Besatzung. Keiner wagte, ein Wort zu sagen, sie waren alle in Gedanken bei den vermißten Kameraden. Wo mochten sie stecken? Waren sie noch am Leben? Vielleicht schaukelten sie im Schlauchboot auf den schäumenden Wellen der Nordsee, halb erfroren, mehr tot als lebendig! Die Besatzungen von anderen Maschinen, die zur selben Zeit über dem Feindgebiet gewesen sind, hatten von konzentriertem, massiven Flakabwehrfeuer und turbulenter Feindjägertätigkeit berichtet.

Seit einer Stunde waren alle Besatzungen der im Einsatz stehenden Maschinen angewiesen, die Suche nach den vermißten Kameraden durchzuführen. Eberhard konnte diese Spannung kaum ertragen. Er ging in seine Bude, um dort allein zu sein. Er holte seine Bibel unter dem Kopfkissen hervor und begann, wahllos in dem schon etwas zerschlissenen Buch herumzublättern. In den Klageliedern des Jeremia fand er folgenden Text: »Meine Feinde haben mich gehetzt wie einen Vogel ohne Ursache; sie haben mein Leben in einer Grube schier umgebracht und Steine auf mich geworfen; sie haben auch mein Haupt mit Wasser überschüttet; da sprach ich: nun bin ich gar dahin.«

Ob es den vermißten Kameraden auch so zumute war? Ja, gehetzt wie ein Vogel, aber nicht nur mit Steinen, sondern mit scharfen Flakgranaten beschossen – oder von Jagdfliegersalven umgebracht? Treiben sie jetzt vielleicht im endlosen Wasser des großen Meeres dahin und werden ständig überflutet von meterhohen Wellen? – Kannten sie die dynamische Kraft des Gebets zu Gott? Eberhard waren die Männer vom Sehen bekannt. Mit keinem der Kameraden hatte er persönliche Worte gewechselt, und doch berührte ihn deren Schicksal tief. Eberhard las weiter in dem aufgeschlagenen Text: »Ich rief aber deinen Namen an, Herr, unten aus der Grube, und du erhörtest meine Stimme; verbirg deine Ohren nicht vor meinem Seufzen und Schreien! Du nahest dich zu mir, wenn ich dich anrufe und sprichst: Fürchte dich nicht!«

Furcht findet sich nicht in der Liebe, aber es war auch keine Furcht, sondern nackte Angst, Todes- oder Existenzangst, wie man es eben nennen wollte. Mut ist meist ein Unterschätzen der Gefahr, so hatte es Staffelkapitän Hauptmann Findeisen einmal definiert. Nein, nicht Eberhard war in Angst und Gefahr des nahenden Todes, aber seine Kameraden, die doch genauso leidenschaftlich an diesem kleinen Leben hingen wie er und alle anderen Menschen. Wie betäubt sank er an seinem Feldbett nieder und begann flüsternd zu beten: »Mächtiger, herrlicher Heiland, wie unerforschlich sind deine Wege und Gedanken. Du allein kannst diesem weltweiten Brudermord ein Ende bereiten – aber nicht mein Wille, sondern dein Wille geschehe! Hilf du meinen Kameraden, wenn sie noch am Leben sind! Herr, heute oder morgen kann auch ich zu den Todgeweihten gehören, hilf mir dann mit deinem Beistand!«

Eberhard hielt inne. Was hatte er soeben gebetet? Gewiß, Gott würde diesen Krieg nicht beenden, denn er war ja nicht der Initiator dieses Weltenbrandes, sondern eine höllische Dämonie in Menschengestalten, von Satan verführte und geknechtete Kreaturen, die dieses Gemetzel in Gang gebracht hatten, waren schuld an der Katastrophe. In einer solchen, heillos verworrenen Situation konnte das Gebet zu Gott wohl einzelnen hindurchhelfen, denn der unsichtbare Schöpfer, der Allmächtige, ließ seinen Geschöpfen doch absolute Handlungsfreiheit. Das Rumoren des Krieges drang unaufhörlich durch die dünne Bretterwand der Feldbaracke. Pausenlos heulten die Motoren der startenden und landenden Bomber. Wiederholt starteten sie mit großem Geheul durch, wenn irgendein »Bruch« auf der Landebahn den Weg versperrte.

Eberhard entschloß sich, von innerer Unruhe getrieben, hinüber zur Baracke zu gehen, wo die Bildstelle untergebracht war. Dorthin wurden von den zurückgekehrten Aufklärerbesatzungen hunderte Meter belichteten Filmes gebracht, die dann von den Kameraden entwickelt und sorgfältig bearbeitet wurden. Diese gut ausgebildeten Spezialisten arbeiteten präzise, gewissenhaft und in erstaunlicher Schnelle. Nur wenige Minuten nach der Landung eines Fernaufklärers konnte man auf den entwickelten Filmen die feindlichen Objekte, Stellungen, Fabriken und andere wichtige Punkte erkennen oder auch die Folgen deutscher Luftangriffe mit ihren verheerenden Wirkungen begutachten. Eigentlich drängten sonst die Bildoffiziere eingedrungene »Kibitze«, das heißt neugierige Angehörige des fliegenden Personals, so schnell wie möglich aus dem Arbeitsraum der Bildstelle wieder hinaus, denn die Anwesenheit von Fremden wirkte sehr störend und arbeitshemmend. Doch Eberhard genoß hier ein besonderes Vorrecht, hin und wieder die Tätigkeit der Bildsoldaten beobachten zu dürfen. Der diensthabende Oberfeldwebel Martini kannte Nowak aus der Heimat. Dort ist er Leiter des Christlichen Vereins junger Männer gewesen, ehe auch er gegen seinen Willen eingezogen wurde. Martinis Eltern hatten in Berlin-Pankow ein gutgehendes Möbelgeschäft. Sein Gebet und Wunsch waren in Erfüllung gegangen, und so brauchte er als Leiter einer Fotostelle der Fernaufklärerstaffel nicht direkt an dem grauenvollen Handwerk der Soldaten im Krieg beteiligt zu sein. Nowak und er hatten sich eines Tages beim Morgenappell vor dem Fahnenmast des Geschwaders getroffen. »Komm nur herein, Eberhard, du siehst, hier wird an jedem Platz auf Hochtouren gearbeitet.«

»Ich will aber nicht stören, Reinhold, und wollte nur fragen, ob wir uns nach Dienstschluß irgendwo treffen können?«

»Gemacht, Junge, gemacht. Ich habe auch schon gedacht, wie schön es wäre, endlich einmal privat mit einem Gleichgesinnten zu sprechen und mein Herz ausschütten zu können. Wenn Du willst, bleib hier, der Chef weiß Bescheid.« Dabei zeigte er in Richtung Telefon, wo der diensthabende Offizier der Bildstelle mit irgendeinem Armeegefechtsstand telefonierte.

»Da drüben ist die Filmeingangsstelle.«

Am erleuchteten Auswertungskasten, der Fotostelle, versuchten die Auswerter, dem Film mit Spezialgläsern alle möglichen Geheimnisse neuester Feindbewegungen zu entlocken. Die ergiebigsten Filmstücke gab man in die Hände von Fotospezialisten, die davon weitere Abzüge und Vergrößerungen anfertigten.

Die schnelle Information über jede entdeckte Feindbewegung konnte für die Kameraden im Einsatz die Entscheidung über Leben oder Tod bedeuten. Deshalb gab man die Fertigexemplare per Kurierpost an die Kommandostellen der Luftwaffe und des Heeres weiter. Martini deutete mit dem Daumen über seine Schulter: »Nebenan befindet sich das Herz der Staffel: die Einsatzleitstelle mit der Bodenfunkzentrale, der Befehlsstelle und der Fernsprechabteilung.«

»Ich wünschte, wir könnten hier beide zusammen unseren Dienst tun«, sagte Eberhard.

»Wir brauchen auch einen Mann, der die Flugkarten für das fliegende Personal mit peinlicher Genauigkeit auf dem neuesten Stand hält, damit die Fernaufklärer bei den Flugvorbereitungen bereits mit jeder veränderten Feindlage bestens vertraut sind.«

Aus der Befehlsstelle ertönte jetzt die Stimme des Staffelkapitäns kurz und schrill: »Achtung! Besatzung ›Diebische Elster‹ sofort zur Einweisung in die Befehlsstelle!«

»Mach's gut, Reinhold!« Wie ein geölter Blitz sprang Eberhard aus der Bildstelle. So schnell seine Beine ihn tragen konnten, jagte er hinüber in die Unterkunftsbaracke.

»Kommst du lahme Ente auch noch?« meckerte Schwarzkopf, als er den Oberfähnrich im Gang traf. Eberhard eilte grußlos an dem Feldwebel vorüber. Franz Springer stand schon fix und fertig in seiner grauen Flugkombination. »Jetzt wird's ernst, Herr Oberfähnrich! Hoffentlich kommen Sie noch rechtzeitig zur Aktion ›Heldenklau‹«, feixte er. »Ich würde an Ihrer Stelle meine Füße schnellstens in die Hand nehmen, sonst macht Hansen Sie noch zur Sau!« Mit diesen Worten stürmte er zur Tür hinaus.

Schneller, schneller, schneller, dachte Eberhard und schlüpfte, so rasch es nur ging, in seinen Kampfanzug. Auf dem Gang schnallte er noch das Koppel um. Er hatte fast die Tür erreicht, als er sich ruckartig umwandte und ins Zimmer zurückstürmte. Er riß seine Bibel vom Nachttisch und ließ sie unter seiner Kombination verschwinden.

Als Letzter betrat er, nun völlig außer Atem, den Kartenraum der Befehlsstelle. Hauptmann Findeisen stand vor der ausgebreiteten, großen Orientierungskarte. Mit peinlicher Genauigkeit waren die letzten Erkenntnisse durch rote und blaue Markierungen eingetragen.

»Der wichtigste Mann für diesen Einsatz kommt heute als letzter!« bemerkte der Staffelkapitän.

»Den Letzten beißen die Hunde!« raunte Schwarzkopf hämisch grinsend und blickte auf den Offiziersanwärter.

»Pünktlichkeit, meine Herren, ist der beste Beweis einer guten Erziehung und auch des Bildbeobachters größte Sicherheit!« setzte Findeisen hinzu. Leutnant Hansen sah zum Fenster hinaus. Kurz vor einem Fronteinsatz wünschte er keine unnötigen Spannungen. Er wußte nur zu gut, daß höchste Konzentration für jeden Feindflug nach England unbedingt notwendig war, um einigermaßen heil aus dem höllischen Sperrfeuer des Feindes zurückzukommen.

»Meine Herren, kurz zur Lage: unsere ›Kämpfer‹ (Kampfflugzeuge) haben vor einer Stunde wichtige Dockanlagen an der Themse bombardiert. Große Flächenbrände, zerstörte Brücken und Eisenbahnanlagen sind gemeldet worden. Ihre Aufgabe besteht darin, den Umfang der Zerstörungen festzustellen und allgemeine Bodenaufklärung über eventuelle neue Schiffsbewegungen auf der Themse oder im Kanal auszumachen.«

Hauptmann Findeisen blickte jedem der Männer mit wandernder Kopfbewegung zwei- bis dreimal fest in die Augen. Leutnant Hansen lehnte lässig an seiner Stuhllehne. »Wie wird das Wetter?« fragte er kurz.

Mit einer eleganten Handbewegung gab Findeisen diese Frage

an den Wetteroffizier weiter, der sich gerade in der Befehlsstelle aufhielt.

»Nach vorsichtiger Prognose gibt es keine wirksame Veränderung. Zunächst über französischem Gebiet Bedeckung 6/10, Wolkenuntergrenze bei 3000 Metern. Zur Eröffnung der neuen Mondperiode herrscht über der Insel klare Sicht.«

Der Wetterfrosch blätterte dienstbeflissen in seinen mitgebrachten Unterlagen. »Sonst noch Fragen, meine Herren? – Keine? Also dann: Hals- und Beinbruch!«

Kurz hatte Findeisen noch die rechte Hand zum Gruß an seine Schirmmütze gelegt, ehe er im Seitenzimmer verschwand, gefolgt vom Metereologen.

»Gehen wir«, sagte Hansen trocken, als gelte es, einen Casinoabend zu beenden. Vor der Befehlsstelle wartete ein PKW, der die vier Männer in mäßiger Geschwindigkeit zu ihrer Maschine brachte. Von der Abstellbox her dröhnte der mächtige Motorenlärm, die »Mühle« wurde abgebremst, und damit hatten die Flugzeugwarte ihre Aufgabe erfüllt. Bildgeräte und Filmkassetten hingen bereits seit Stunden im Kameraschacht.

Der Einstieg in die Kanzel erfolgte durch eine Klappleiter von unten über die »Bola« (Bodenlafette).

Wer über diese Leiter hinaufgeklettert war, stand zunächst in der sogenannten Bodenwanne, in welcher der Bordschütze während des Fluges über Feindgebiet liegen sollte. Von der Wanne aus führte eine Stufe nach oben. Jetzt befand man sich auf der Ebene des Funkersitzes, des Beobachters und des Flugzeugführers. Der Funker hockte mit Blickrichtung nach hinten, also entgegengesetzt zum Flugzeugführer.

Wie so oft, gab es an der Einstiegspforte Krach. Leutnant Hansen befand sich schon angeschnallt auf dem Pilotensitz. Zu ihm herauf klangen Gesprächsfetzen seiner Männer: »Nun los, Nowak, steigen Sie ein oder müssen Sie erst Ihre Angstblase entleeren?« »Das ist nicht Ihre Angelegenheit, Funker – verschwinden Sie an Ihren Posten«, sagte Eberhard kurz.

»Also, dann lassen Sie Ihren Morgenbach mitsamt dem Angstschweiß los, damit uns das Zeug nicht später um die Ohren fliegt. Los, Franz, steig du ein!«

»Ich liege unten, also bin ich auch der Letzte, der einsteigt«, meckerte der Bordschütze.

»Ich dachte doch, du hättest mehr Courage als der zitternde Offiziersanwärter«, krächzte der Bordfunker.

»Ach, halt du doch deine schiefe Schnauze! Mir scheint, du hast dein Gemüt heute mehr im Hintern als anderswo sitzen.«

Leutnant Hansen brüllte von oben: »Seid ihr nun bald soweit? Immer wieder diese saublöde Trödelei, bis ihr Plattfußindianer in der Kiste seid. Immer dasselbe, bei jedem Start kann ich das ›Vaterunser‹ zehnmal durchbeten, bis ihr an Ort und Stelle seid. – Mister Schwarzkopf, Sie brauchen mal wieder eine halbe Ewigkeit, bis Sie ihren unförmigen Körper durch die Einstiegsluke gezwängt haben. Natürlich liefert Ihnen das dann den Vorwand, über die Vollidioten von Ingenieuren zu schimpfen, die solche Maschinen gebaut haben.«

»Ich warte, bis der Herr Oberfähnrich seinen Morgenbach losgeworden ist!« schimpft Schwarzkopf zurück.

»Sofort in die Maschine, Feldwebel, das ist ein Befehl!«

Stöhnend und ächzend zwängte sich Schwarzkopf durch die Luke und nahm widerwillig auf seinem Funkersitz Platz. Jetzt kam auch Nowak und schnallte sich an, während Franz Springer als letzter die Maschine bestieg.

Der Verschluß schnappte ein. »Einstiegsluke geschlossen!« rief er nach oben. Wütend fauchte Leutnant Hansen: »Los geht's! Schnallt euch die Gurte an bis zum Start!«

Unten, in der Bodenwanne, fing Springer, wie so oft, den Schlager zu singen an: »Wer hat den Käse zum Bahnhof gerollt . . .« Er tat es immer, um seine angespannten Nerven zu beruhigen. Später dann, wenn die Maschine in der Luft hing, sang er üblicherweise: »Mit dem Pfeil, dem Bogen, durch Gebirg und Tal, kommt der Tod geflogen, über Engeland . . .« Hansen und Schwarzkopf kannten das nun seit vielen Feindflügen.

Nur Nowak saß scheinbar ruhig, obwohl man es an seiner Atmung erkennen konnte, wie erregt auch er war. Auf Navigationsberechnungen hatte Hansen zunächst verzichtet. Zu genau kannte er den Weg nach London und zurück.

Die Kontrollampen leuchteten auf, der Anlasser summte, nachdem der Leutnant den Hebel gedrückt hatte. Die linke Motorschraube begann, sich ruckweise zu drehen – rötliche Flammen schlugen aus dem Auspuff. Auch der rechte Propeller begann sich zu drehen. Zuerst spuckte der Motor noch ein wenig, ehe er gleichmäßig zu laufen begann. Die Maschine zuckelte los, die Besatzung hatte bereits die Kehlkopfmikrofone und die FT-Haube angelegt.

»Was war das bloß wieder für eine Bummelei, Herrschaften!« Hansens Stimme klang anders als sonst. Es war 21.30 Uhr und stockdunkel. Die Maschine rollte quer über den Platz auf die grünen Lampen zu, welche den Anfang der Startbahn kennzeichneten.

Die Motoren liefen jetzt auf hohen Touren – da leuchtete die grüne Lampe des Startleiters auf! – »Start frei!«

»Abfahren!« rief Hansen, und die Besatzung antwortete: »Abfahren!«

Die Funken stieben aus dem Auspuffrohr. Mit einem kräftigen Ruck rollte die schlanke Libelle über die grüne Grasnarbe. An den weißen Lampen des Leuchtpfades vorbei, huschte der Riesenvogel in die dunkle Nacht. Ehe die roten Lampen der letzten zweihundert Meter der Startbahn kamen, hob die JU 88 dröhnend zum Aufklärungsflug nach London ab.

Nun waren die vier wieder einmal der unerbittlichen und schrecklichen Alternative ausgeliefert: Leben oder Tod! Glückliche Heimkehr oder . . .? Nur nicht daran denken!

Hansen hatte die Motoren abgestimmt, die Kampfmaschine sorgfältig ausgetrimmt und den Kompaß auf 190 einlaufen lassen. Ihre Flugrichtung wies nach Westen.

Eberhard ließ seine Taschenlampe kreisen, denn er war dabei, den Kurs abzustecken unter Einbeziehung der Fluggeschwindigkeit, Windstärke und Windeinfall, um die feste Kurszahl zu ermitteln. Schwarzkopf hantierte geräuschvoll an seinem Funkgerät.

»Alles in Ordnung, Schwarzkopf?« wollte Hansen wissen.

»Das alte Lied, Herr Leutnant, im Kopfhörer quietscht und piepst es wie in einem Mäusenest. Ich versuche gerade, das hinter uns liegende Funkfeuer anzupeilen.«

Inzwischen hatte Hansen die Maschine auf viertausend Meter klettern lassen. In dieser Höhe wollte er bleiben, weil die Motoren hier oben am wirtschaftlichsten arbeiteten. Sie hatten die geschlossene Wolkendecke erreicht. Nach der Vorhersage der Wetterfrösche sollte sich der Dunstschleier über England aufgelöst haben.

Sie überflogen das letzte Blinkfeuer mit der »Kennung Y W«. Nun war die Besatzung bei der Navigation auf Eigenpeilung angewiesen, was bedeutete: Das Funkfeuer konnte durch den Radiosender mit dem Bordpeilgerät empfangen werden, um die Richtung relativ zu diesen Sendern zu messen. Die ermittelten Werte trug Eberhard in die Karte ein. Aus dem Schnittpunkt zweier »Standlinien« errechnete er dann den Standpunkt der Maschine. Hansen half Nowak bei der Navigation, soweit es seine Zeit erlaubte.

Nach der anfänglichen Aufregung kehrte nun die gewohnte Schläfrigkeit bei dem monotonen Flug über die Nordsee ein. Eberhard aber blieb hellwach, es war die innere Anspannung vor dem Neuen, des noch nie durchlebten Feindfluges. Eine gewisse Todesfurcht wollte von ihm Besitz ergreifen, denn er dachte an die Möglichkeit, daß das Flugzeug in Sekundenschnelle zum Eisensarg werden konnte, wenn sie, vom Abwehrfeuer getroffen, von Flammen eingeschlossen, zwischen den Metallholmen verschmoren mußten. Eine andere Möglichkeit wäre, in der Nordsee ertrinken zu müssen. Er versuchte krampfhaft, diese Gedanken zu verscheuchen und fürchtete sich aber auch vor der Unberechenbarkeit seiner Gefühle in schrecklichen Gefahrenmomenten gegenüber seinen Kameraden. Worte der Heiligen Schrift kamen ihm in den Sinn: »Unser Leben währet siebzig . . .«, dann sollte ich normalerweise ja noch fünfzig Jahre leben können! Aber es hieß auch: »Denn es fähret schnell dahin, als flögen wir davon.« »Du lässest sie dahinfahren wie einen Strom, sie sind wie ein Schlaf, gleichwie ein Gras, das doch bald welk wird und des Abends abgehauen wird und verdorrt.«

Ach, wie nichtig und flüchtig war doch ein Menschenleben. Nach einem kurzen Aufblühen am Morgen, konnte man schon am Abend, irgendwo in einem Waldstück in Südengland vielleicht oder aber zwischen den Trümmern von London vernichtet und am Boden zerschellt liegen.

Wer hätte gedacht, daß Menschen jemals fliegen könnten? Jetzt schwebten sie durch stockfinstere Nacht und über einem Gebiet, das man seit einigen Monaten Feindesland nannte.

Ein kalter Schauer durchrieselte Eberhard, der wieder zitternd betete: »In deine Hände befehle ich meinen Geist – in deine Hände befehle ich meinen Geist . . .«

»Seid ihr noch alle da?« wollte Leutnant Hansen nach geraumer Zeit wissen. Seine Stimme plärrte durch die Bordsprechanlage: »In wenigen Minuten haben wir die engliche Küste erreicht! – Eine Ehrenformation der Scheinwerfer ist bereits in Reih und Glied aufgestellt. Wir sind bei den Engländern längst angemeldet. Ja, Herrschaften, wir werden mit Licht und Feuer empfangen, der makabre Tanz kann beginnen!«

Eberhard starrte zum ersten Mal in den nächtlichen Lichtzauber über dem Feindgebiet. Die leuchtenden Geisterarme der Scheinwerfer waren teilweise fünffach gebündelt, um den verhaßten Feind gnadenlos in die Zange zu nehmen. Der Flugweg des Fernaufklärers schien durch die Lichterpyramide geradezu genau markiert zu sein. Im nächsten Augenblick schon wurde die Maschine von einem solchen Lichtstrahl voll erfaßt, der die Besatzung total blendete. Die vier Männer schlossen in Sekundenschnelle ihre Augenlider. Endlos lang schienen diese Augenblicke zu sein, bis die Maschine endlich wieder aus dem Lichtkegel heraus war.

»Und da er auf dem Wege war und nahe an Damaskus – oder auch an Londen – kam, umleuchtete ihn plötzlich ein Licht – nicht vom Himmel, nein, eben von der Erde her!« dachte Eberhard.

Hoffentlich fallen wir nicht auch auf die Erde oder gar in die Themse, dachte er und wagte nicht, seine Augen zu öffnen. Leutnant Hansen begann, mit seiner Maschine blind durch den Himmel zu turnen. Scharfe Linksabwärtskurve und dann plötzlich Rechtsaufwärtskurve und wieder links und wieder rechts . . . Jetzt verstand Eberhard auf einmal seinen Flugzeugführer, weshalb er bei den berüchtigten »Übungsflügen zum Ernstfall« immer so radikal seine Gefahrenmomente geflogen war. Nur so war es ihm möglich, das gleißende Licht eines Scheinwerfers abzuschütteln. Ihre Augen wurden noch immer geblendet. Wenn nur keine Nachtjäger auftauchten, denn die Flak schwieg, was ihnen sehr verdächtig vorkam. Es roch förmlich nach feindlichen Jägern. Zum Glück stand der Mond schräg hinter ihnen. Müßten sie genau in das Mondlicht hineinfliegen, wäre es für die feindlichen Verfolger ein Kinderspiel, sie gegen den hellerleuchteten Himmel zu erkennen.

Wenn diese elenden Scheinwerferpyramiden doch endlich

ineinander zusammenfallen würden, dachte Franz Springer in seiner Bodenwanne.

»Wären wir bloß nicht so fürchterlich allein hier oben!« hörte man Schwarzkopf durch die FT-Anlage keuchen. »Dieser ganze, unwahrscheinliche Lichtzauber ist doch nur für uns aufgeboten, weil wir hier oben so hübsch allein durch die Nacht brummen. Wenn uns Kampfmaschinen und Jäger begleiten würden, hätten die Scheinwerferbatterien mehr Arbeit und müßten versuchen, viele Objekte anzuleuchten. Aber so konzentriert sich leider alles auf uns arme Schweine!«

»Diese verdammte Ruhe macht mir mehr zu schaffen als das Scheinwerferlicht!« fluchte Hansen vor sich hin.

Endlich begann die Flak zu schießen. Alle atmeten erleichtert auf, doch Eberhard zitterte noch am ganzen Körper. Es war für ihn das Ungewohnte, das unheimlich Neue am ersten Feindflug. Es zuckte und blitzte um die Maschine wie bei einem heftigen Gewitter. Flakgranaten explodierten in beängstigender Nähe. In der Kanzel stank es nach verbranntem Pulver.

Am Erdboden brannte es lichterloh, man brauchte das Zielgebiet nicht erst lange zu suchen. Die Bomber hatten schreckliche Arbeit geleistet. Große Industrieanlagen standen in Flammen. Durch die hohen Rauchsäulen blieb es über dem Erdboden stark dunstig. Eberhard zwängte sich nach vorn in die voll verglaste Kanzel. Durch das Okular sah er das Ausmaß der grauenhaften Vernichtung. Jetzt ließ er die Reihenbildkamera laufen. Unzählige Scheinwerferstrahlen geisterten am nächtlichen Himmel umher. Die »Diebische Elster« flog durch einen nicht enden wollenden Tunnel aus Licht und Feuer. Durch das gezielte Flakfeuer wurde die Maschine immer wieder hin- und hergerüttelt. Leutnant Hansen gelang es durch pausenlose Tricks, wenigstens den lautlosen Lichtgeistern zu entkommen.

»Paßt ja auf, ob Nachtjäger über uns warten! – Sowie die Flak ihr Feuer einstellt, ist für uns höchste Alarmstufe!« Die Stimme des Flugzeugführers klang gereizt und angespannt. Die großen Hafenanlagen waren durch zahlreiche Einzelbrände bestens markiert und deshalb gut zu erkennen.

Das Bildgerät surrte ununterbrochen. Einige brennende Schiffe kamen ebenfalls in den Sucher. Ganze Häuserviertel standen lichterloh in Flammen. Die Männer der deutschen Bomberstaffel hatten doch nur ihre Pflicht getan, als sie auf Befehl den Hebel zum Reihenabwurf gedrückt haben. Sie selber hatten Frauen und Kinder zu Hause, nun waren diese sonst so friedlichen Ehemänner oder Söhne von betenden Müttern zu gnadenlosen Befehlsausführern eines chaotischen Machthabers geworden, dessen Parole lautete:

»Wir wollen sie ausradieren!«

Eberhard konnte aus dieser Höhe kein menschliches Wesen in der Tiefe der Straßenschluchten Londons ausmachen. Und doch ahnte er das Ausmaß des Grauens, das viele tausend Mütter mit schlaftrunkenen Kindern auf den Armen in den Kellern auf die pfeifenden Töne der nächsten Bomben warten ließ. Andere waren vielleicht schon verschüttet in ihren Luftschutzbunkern, wo sie eines qualvollen Todes sterben mußten.

Eberhard dachte an wehrlose Greise, die in den Gluten eines solchen Feuermeeres verschmoren mußten oder aber an die Insassen von Krankenhäusern, die durch Sprengbomben zerrissen wurden oder vielleicht in ihren Betten auf den Gängen unter Schutt und Asche lagen. Eine blühende Großstadt lag und starb im Flächenbrand einer dämonischen Vernichtungsgewalt.

Unwillkürlich drängte sich ihm ein Gedanke auf: Wiederholte sich hier nicht das grausige Erlebnis einer uralten Begebenheit:

»An dem Tage aber, da Lot aus Sodom ging, da regnete es Feuer und Schwefel vom Himmel und brachte sie alle um . . .« Eberhard meditierte vor sich hin: »Auf diese Weise wird's auch gehen an dem Tag, wenn des Menschen Sohn soll offenbart werden.«

Seine drei Kameraden hatten es Wort für Wort mit angehört.

»Sind Sie bald fertig, Nowak?« rief Hansen seinem Beobachter zu. »Wir müssen umdrehen, sonst sausen wir auch noch hinab nach Sodom und Gomorra! Die Leichenfinger der grellen Scheinwerferbatterien greifen immer gezielter nach uns. Wenn wir erst richtig vom Lichtkegel erfaßt sind, gibt es kaum ein Entrinnen. – Ich drehe ab und gehe auf Heimatkurs!« brüllte Hansen.

Durch eine wilde Kurbelei gelang es dem Flugzeugführer, aus dem getrommelten Planfeuer der Flak herauszukommen. Noch minutenlang, als die Maschine schon längst der wilden Kracherei entkommen war, ging der tödliche Feuerzauber hinter ihnen noch munter weiter. Hunderte Abschüsse vom Boden und hunderte von explodierenden Granaten am Himmel zeigten die Wut der Feinde über den vorausgegangenen Vernichtungsregen der Bombergeschwader.

Eberhard saß jetzt auf dem Sitz neben dem Piloten. Schweigend und in Gedanken versunken starrte er vor sich hin. Mit voller Motorenleistung versuchte Hansen, das für sie einigermaßen sichere Gebiet der Nordsee zu erreichen.

Da passierte es – kurz vor Dover – ein greller Blitz zuckte auf! Die Küstenbatterien inszenierten noch einmal ein mörderisches Feuer!

»Haben wir irgendwo einen Treffer?« schrie Hansen in die Bordfunkanlage.

»Nein!« brüllten Springer und Schwarzkopf zurück. Der Leutnant starrte auf sein Instrumentenbrett. Alles normal! – »Gott sei Dank!« hauchte der Pilot. Der Fernaufklärer überflog die Küste Englands, vor ihnen lag das schwarze Loch der Nordsee. Mit gedrosseltem Motor fiel die Maschine etwas tiefer ab. Die Besatzung atmete auf, als endlich die langersehnte Ruhe um sie herum eintrat. Schweißnaß klebte die Unterwäsche an ihren Körpern.

Beim Zurücknehmen des Gashebels bemerkte Hansen, daß der rechte Motor nicht darauf reagierte, er lief auf vollen Touren weiter. Offenbar war das Gestänge zerschossen oder verklemmt. Wenn der Motor ununterbrochen auf Höchsttouren weiterläuft, wird es bald zur Katastrophe kommen, kein Triebwerk hält solchen Streß aus, dachte er bei sich.

»Gehe zum Einmotorenflug über!« sagte er kurz. Die Mühle hing jetzt schräg in der Luft.

»Schwarzkopf, geben Sie sofort Meldung an unsern Befehlsstand: SOS, Maschine in Luftnot! Erbitte Verständigung sämtlicher deutscher Batterien an der holländischen und belgischen Küste. Verliere ständig an Höhe! Ende!«

Nun war der Funker hellwach! – Schnell hatte er den SOS-Ruf abgesetzt. Aufgeregt hantierte er an seinem Funkgerät herum.

»Bekomme keine Antwort, Herr Leutnant, das Funkgerät ist offenbar unklar!«

»Menschenskind, sind Sie Funker und Bordmechaniker oder nicht?« brüllte Hansen. »Wenn wir keine Verständigung bekommen, knallen uns die eigenen Batterien den Dreck um die Ohren! Sie haben doch in der Ausbildung gelernt, wie man im Notfall ein

Funkgerät wieder flott kriegt. Strengen Sie sich gefälligst an, Sie Heini!«

Eberhard schaltete das volle Kabinenlicht ein. Er saß kreidebleich und zusammengekauert neben dem Flugzeugführer. Mit weit aufgerissenen Augen blickte er angstvoll über seine linke Schulter zum Funker hin. Er wollte ihm gern helfen, aber er konnte ja nicht. Springer kam herangekrochen. Aus seinen blauen Wasseraugen blitzte förmlich wahnwitzige Angst. Der kranke Vogel verlor nämlich laufend an Höhe. Der linke Motor brummte zwar gleichmäßig mit gesundem Ton, doch sie befanden sich noch immer über dem schwarzen Loch der Nordsee. Nur hier nicht herunter müssen! – Die Minuten krochen dahin. Sorgfältig hielt Eberhard jetzt Ausschau nach der rettenden Küste. Er hatte sich dazu nach vorn in die Kanzel gelegt.

»Voraus eigene Scheinwerfer!« meldete er.

»Beim Näherkommen sofort das für heute gültige Erkennungssignal abschießen!« rief Hansen. Die deutschen Scheinwerferbatterien leuchteten voll lauf. Eberhard schoß eine Leuchtkugel nach der anderen – aber keine Reaktion! Im Gegenteil, die leichte Flak begann, die »Diebische Elster« unter Beschuß zu nehmen. Gefährlich nah zischten Leuchtspurgirlanden an der wunden Maschine vorbei.

»Besengte Vollidioten!« schimpfte Schwarzkopf vor sich hin.

Eberhard hatte seine Hände gefaltet. »Allmächtiger Vater, der du auf den Flügeln des Windes einherfährst und deinen Engeln befohlen hast, daß sie über uns wachen, rette uns! Christus, erbarme dich unser! Hilf uns aus dieser Not! – Ich bitte dich aus der Tiefe meines Herzens, erbarme dich unser!«

Die Schießerei hörte nicht auf. Leutnant Hansen mußte über den stehenden Motor riskante Abwehrkurven fliegen.

»Nowak, kommen Sie zurück auf Ihren Platz! Schnallen Sie sich an für den Fall, daß das andere Triebwerk auch noch seinen Geist aufgibt und ich zur Bauchlandung ansetzen muß!«

Gehorsam zwängte sich Eberhard wieder auf seinen Platz. Still betete er weiter:

»Herr, um deiner Gnade willen, erbarme dich unser! Rette uns aus dieser Not!«

»Nowak, pumpen Sie von Hand etwas Sprit aus dem rechten Behälter nach links!«

Schwarzkopf arbeitete fieberhaft am Funkgerät, dann versuchte er es wieder:

»An Peiler Gilse! – SOS! – ›Diebische Elster‹ hier! – Landen mit einem Motor. Brauchen Feuerwehr und Bergungskommandos!«

»Na endlich!« schrie Schwarzkopf wie angeschossen auf.

Leutnant Hansen brüllte jetzt jeden Handgriff, den er unternahm, in die Bordfunkanlage:

»Fahre das Triebwerk aus!«

»Fahrwerk kommt!« antwortete Eberhard.

Es dauerte relativ lange, weil die Maschine nur halben Hydraulikdruck besaß. Der Flugplatz war hell erleuchtet, die Rollbahn von Scheinwerfern taghell angestrahlt. Der Flugzeugführer schwenkte über den laufenden Motor zur Landung ein. Beim Anschweben auf den Leuchtpfad schob er noch einmal den Gashebel nach vorn, um die nötige Geschwindigkeit zu halten. Eberhard schoß eine rote Leuchtpatrone ab, um das gesamte Bodenpersonal zu warnen. Die Anzeige der Kontrollampe bestätigte, daß das Fahrwerk ausgefahren und verriegelt war.

Im Gleitflug näherte sich die »Elster« dem Landekreuz. Mit hartem Schlag berührte das Fahrwerk den Boden, die Maschine kam ins Schleudern, sie drehte sich fast ganz um die eigene Achse und stand in Gefahr, aus der Rollbahn zu kommen. Hansen gab noch einmal Vollgas auf den linken Motor. Mit rasanter Geschwindigkeit rutschte nun der todeswunde Vogel über die Grasnarbe und kam danach endlich zum Stehen. Mit voll aufgeblendetem Licht fuhren die Feuerwehr und der Sanitätswagen mit Arzt heran.

Das linke Triebwerk heulte noch einmal gewaltig auf, ehe es erstarb. Hansen und Nowak versuchten gemeinsam, das Kabinendach abzuwerfen, aber es gelang ihnen nicht. Sie arbeiteten wie wild, denn jeden Augenblick konnte die Maschine explodieren. Da wurde von außen geholfen, doch es klemmte etwas. Nun schlug das Bodenpersonal mit Gewalt das Dach weg. Nichts wie raus! –

Die vier Männer taumelten ganz benommen und teilweise blutverschmiert ins Freie. Eberhard konnte einen Arm nicht bewegen, weil er gegen das Armaturenbrett geschleudert worden war. Feldwebel Schwarzkopf blutete im Gesicht, er hatte sich Fleischwunden zugezogen, als ihm das Funkgerät entgegengeflogen war. Springer krümmte sich vor Rückenschmerzen, nur Leutnant Hansen schien unversehrt. Schnell wurden sie zunächst im Sanitätswagen notdürftig verarztet.

»Nun danket alle Gott mit Herzen, Mund und Händen, der große Dinge tut an uns und allen Enden . . .« betete Eberhard im stillen, während er mit den anderen zusammen im Sanitätswagen zum Feldlazarett gebracht wurde.

Dort angekommen, werden die vier von einer nicht mehr erwarteten Freudenmeldung überrascht. Die längst verloren geglaubte Besatzung der Maschine »Bussard« unter der Führung von Oberleutnant Kreier war aus der Nordsee gefischt und von deutschen Vorpostenbooten ans Festland gebracht worden.

Der Ruf der Heimat

Die Kerzen am Altar flackerten kalt und klar. Auf harten Holzbänken hatte die Gemeinde Platz genommen. Kein fröhliches Stimmengewirr war zu vernehmen. Alles hatte einen mystischen, melancholischen Klang. Durch den hohen Kirchenraum drang jetzt ein düsteres Raunen. Auf den ersten Bankreihen saßen schwarz gekleidete Männer und Frauen, hin und wieder kam ein unterdrücktes Schluchzen aus den Reihen der Schwarzgekleideten. Nach dem Eingangsspiel an der Orgel trat der Pastor der Gemeinde an den Altar.

»Dieser Gottesdienst, liebe Gemeinde, gilt dem Gedenken an unseren gefallenen Peter Schirrkopf. Wir wollen das Lied singen:

›Wenn nach der Erde Leid, Arbeit und Pein
ich in die goldenen Gassen zieh ein,
wird nur das Schaun meines Heilands allein
Grund meiner Freude und Anbetung sein.‹«

Von der Empore klang leise die Orgel, und nach kurzem Vorspiel begannen alle zu singen. In den Bankreihen verteilt sah man blutjunge Männer in den Uniformen der drei Waffengattungen der Wehrmacht. Vater Nowak musterte die kaum ausgewachsenen Jünglinge und dachte an seine beiden Söhne Eberhard und Hans. Wie es ihnen wohl gehen mochte? Eberhard als Oberfähnrich sollte in Kürze zum Fronteinsatz kommen. Hans befand sich noch in der Grundausbildung.

›Das wird allein Herrlichkeit sein,
das wird allein Herrlichkeit sein
wenn frei von Weh ich sein Angesicht seh',
wenn frei von Weh ich sein Angesicht seh'.‹

sang die Gemeinde.

O ja, frei von Weh wollen alle Völker heute werden. Wann, o Herr, wann, Vater im Himmel? Hab Erbarmen! Der Opfer sind genug gebracht, dachte Vater Nowak. Wie furchtbar, daß die

Menschen den Krieg erfunden haben. Nun werden sie durch Minen zerfetzt, sie verröcheln in elenden Schützenlöchern, brechen stöhnend über ihren Maschinengewehren zusammen und vieles andere mehr. Auf allen Kriegsschauplätzen der Welt und in unzähligen Schlachten aller Zeitalter war schon so unsagbar viel Menschenblut geflossen. Reichte nicht ein Golgatha? Mußten noch immer Millionen Kreuze einer sinnlosen Vernichtung aufgerichtet werden?

Die Worte des Predigers hallten metallisch durch den kühlen Kirchenraum:

»Euer Herz erschrecke nicht! Glaubet an Gott und glaubet an mich! In meines Vaters Haus sind viele Wohnungen. Wenn's nicht so wäre, würde ich dann zu euch gesagt haben: Ich gehe hin, euch die Stätte zu bereiten? Und wenn ich hingehe, euch die Stätte zu bereiten, so will ich wiederkommen und euch zu mir nehmen, damit ihr seid, wo ich bin.«

»Niemand hat größere Liebe denn die, daß er sein Leben läßt für seine Freunde.«

»Meine Schafe hören meine Stimme, und ich kenne sie und sie folgen mir, und ich gebe ihnen das ewige Leben. Und sie werden nimmermehr umkommen, und niemand wird sie aus meiner Hand reißen.«

War dieser Peter Schirrkopf nicht umgekommen? – Hatte nicht eine teuflische Macht ihn aus der Hand des Herrn gerissen? – Waren diese verirrten Schafe nicht der Faszination eines falschen Hirten erlegen? Hatten sich nicht Hunderttausende im Bannkreis eines satanischen Verführers zu Tode schinden lassen? Verfielen sie nicht, bar jeder Vernunft, dem Erzfeind der Kirchen und Religionen, ihrem sogenannten »neuen Erlöser«? Der alte Frontkämpfer aus dem ersten Weltkrieg, Karl Nowak, er kannte die Qualen und Leiden eines Krieges nur zu gut.

Jetzt sangen die älteren Mitglieder des Männerchores:

»Jesu, meine Freude, Jesu, meine Ruh,
Trost in allem Leide bist allein nur du;
du bist meine Wonne, meines Herzens Lust,
meines Lebens Sonne, Frieden meiner Brust.«

Der Prediger erhob am Altar betend seine Hände. Leidvoll

blickte er über die Trauergemeinde hinweg. Dann schloß er seine Augen und betete:

»Herr, unser Gott! Du stehst im Weltgeschehen. Wir spüren auch in diesen schlimmen Zeiten dein Walten, spüren den Ernst der Zeit. Aber wir danken dir dennoch inmitten dieser friedelosen Zeit für deine Gegenwart. Wir empfinden große Schönheit und Seligkeit, wenn wir singen: ›Jesu, meine Freude, meines Herzens Zier!‹ – Wir danken dir, Herr Jesus Christus, heute morgen, daß du Leben und unvergängliches Wesen ans Licht gebracht hast. Wir danken dir für dein Kommen auf diese Erde. Du kamst zu uns, um die Erlösung durch dein Blut den Menschen anzubieten. Wir danken dir für deinen guten Heiligen Geist, der ausgegossen ist in diese Welt. Wir danken dir, daß wir durch ihn an dich glauben lernen konnten, wie auch unser Bruder Schirrkopf. Du hattest auch ihm das wunderbare Geheimnis des Glaubens enthüllt und geschenkt. So nehmen wir immer wieder unser Leben aus deinen Gnadenhänden. Auch heute sind wir hier vereint, um dir zu danken. Du hast ein junges Leben draußen auf dem Schlachtfeld der Ehre heimgerufen, unseren Peter Schirrkopf . . .«

Bis dahin hatte Nowak das Gebet des Pastors verfolgt. Nun aber empörte sich sein Innerstes: . . . auf dem Schlachtfeld der Ehre . . .? Was hatte der Krieg je mit einer Ehre zu tun? Er dachte an Verdun, damals, als er sich mit blutwunden Fingern und größter Todesangst in die Erde gekrallt hatte, als ihm Gliedmaßen von Kameraden um die Ohren geflogen sind und zerfetzte Körper den blutdurchtränkten Fluchacker des Krieges bedeckt hatten.

Wo sollte da auch nur eine Spur von Ehre zu finden gewesen sein? –

War nicht jeder Krieg eine Gotteslästerung an sich? –

»Wir bitten dich auch für unser Volk und Vaterland, für unsere Regierung, für unseren Führer, und wir bitten dich für alle regierenden Männer der anderen Völker, schenk uns und ihnen, – wenn es dir gefallen kann, bald den Frieden.»

Entgeistert über diese Worte schüttelte Nowak seinen Kopf: Schenke uns, wenn es dir gefallen kann, bald Frieden . . .! War der Krieg nicht von Menschen geplant und mit eiskalter Berechnung bis in alle Einzelheiten durchgeführt? Wurde er nicht immer wieder neu geschürt und mit aller Härte propagandistisch angeheizt? – Leise erhob sich Nowak. Da er in der Nähe des Ausgangs Platz genommen hatte, war es ihm nun möglich, fast unbemerkt die Kirche zu verlassen. Grau, still und kühl blieb dieser Sonntagmorgen. Nowak begab sich zum Bahnhof der Berliner Stadtbahn, mit der er bis in den nördlichen Vorort Berlin-Blankenburg fahren konnte. Die Wintersaat stand niedrig, die Felder wirkten wie weite, grüne Wiesen. Überall leuchteten die weiß-rötlichen Kirschblüten. Auf den weiten Äckern befanden sich noch Reste des Hochwassers vom Vorfrühling. Viele Bäume ragten kahl in den düsteren Himmel empor. Weder das zarte Birkengrün noch die große, stille Weite der Landschaft hatten eine frohmachende Wirkung auf den einsamen Mann, der sich vorzeitig auf dem Heimweg vom Gottesdienst befand. Vielerlei Gedanken bestürmten ihn. Ein Mitarbeiter hatte ihm vor einigen Tagen vertraulich mitgeteilt, daß man geisteskranke Jugendliche, die als unheilbar eingestuft waren, aussonderte und sie aus Heil- und Pflegeanstalten heraus nach unbekannten Orten abtransportierte. Wahrscheinlich brachte man diese armen Kreaturen in die berüchtigten Vernichtungslager. Jedenfalls erhielten die Angehörigen nach einer gewissen Zeit Urnen mit Asche zugestellt mit der makabren Mitteilung, der Patient wäre gestorben und wegen einer Infektionsgefahr eingeäschert worden. –

Sorgenvoll wankte Nowak an den Hecken der Grundstücke einer kleinen Gartenlaubenkolonie nach Hause. Die Gedanken an diese verborgenen, zum Himmel schreienden Sünden ließen ihm keine Ruh. Welch eine Mißachtung, ja Verachtung der menschlichen Kreatur, welch eine Schändung der Schöpfung Gottes war hier im Volke im Gange, das so große Männer wie Johann Sebastian Bach, Ludwig van Beethoven, Johannes Brahms, Georg Friedrich Händel, Lessing, von Goethe und Schiller hervorgebracht hatte! Schon lange beschäftigte den kleinen Verwaltungsangestellten Nowak der Gedanke, daß Deutschland diesen Krieg niemals würde gewinnen können, weil das Regime eines satanisch inspirierten Hitler längst dem Strafgericht Gottes verfallen sein mußte. Die Siege in Polen, Norwegen, Belgien, Holland und Frankreich täuschten ihn nicht darüber hinweg. Die von Hitler verkündete Kriegsphrase: »Der heute beginnende Kampf entscheidet über das Schicksal der deutschen

Nation für die nächsten tausend Jahre!« hatte auf ihn einen anmaßenden Eindruck gemacht und ihn zur Wachsamkeit ermahnt, denn er kannte die Aussage Jesu über ein tausendjähriges Friedensreich, was allein Jesus Christus zu schaffen imstande war. Sicher war es möglich, daß nach dem zwangsläufigen Zusammenbruch dieses antichristlichen Regimes das sogenannte Millenium wirklich von Gott her anbrechen würde. Bald hatte er sein kleines Einfamilienhaus erreicht. Von hoher Hecke umgeben, stand es für ihn wie eine Oase inmitten blühender Bäume da.

»Du bist schon zurück?« fragte ihn seine Frau erstaunt, als ihr Mann das Zimmer betrat.

»Ja, es war mir nicht so ganz wohl zumute, deshalb bin ich eher aufgebrochen.«

Frau Nowak, die ihren Mann gut genug kannte, ahnte, daß etwas vorgefallen sein mußte. Sie wußte aber auch, daß es im Augenblick keinen Zweck hatte, ihn nach dem Grund zu fragen. So lenkte sie seine Aufmerksamkeit auf etwas ganz anderes, völlig Überraschendes und sagte: »Denk dir, Vati, als ich heute früh in den Briefkasten reinschaute, was fand ich da? Einen Brief von Eberhard. Er muß nach der üblichen Postzustellung eingeworfen worden sein.«

»Oh, einen Brief von Eberhard, was schreibt er denn?«

»Das kann ich dir unmöglich alles so schnell erzählen, lies es selbst, ich muß sowieso schnell in die Küche, um das Essen zu kochen.« Dabei überreichte sie ihm den grauen Feldpostbrief.

Beim näheren Hinsehen entdeckte Herr Nowak, daß der Umschlag gar keinen Poststempel hatte. »Der Brief ist ja gar nicht abgestempelt! Sonderbar, wer mag ihn in unseren Kasten gesteckt haben?« rief er seiner Frau nach. Nowak wendete den Umschlag und entdeckte auf der Rückseite eine kurze Notiz: »Viele Grüße von Eberhard! Bin als Urlauber in Berlin, komme von der Aufklärungsstaffel und schaue in den nächsten Tagen noch einmal bei Ihnen rein.«

»Scheint ein Kamerad von Eberhard zu sein, der Brief kam nicht mit der Post«, murmelte Nowak vor sich hin. Er setzte sich in den Sessel und begann zu lesen:

Liebe Eltern, lieber Hartmut!

Durch eine ganz besondere Führung Gottes konnte ich hier bei meiner neuen Einheit den Jugendleiter des CVJM aus Berlin-

Pankow treffen. Er ist als Oberfeldwebel in der Bildstelle unserer Staffel tätig. Jeden Tag haben wir nun Gelegenheit, unsere geistliche Morgenwache zusammen zu halten. Es ist wunderbar und glaubensstärkend, mit einem Bruder in Christo im Bibellesen und Gebet Gemeinschaft zu haben. Er liest am Morgen immer die Verse aus dem Losungsbuch der Brüdergemeinde. Gestern haben wir unsere Osterandacht unter freiem Himmel, und zwar in einem kleinen Wäldchen hinter dem Flugplatz gehalten. Anschließend gingen wir beide zum Geschwadergottesdienst. Der evangelische Pfarrer predigte wirklich ein volles, lauteres Evangelium über den auferstandenen Herrn und Heiland. Er sprach über die geistliche »Höhenflugnahrung«, die wir stets bei uns haben sollten. Unter anderem sagte er: ›Der Heldentod ohne den Glauben an den auferstandenen und wiederkommenden Christus ist ein Sprung ins Leere, ein Sprung ohne den rettenden Schirm seiner Gnade.‹ –

Euch möchte ich mit dem Bibelwort grüßen: ›Denn er ist mein Hort, meine Hilfe, mein Schutz, daß mich kein Fall stürzen wird, wie groß er ist. – Meine Seele ist stille zu Gott, der mir hilft. Bei Gott ist mein Heil, und meine Ehre, der Fels meiner Stärke, meine Zuversicht ist bei Gott!‹

Ich habe nun bereits meinen zwanzigsten Feindflug hinter mir und kann nur einstimmen in die Worte des Psalmisten: ›Wenn auch tausend fallen zu deiner Seite und zehntausend zu deiner Rechten, so wird es doch dich nicht treffen.‹

Ja, liebe Eltern, aus vielen Gefahren sind wir schon errettet worden. Schon beim ersten Feindflug konnten wir erleben: ›Er wird dich mit seinen Fittichen decken, und deine Zuversicht wird sein unter seinen Flügeln.‹

An einem unserer Flügel hing ein zerstörter Motor, so daß wir eine sehr gewagte Einmotorenlandung bei Nacht vollführen mußten. Aber mit Gottes Hilfe kamen wir heil zur Erde zurück. Die kleinen Schrammen, die wir uns dabei geholt hatten, waren schnell verheilt. Nach diesem ereignisreichen Flug beteten Bruder Martini und ich: ›Wer unter dem Schirm des Höchsten sitzt und unter dem Schatten des Allmächtigen bleibt, der spricht zu dem Herrn: Meine Zuversicht und meine Burg, mein Gott, auf den ich hoffe.‹

Wie Gott so gnädig ist, will ich euch schildern: Es war wohl unser 16. Flug; wir waren um 22 Uhr in Richtung England gestartet. Da keine Wolken am Himmel waren, hatten wir eine sehr gute Sicht. In viertausend Metern Höhe erreichten wir die Küste, und ohne langes Suchen flogen wir über Feindesland dem Ziel entgegen. Leutnant Hansen, unser Flugzeugführer, kennt die Strecke buchstäblich auswendig, so daß wir ohne Karte und andere Navigationsmittel auskamen. Jeden Fluß und jede Eisenbahnlinie, jeden Ort kennt dieser alte Hase. Über hundertmal ist er sicher schon kreuz und quer über England geflogen. – Nach dem üblichen »Willkommensgruß« durch die englische Flak drosselte Leutnant Hansen die Motoren und glitt mit einer Geschwindigkeit von 250 km/h und zwei Meter Sinken pro Sekunde im Westkurs nach unten. Auf die Sekunde genau erreichte unsere »Diebische Elster« das Zielgebiet, wir befanden uns dabei in dreitausend Meter Höhe. In der großen Schleife eines Flusses lag der feindliche Flughafen, den unsere deutschen Kampfflugzeuge einige Stunden zuvor bombardiert hatten. Meine Aufgabe war es nun, die Zerstörungen durch den Angriff zu fotografieren. Wenn ich dies tue, so komme ich mir immer wie der Bombenschütze selbst vor, der den Hebel auslöst, um die tödliche Fracht auf die Erde fallen zu lassen. Die feindliche Flak begann, sich gefährlich gegen uns einzuschießen. Ich konnte aber meine Reihenbildkamera laufen lassen, um die nötigen Luftaufnahmen für die Bildstelle anzufertigen.

Leutnant Hansen kurbelte sich schnell aus dem giftigen Flakfeuer heraus, dann gab es eine Weile Ruhe. Wir freuten uns schon, denn der Kompaß zeigte auf Heimatkurs. Die einzige Möglichkeit, den feindlichen Jägern zu entkommen, bestand darin, möglichst schnell zu sein und vor allem, eventuelle feindliche Nachtjäger zuerst zu entdecken. Hansen wählte seinen Kurs absichtlich so, daß der Mond schräg rechts vor uns lag. Das bedeutete zwar einen größeren Umweg und auch eine zeitliche Verlängerung unseres Fluges über Feindgebiet, bot dafür aber eine größere Chance, unentdeckt zu entkommen. Wären wir auf direktem Heimatkurs geflogen, hätten es die feindlichen Nachtjäger leichter gehabt, uns zu erwischen. Das wäre ein gefundenes Fressen für sie gewesen.

Im stillen kann ich dann beten und oft singe ich in Gedanken das Lied:

»Auf Adlers Flügeln getragen,
übers brausende Meer der Zeit,
getragen auf Adlers Flügeln
bis hinein in die Ewigkeit.
Über Berge, Täler und Gründe,
immer höher zur himmlischen Höh';
denn die Flügel sind stark,
die mich tragen, die Flügel,
auf denen ich steh.«

Hansen ermahnte uns plötzlich, mehr auf Nachtjäger zu achten. Und wieder begannen Scheinwerfer, nach uns zu suchen, doch wir waren schneller als sie. Natürlich versuchten sie, uns einzuholen, aber Hansen beschleunigte das Tempo, wobei er allerdings an kostbarer Höhe einbüßte.

Des öfteren schossen sie mit grünen Leuchtkugeln, wir wußten, das hat mit der Verfolgung zu tun. Überall blitzten und blinkten geheimnisvolle Lichter in verschiedenen Farben auf, wir haben es ja täglich mit neuen, gespenstischen Zeichen zu tun. Ich betete unentwegt: »Herr Jesus Christus, laß deine heiligen Engelscharen um uns sein und bewahre du uns!«

Da gab es einen fürchterlichen Knall! Zirka zweihundert Meter von uns entfernt explodierte etwas, und plötzlich hing segelnd eine Kette von Fallschirmleuchtbomben zur rechten Seite der Maschine. Das Licht, das nun in unsere Kanzel eindrang, war so hell, daß wir gut eine Zeitung hätten lesen können, deshalb änderte Hansen unentwegt und in unregelmäßigen Abständen die Richtung, die Höhe und die Motorengeräusche, um die Feinde abzuschütteln. Schließlich gelang es ihm, sich und uns aus der Schlinge zu ziehen. Bei solch einem Manöver dehnen sich die Minuten zu Stunden aus, meint man. Unsere Nerven waren schon recht strapaziert. Feldwebel Schwarzkopf, unser Funker, trommelte laufend mit den Fäusten gegen die Funkanlage und fluchte entsetzlich auf die Engländer. Hansen drosselte die Motoren immer stärker, um möglichst »geräuschlos« mit hoher Fahrt die Küste im Segelflug zu erreichen. Natürlich kamen wir dadurch in den Bereich der leichten Flak, denn wir hatten nur noch eine Höhe von etwa zweitausend Metern. Endlich erreichten wir die Nordsee, die wir auch die »Mordsee« nennen, und konnten wieder im

Steigflug auf viertausend Meter gehen, um so den Heimathafen anzusteuern. Als unser Funker das Radio einschaltete, erklang gerade das Lied: »Denn wir fahren, denn wir fahren, denn wir fahren gegen Engeland.«

Ich aber betete: ›Du hast deinen Engeln befohlen über uns, daß sie uns behüten auf allen unseren Wegen, und daß sie uns tragen wie auf Händen. Sende uns Hilfe aus deinem himmlischen »Engel-Land«!‹ Leutnant Hansen lachte auf einmal herzlich auf und klopfte mir zum erstenmal kameradschaftlich auf die Schulter, nickte zustimmend, so, als wollte er sagen: du hast ganz recht, nur dann kommen wir heil von diesem Feindflug zurück.

So geht es uns nun Abend für Abend; und immer wieder erleben wir die bewahrende Hand des allmächtigen Gottes. Sehr gefährlich wird es für uns, wenn wir über dem Zielgebiet eigene Fallschirmleuchtbomben abwerfen müssen, um scharfe Aufnahmen anfertigen zu können, dazu muß die feindliche Gegend erhellt werden. Dann beginnt die Flak, sich einzuschießen. Beim Aufblitzen der explodierenden Granaten werden die ganze Besatzung, die Kanzel und alle Instrumente in Sekundenschnelle in blutrotes Licht getaucht. Manchmal habe ich den Eindruck, daß mehr Flakgranaten um uns krepieren, als ich Fotos mit meiner Kamera schießen kann. Wenn wir dann ein solches Höllenkonzert hinter uns haben, kann ich wieder singen: »Und unter denselbigen Flügeln, wie wunderbar ruhe ich aus, da ist meine Zufluchtsstätte, mein festes, sicheres Haus. Der Feind mag über mir kreisen und ziehen und spähen, wie er will, die Flügel sind stark, die mich decken und unter den Flügeln bleibt's still.«

Weil ich diesen Brief meinem Freund und Bruder Martini mitgeben kann, war es mir möglich, Euch in dieser Ausführlichkeit über unsere Einsätze zu berichten. So könnt Ihr Euch jetzt eher ein Bild von dem machen, was wir bei unseren Feindflügen so alles erleben. – Ich bete täglich für Euch und weiß mich auch durch Eure Gebete umgeben.

Nun möchte ich Euch daheim alle ganz herzlich grüßen mit dem Bibelwort: ›Denn unsere Trübsal, die zeitlich und leicht ist, schafft eine ewige und über alle Maßen wichtige Herrlichkeit, uns, die wir nicht sehen auf das Sichtbare, sondern auf das Unsichtbare; denn das Sichtbare ist zeitlich; was aber unsichtbar ist, das ist ewig.‹

Euer Eberhard

Nowak faltete den Brief zusammen. Still betete er für seine Söhne, für seine Familie und für sich selbst, ehe ihn seine Frau zum Mittagessen rief.

Über der Reichshauptstadt Berlin breitete sich grauer Nebelschleier aus. Die Sonne schien verglommen, es war schwülwarm. Das Kreischen von Motorsägen drang bis in die Büroräume der Firma Martini. Dieser singende Ton geht einem auf dic Nerven, dachte Adolf Martini, der Besitzer einer Möbelfabrik. Er stand auf und schloß die Fenster. Alle mittleren und auch privaten Kleinstbetriebe arbeiteten in diesem zweiten Kriegsjahr für größere Rüstungswerke.

Das Telefon klingelte. »Martini.«

»Wie bitte? – Mit wem spreche ich?«

»Hier Martini, Möbelfabrik Martini! Der Besitzer bin ich!«

»Ach Sie sind es – ja, ich verstehe!«

»Danke, vielen Dank! – Wie bitte? – Die Gestapo? – Woher wollen Sie das wissen? – Ja, ich habe verstanden!«

Herr Martini öffnete die Tür zum Nebenraum und beorderte seine Sekretärin ins Zimmer.

»Meierlein, wir bekommen Besuch! Die Geheime Staatspolizei will uns überprüfen. Flitzen Sie, so schnell Sie können, in die Lagerhallen und verständigen Sie so unauffällig wie möglich die jüdischen Arbeiter, sie sollen sich beim Auftreten der SS-Truppe so besonnen und normal benehmen, daß sie nicht auffallen. Den Beamten der Gestapo ist Folge zu leisten, keiner darf versuchen, durch den Hinterausgang zu fliehen!«

»In Ordnung, Herr Martini!«

Schnell ging Fräulein Meier hinunter und erledigte den Auftrag.

Nur wenige Minuten danach schon hörte man starkes Motorengeräusch vom Fabrikhof her. Bremsen quietschten, harte Kommandos hallten durch die Luft.

Herr Martini war ans Fenster getreten und beobachtete hinter der Gardine den Überfall der geheimen Staatspolizei mit den Soldaten der SS-Leibstandarte »Adolf Hitler« auf seinen Betrieb. Die bewaffneten Männer stürmten in die Eingänge. Am Hinterausgang bildeten mehrere Uniformierte einen Halbkreis und entsicherten ihre Maschinenpistolen.

In den Lagerräumen, in den Werkhallen und in den Kellern entstand ein riesiger Tumult.

»Geheime Staatspolizei! – Alles zur Überprüfung auf den Fabrikhof hinaustreten!« hörte man die Männer mehrmals rufen.

Herr Martini beobachtete, wie die jüdischen Mitarbeiter gelassen auf den Hof hinaustraten und sich unauffällig zu den anderen Werksangehörigen stellten. Jetzt vernahm er Schritte auf dem Flur. Er atmete tief durch, um ruhiger zu werden. Vergeblich bemühte er sich, sein pochendes Herz zur Ruhe zu zwingen, leiser zu schlagen, denn er glaubte, man müsse sein Herz deutlich schlagen hören. Er setzte sich an seinen Schreibtisch und beugte sich über einige Schriftstücke, die er zu ordnen begann.

Es klopfte. »Herein!« rief Martini, so gelassen, wie es nur eben ging.

Zwei Herren in Zivil traten ein, der eine klein und schmächtig, der andere ein Hüne, wie ein Aktenschrank von Gestalt, etwa 30 Jahre alt, blond und mit offenem, freundlichen Blick.

»Herr Martini, wir kommen von der Geheimen Staatspolizei«, sagte der Freundliche und zeigte dabei seine Dienstplakette.

»Was führt Sie zu mir? Womit kann ich dienen?«

»Wir wissen, daß Sie in Ihrem Betrieb Juden illegal beschäftigen«, behauptete jetzt der Kleine.

»Juden? – Meine Angestellten und Arbeiter sind beim Arbeitsamt ordnungsgemäß gemeldet. Alle Arbeitsbücher wurden erst vor einem Monat am Arbeitsamt überprüft und als völlig einwandfrei beurteilt.«

»Herr Martini, es könnte doch sein, daß einige Mitarbeiter ohne Arbeitsbuch bei Ihnen untergebracht sind?« forschte der Kleine giftig.

»Aber, meine Herren, das ist doch völlig ausgeschlossen, denn ohne Arbeit erhält doch kein Mensch eine Lebensmittelkarte, und ich kann unmöglich mehrere Arbeiter von meinen Rationen ernähren.«

Der leutselige Blonde mischte sich jetzt in das Gespräch ein: »Wieviel Angestellte und Arbeiter sind in Ihrer Firma beschäftigt?«

»Ich kann Ihnen beim besten Willen keine genaue Anzahl nennen, dafür ist der Personalchef zuständig, aber der liegt gerade mit einer Lungenentzündung im Krankenhaus. Die Personalkartei ist zur Zeit im Arbeitsamt.«

Der große Beamte lächelte charmant: »Herr Martini, Sie verstehen, es handelt sich lediglich um eine formale Überprüfung.«

Immer dasselbe Lied, dachte Martini, der eine spielt den Bösewicht und der andere gibt sich als der Freundliche aus.

»Wie soll ich aber die Anschuldigung verstehen, daß ich angeblich Juden beschäftige? Wie kommen Sie auf solch ungeheuerliche Gedanken?«

»Es gingen uns unzählige Meldungen aus der Bevölkerung zu. Vielleicht haben Sie Feinde, die Ihnen nicht gut gesonnen sind? Wir müssen auf alle Fälle jeder Anzeige nachgehen, das werden Sie doch verstehen, Herr Martini?«

»Und dann kommen Sie mit einer ganzen Kompanie SS-Soldaten, als hätte sich der Verdacht bereits bestätigt? Gibt es denn in Berlin noch immer so viele Juden? Ich hörte, die Stadt sei schon vor Wochen als ›arisch rassenrein‹ gemeldet.«

Martini holte tief Luft, ehe er fortfuhr: »Die Maßnahmen des Führers werden gewiß Erfolg haben. Meine Herren, ich hoffe, daß die Bevölkerung Sie nicht mehr irreführt und durch Verleumdungen Ihre wertvolle Zeit so nutzlos blockiert. Ich habe den Eindruck, staatsfeindliche Kräfte wollen Sie mit diesen Falschmeldungen absichtlich von größeren Aufgaben fernhalten! Sie haben selbstverständlich das Recht, jederzeit meinen Betrieb zu besichtigen. Ich glaube, bei uns hier setzt jeder seine Kraft zum Gelingen der gerechten Sache ein. Das Gute bricht sich Bahn und wird ans Licht kommen. Böse Werke enden letztlich immer im Chaos!«

Aufrecht und gefaßt reichte er dem Großen die Hand: »Also, viel Erfolg bei Ihren vaterländischen Aufgaben!«

Der Kleine blickte ihn ziemlich mißtrauisch an. Dann verabschiedeten sich die beiden kurz.

Fräulein Meier, die am Flurende in einer Ecke gut verdeckt stand, hörte beim Weggehen der beiden Männer, wie der Kleine zu seinem Kollegen sagte: »Ich traue diesem Kerl nicht. Ich bin überzeugt davon, daß er uns nach allen Regeln der Kunst irregeführt hat! Außerdem hatte ich den Eindruck, daß die Leute hier irgendwie von unserem Kommen in Kenntnis gesetzt waren. Den

Mann werde ich mir unbedingt noch einmal genauer ansehen und auch die Fabrik überprüfen lassen.«

Als Fräulein Meier das Büro ihres Chefs betrat, saß dieser einfach still und reglos da. Er starrte auf ein Bild im »Völkischen Beobachter«, der großen Tageszeitung im Hitler-Deutschland, die auf seinem Schreibtisch lag. Man sah darauf, wie Überlebende eines sogenannten »Terrorangriffs der Feinde« ihre letzten Habseligkeiten zwischen Trümmern und Ruinen durch die Straßen schleppten. Monoton murmelte der Fabrikbesitzer vor sich hin: »Wehe dem sündigen Geschlecht, dem schuldbeladenen Volk«, seine Stimme erregte sich allmählich, je länger er zitierte: »der Brut von Missetätern, der entarteten Söhne, den Herrn haben sie verlassen, den Heiligen in Israel verworfen . . .«

Er blickte auf und sagte zu seiner Sekretärin: »Ja, Meierlein, hier sehen Sie sich diese Bilder genau an! Schildert der Prophet nicht alles so treffend? ›Euer Land ist zu einer Wüste geworden, eure Städte sind mit Feuer verbrannt – wie einst bei der Zerstörung von Sodom . . .‹«

Langsam erhob sich Herr Martini, trat ans Fenster und beobachtete, wie die letzten SS-Männer den Fabrikhof verließen, ohne eine Verhaftung vorgenommen zu haben. Mit verschränkten Armen blickte er zum Himmel und meinte: »Das ist erst der Anfang des Untergangs. Sicher wird es ein schreckliches Ende nehmen.«

»Warum nur läßt Gott das alles zu?« fragte seine Sekretärin.

»Das kann ich Ihnen leider nicht beantworten, aber eines weiß ich: Himmel und Erde werden vergehen, aber Gottes Worte nicht.«

Noch einmal blickte er hinüber zu den Werkshallen, in denen die sogenannten »jüdischen U-Boote« verschwunden waren. Es fielen ihm Worte aus der Bibel ein: »Warum toben die Heiden, und die Völker reden so vergeblich«, seine Stimme klang beim Rezitieren direkt bedrohlich, »aber der im Himmel wohnt, lachet ihrer und der Herr spottet ihrer.«

Diese Bibelworte hatte er einst im Religionsunterricht lernen müssen, erst jetzt begann er, sie zu verstehen. »Er wird einst mit ihnen reden in seinem Zorn, und mit seinem Grimm wird er sie schrecken.«

»Im Moment sieht es noch so aus, als ob die Ungerechtigkeit

triumphieren könnte über die Rechtlosen, aber Meierlein, denken Sie an meine Worte: Der Herr wird sie alle umbringen mit dem Hauch seines Mundes!«

Danach verließ er das Büro und ging schnurstracks zu den Gefährdeten, um mit ihnen zu beratschlagen, was als nächstes für ihre Sicherheit zu tun wäre.

Der rote Bär und der braune Adler

Auf dem Fliegerhorst herrschte wieder einmal Kampfesstimmung. Aus aller Munde konnte man hören: »Wir verlegen!«

Eberhard schlenzte noch ein letztes Mal hinüber zu Oberfeldwebel Martini.

»Schön, mein Junge, daß du noch vorbeikommst. Morgen geht es ja endgültig los! Mit dem Packen sind wir fast fertig. Übrigens, deine Eltern waren an dem Tag nicht daheim, deshalb habe ich den Brief in den Kasten geworfen. Der Alte« – dabei blickte er hinüber zum Zimmer von Hauptmann Findeisen, »hatte uns nur fünf Stunden Zeit für Berlin gegeben. Ich konnte Deine Eltern also nicht mehr besuchen.«

»Sie werden froh gewesen sein, den Brief überhaupt bekommen zu haben. Wenn dieser Krieg nur bald vorüber wäre!«

Eberhard ließ sich auf eine vollgepackte Kiste nieder.

»Als gläubiger Christ steht man bei diesem mörderischen Treiben stets im Abseits«, antwortete Martini ihm.

»Das Fürchterlichste für mich ist, daß man ständig in vielerlei Versuchungen steht, aber Gott läßt diese Krisen in unserem Leben einfach zu. Manchmal scheint es mir, als wäre Gott dem Treiben der Menschen gegenüber zu gewissen Zeiten einfach taub.«

»Ja, ja, man muß wohl ganz klein werden, ehe man fähig wird, sich vom Schöpfer in voller Ergebenheit führen zu lassen«, stellte Martini fest.

»Wenn wir bei einem Feindflug sind und mich die Anspannung des Kampfes und die Todesängste über dem Feindgebiet quälen, dann möchte ich manchmal schreien: Herr, ich kann nicht mehr! Ich bin so erschöpft und stehe in Gefahr, völlig zusammenzubrechen! Zuweilen bin ich direkt verzweifelt, daß ich meinen Schädel zwischen die Hände nehme und meine Augen schließe, um nichts mehr sehen zu müssen.«

Eberhard blickte zu seinem Freund empor, der ihm die Hand auf die Schulter gelegt hatte und sagte: »Eberhard, hör mal, oft sind wir uns selbst unser ärgster Feind, weil wir eben doch noch nicht so recht dem Herrn in allen Lebenslagen vertrauen. Wenn

Jesus zum Beispiel sagt: ›Niemand kann euch aus meiner Hand reißen!‹, dann ist dieses ›Niemand‹ absolut! Darauf können und müssen wir bauen, um gänzlich im Frieden zu sein. Dann ficht uns das Drumherum nicht mehr so stark an. Im Grunde verschaffen wir uns viele Leiden und Schmerzen selbst, die nicht nötig wären, denn wir versperren uns durch unseren Kleinglauben den Weg zu Gottes Herzen. Er will uns stets fest in seiner Hand halten, aber wir verbringen viel Zeit damit, gegen menschliche Schwächen anzukämpfen. Unsere kleinen Treibhaus-Tugenden reichen nicht aus, um zu überwinden und im Glauben festzubleiben.«

Eberhard lehnt sich gegen die Tischkante neben ihm. »Wie oft schreie ich: Herr, hörst du mich eigentlich? Und wenn ich denke, seine Stimme zu hören, bin ich gleich darauf im Zweifel, ob es auch seine Stimme gewesen ist. Manchmal bin ich so niedergeschlagen und möchte den Herrn bitten: Herr Jesus, befreie mich von meinen kleinlichen Gedanken, die deinem Geist im Wege stehen. Befreie mich von allem, was mich gefangen nimmt und mir dein Bild verdunkeln will. Mein innerer Zwiespalt bringt mich fast um, einerseits werfe ich keine Bomben und schieße auch nicht auf feindliche Marschkolonnen, aber andererseits wäre ich als Kampfflieger oder Bombenschütze dazu imstande, weil das Feindbild in mir so mächtig wird. Dann bekomme ich auf einmal Ekel vor mir selbst und hasse mein eigenes ›Ich‹. Dann verklagt mich mein Gewissen und Gottes Gebot, daß wir auch unsere Feinde lieben sollen. Warum ist das eigentlich so?« Verzweifelt hatte Eberhard seinen Kopf gesenkt und seine Hände im Schoß gefaltet. Er wartete auf den tröstlichen Zuspruch seines Bruders in Christo.

»Meinst du etwa, anderen wäre es noch nie so ergangen wie dir jetzt? Hatte sich der Apostel Paulus nicht im ähnlichen Zwiespalt befunden, als er schrieb: ›Ja, mein ganzes Tun ist mir unbegreiflich; denn ich vollbringe nicht das, was ich will, sondern tue das, was ich hasse oder verabscheue. Wenn ich aber das tue, was ich nicht will, so erkenne ich durch die innere Zustimmung zum Gesetz an, daß dieses gut sei. In diesem Falle aber bin ich nicht mehr ich, der, welcher das Böse vollbringt, sondern die in mir wohnende Sünde. Denn ich weiß ja: in mir, das heißt in meinem Fleische wohnt nichts Gutes; denn der gute Wille ist bei mir wohl vorhanden, dagegen das Vollbringen des Guten nicht; denn ich tue nicht das Gute, das ich tun will, sondern vollbringe das Böse, das ich nicht tun will . . .‹«

»Hast du eine andere Bibelübersetzung als ich?« fragte Eberhard.

»Ja, ich lese gern nach der Übersetzung von Oberstudienrat Hermann Menge.«

Martini rückte seine Brille zurecht und fuhr fort: »Ach Eberhard, ich weiß, wie oft wir beide stöhnen: Ich unglücklicher Mensch! Wer wird mich erlösen von diesem Todesleibe? – Dabei wollen wir aber nicht stehenbleiben, sondern in den Siegesgesang des Paulus einstimmen, der sagen konnte: ›Dank sei Gott; es ist geschehen durch Jesus Christus, unsern Herrn!‹«

Eberhard seufzte tief: »Im Grunde weiß ich genau, daß wir Menschen uns selbst nicht richtig einschätzen. Wenn wir auch noch so viel und ernsthaft in unserem Gewissen forschen, es gelingt uns nicht, das Mangelhafte restlos zu erkennen, wir sehen uns immer besser, als wir in Wirklichkeit sind. Wenn ich dann nach Niederlagen wie zerstört am Boden liege und über mein Versagen weine, bin ich versucht, Gott dafür verantwortlich zu machen, daß ich so bin, wie ich eben bin. Ich hadere mit Gott und möchte ihm sagen: ›Du hast es so gewollt, daß ich jetzt am Boden liege! Warum nur sind deine Normen so unerreichbar, dein heiliges Licht so unerträglich hell?‹«

Martini zog Eberhard zu sich empor und legte seine Hände auf dessen Schultern: »Mein lieber Eberhard, was bei Menschen unmöglich, das ist bei Gott noch alle Tage möglich! – Er wird uns dennoch ans Ziel bringen, wenn wir es ihm überlassen und nicht selbst an uns herumbasteln. – Laß es vorerst genug sein, wir müssen fertig werden mit dem Packen.«

»Weißt du eigentlich schon, wohin die Staffel verlegt wird?«

»Nach den harten Wochen des Einsatzes sollen wir in Ostpreußen Quartier beziehen, so heißt es jedenfalls offiziell.«

»Dann sind wir also weit ab vom Schuß?«

»Wie man's nimmt, mal sehen, was uns da erwartet. – Ich hatte übrigens vor einigen Tagen einen seltsamen Traum: Bei Sonnenaufgang kämpfte ein unförmiger, roter Bär mit einem braunen Adler, der ständig das schwerfällige Ungeheuer angriff und ihm viele Wunden schlug. Als sich der stolze Vogel aber wieder auf ihn stürzen wollte, begann es plötzlich zu schneien und zu frieren. Der

Adler erstarrte an seinem eigenen Schweiß, und der rote Bär zerfetzte ihm die braunen Federn, bis der stolze Adler bewegungslos am Boden lag. Der Himmel hatte sich blutrot eingefärbt, und diese flammende Röte fiel auf einmal vom Himmel wie Feuer und Schwefel. Millionen Menschen riefen in deutscher Sprache: ›Herr Jesus, rette uns! Rette, rette! Erbarme dich unser, denn wir haben uns schwer an deinem Volk versündigt!‹«

»Mein Gott, was hat das zu bedeuten? Ein roter Bär und ein brauner Adler? Letzteres verstehe ich wohl, sollte es mehr als ein Traum sein?« fragte Eberhard ganz erschrocken.

»Heute früh bei der Morgenwache las ich im Buch Hiob: ›Vielmehr redet Gott einmal und zweimal, auf die eine und andere Weise, man achtet nur nicht darauf. Im Traum, im Nachtgesicht, wenn die Menschen tiefer Schlaf befällt, im Schlummerzustand auf dem Lager: da öffnet er den Menschen das Ohr und schreckt sie durch Verwarnung, um den Menschen von seinem bösen Tun abzubringen und den Mann vor Überhebung zu behüten, um seine Seele vor der Grube zu bewahren und sein Leben vor dem Geschoß des Todes.‹«

Martini legte seine Bibel auf den Tisch und sagte: »Ich glaube, das Maß ist voll! Mit welcherlei Maß ihr messet, wird euch gemessen werden.« Er neigte sich zu Eberhard und sagte im Flüsterton: »Deutschland ist gerichtsreif, mein Lieber, das schreiende Unrecht an den Juden bleibt nicht ungestraft!«

»Als dieser Krieg begann, da hatte der Teufel mit Beelzebub einen Vertrag geschlossen!«

»Wie soll ich das verstehen?« fragte Eberhard.

»Glaubst du, daß die politische Ehe von Hitler und Stalin für immer halten wird? Ich bin zwar kein Politiker und habe auf diesem Gebiet wenig Erfahrung, aber der Nationalsozialismus wird nicht ewig mit dem Bolschewismus paktieren! – Aber Schluß jetzt – alles steht in Gottes Hand.«

Mit diesen Worten beendeten sie ihr Gespräch, verabschiedeten sich voneinander und gingen ihres Weges. Jeder hatte noch in seinem Quartier zu tun.

Ein Vorauskommando der Aufklärungsstaffel eilte nach Ostpreußen, um die notwendigen Vorarbeiten zur Verlegung der Einheit zu treffen.

In kürzester Zeit wurde der umfangreiche Troß der Staffel verpackt und verladen. Die Werkstätten, die einzelnen Kommandos, die Wetterstation, die Bildauswertungsabteilung und auch ein Teil der Flugabwehrgeschütze der Staffel standen zum Abmarsch bereit. Schnaufend und prustend schoben zwei Lokomotiven über hundert Wagen auf das Verladegleis des Fliegerhorstes hin zur Laderampe. Pausenlos rollten dann schwere LKWs, klobige Funkwagen, Krafträder und PKWs auf die offenen Güterwagen. Die Verladeoffiziere überwachten alles, daß die Wagen richtig verkeilt und vertäut wurden. Musternd und prüfend schritten sie den langen Zug ab. Hier gaben sie Ratschläge, dort tadelten sie und ordneten neu an, bis sie dem Staffelkapitän Meldung machen konnten: »Transportzug vorschriftsmäßig beladen, getarnt gegen Angriffe aus der Luft und von der Erde gesichert! Bodenstaffel abmarschbereit zur Verlegung nach Ostpreußen!«

Der schwerbeladene Zug wurde vorn und hinten mit je einem Flakgeschützwagen gesichert. Endlich ertönte das erlösende Signal des begleitenden Transportführers, und langsam setzten sich die Triebräder der Lokomotive in Bewegung. Nach wenigen Minuten war auch der letzte Geschützwagen am fernen Horizont verschwunden.

Zwei Wochen später standen Leutnant Hansen und Oberfähnrich Eberhard Nowak im Kartenraum des Geschwaders, um die navigatorische Vorbereitung der Strecke zu besprechen. Hansen hatte den Kompaßkurs, die Flugzeit und den Luvwinkel errechnet. Mit dem Kartenmaterial unter dem Arm, verließen die beiden das Gebäude. Sie kamen an den Liegeplätzen der Staffel vorbei. Ihre Verständigung wurde durch den brüllenden Lärm der Motoren erheblich gestört. Die Staffel sollte im Verbandsflug das deutsche Reichsgebiet überqueren. Das bedeutete für sie eine besondere Abwechslung, weil Fernaufklärer in der Regel im Alleinflug ihre Aufträge erfüllen.

Schwarzkopf und Springer standen schon neben der »Diebischen Elster«. Ihrer inzwischen neuen Maschine hatten sie nach der nahezu totalen Beschädigung der ersten »Diebischen Elster« den gleichen Namen gegeben. In aller Ruhe legten sie sich ihre Fallschirme an, stiegen in die Bodenwanne und von dort aus weiter in die Kanzel. Leutnant Hansen hatte sich als erster auf seinen Pilotensitz gesetzt und sich mit dem Rückengurt festgeschnallt. Er bewegte die Seitenruder, stellte den Kompaßkurs ein und verglich die Uhren. Dann blickte er zu Eberhard und fragte: »Haben Sie die Abflugszeit im Logbuch festgehalten?«

Eberhard bejahte. Hansen ließ die Motoren an. »Alles in Ordnung?« fragte er durch die FT-Anlage. »Alles in Ordnung!« klang es im Gleichklang zurück.

Die Maschine rollte zum Startpunkt. In gleichmäßigen Abständen kamen auch die anderen »Riesenvögel« zur Startbahn. Die glänzende Fülle des Sonnenlichtes brachte die Kanzeln der Maschinen zum Glitzern. Ohne nochmalige Zeichengebung reihten sich die Maschinen aneinander. Ihre Motoren heulten im Morgenwind auf, es hörte sich nach wilder Streit- und Kampfeslust an. Die Führungsmaschine mit Staffelkapitän Findeisen stand bereits am Startpunkt. Alle Maschinen zusammen donnerten mit ohrenbetäubendem Krach. Die Maschine des Staffelkapitäns gab Gas und setzte sich in Bewegung, einen wilden Staubwirbel hinter sich lassend. Nun war die »Diebische Elster« an der Reihe. Der Startposten senkte die Flagge. Hansen gab Vollgas, und der stählerne Vogel schoß los. Nach ihm starteten zu gleicher Zeit zwei weitere Maschinen. Die Leitwerke ruckten hoch, die großen »Libellen« sausten mit ihren schlanken Leibern über die weite, rauhe Grasfläche dahin, finstere Rauchfahnen hinter sich lassend.

Wie immer durchrieselte es Eberhard bei diesem Start, es war wie ein wonniges Lustgefühl, wenn die Räder des Fahrwerkes plötzlich freikamen und die erste Luftboe anzeigte, daß die Maschine keine Bodenberührung mehr hatte. Hansen leitete zur ersten Linkskurve ein, steuerte noch einmal den Feldflugplatz an, um dann im konstanten Steigflug auf zweitausend Meter Höhe zu gehen. Erst dort flog die Maschine in der Waagerechten.

Eberhard stellte die Abflugszeit fest und richtete den Kompaß ein. So zogen die stählernen Riesenvögel in Richtung Osten davon. Nach wenigen Stunden Flug über deutsches Land überflogen sie den sogenannten polnischen Korridor, bis sie endlich die langgestreckten Wälder und unzähligen Seen von Ostpreußen erblickten.

Suchend umkreisten die ankommenden Adler den neuen Platz, während ihnen von unten her ein entzündetes Rauchzeichen die Wind- und Landerichtung angab.

Ein Aufklärer nach dem anderen setzte auf dem festen Boden auf, rollte rumpelnd und bremsend in Richtung Abstellplatz. Die Bodenwarte winkten den Flugzeugführern durch geübte Zeichen und halfen damit, die graublauen Maschinen so zu stellen, daß sie ohne besondere Mühen rückwärts in den Stand geschoben werden konnten. Ehe sich die Besatzungen aus den Anschnall- und Fallschirmgurten herausgearbeitet hatten, wurden die Maschinen schon dort hingeschoben.

Die Besatzungsmitglieder der einzelnen Maschinen kletterten nacheinander aus den engen Rümpfen und blickten sich in ihrer neuen »Heimat« ein wenig um. Über die glitzernden Kanzeln wurden von den Männern in den schwarzen Arbeitsanzügen sofort dunkelgrüne Segeltuchüberzüge gespannt. Zwischen Bäumen waren durchhängende Tarnnetze angebracht.

Als der Tag sich seinem Ende zuneigte, standen alle Maschinen gesichert und wohlbehalten an ihren bestimmten Plätzen.

Hauptmann Findeisen war glücklich, seinen ganzen »Haufen« wieder beieinander zu haben. Die Wachen waren aufgezogen und liefen in gleichmäßigen Abständen ihre Postenbereiche ab, während die diensthabenden Beobachtungsposten an den leichten Flakgeschützen den Himmel im Auge hatten und ihn immer wieder regelmäßig absuchten.

Der Juni ist ein Monat, der zum Reifen führt – der Frühling hatte seinen Höhepunkt längst überschritten, die Bäume standen im vollen Laub. Die Wiesen und Kornfelder glänzten saftig im Morgentau, die reine, ostpreußische Luft war erfüllt von Blütenduft.

In aller Herrgottsfrühe stieg die Sonne über dem Dunstschleier der Masurischen Seen auf. Ein schimmerndes Morgenrot verkündigte einen neuen Tag. Unter dem weiten, hohen Himmelszelt schwebten die Störche elegant über die Wiesen. Frösche quarrten ihren Morgenchoral, ehe Meister Adebar zuschnappte und einen nach dem anderen noch zappelnd verschluckte. Dieser exotische Vogel in seinem majestätischen Schreitgang findet hier überall reiche Beute.

Verdeckt durch die grünen Baldachine großer Laubbäume stehen die klobigen Zugmaschinen und Lastkraftwagen der Aufklärerstaffel gut getarnt in der Landschaft. Die Fernaufklärer warten indessen unter den Tarnnetzen auf die nächste Generalüberholung. In der Nähe des Feldflughafens duftete es nach frisch gemähtem Gras. Es war ein angenehmer und durchdringender Duft. Die Hummeln summten sorglos über die weißen Blüten der Heckenrosen. Eberhard saß derweil im Chausseegraben und ergötzte sich an der Landschaft. Dieser Monat war für ihn und seine Kameraden eine Zeit der Entspannung. Er fühlte eine tiefe Dankbarkeit gegenüber seinem Schöpfer, der das Korn wachsen und zur Ernte heranreifen ließ.

Die Hummeln schienen ihm ein Gleichnis auf das sorglose Leben zu sein. Sie saugten in den Blumenkelchen, wenn sie Hunger hatten, sie dösten, wenn sie müde waren, sie stahlen nichts, sie töteten auch niemanden und ließen sich nicht zähmen. Sie schufteten sich auch nicht zu Tode wie die Bienen. Sollten die Menschen nicht von ihnen lernen?

Eberhard blätterte in seiner Bibel und fand die Worte im Jesajabuch:

»Wenn du dem Hungrigen dein Brot brichst und unglückliche Obdachlose in dein Haus aufnimmst, wenn du einen dürftig Bekleideten siehst, ihn kleidest und dich deinen Volksgenossen nicht entziehst: dann wird dein Licht wie das Morgenrot hervorbrechen und deine Heilung schnelle Fortschritte machen; und vor dir wird deine Gerechtigkeit hergehen und die Herrlichkeit des Herrn deine Nachhut bilden.«

Von Volksgenossen war hier die Rede. Nannte man in diesen Tagen die Bürger Deutschlands nicht auch Volksgenossen? – Konnte die Gerechtigkeit Gottes vor ihnen sein und die Herrlichkeit des Herrn die Nachhut bilden? – Hatte man in den letzten Monaten nicht durch Kriegseinwirkungen hunderttausende Menschen obdachlos gemacht, ihre Häuser in Polen, Frankreich, England, Jugoslawien und Griechenland zerstört? Statt Heilung hatte man Tod und Verderben gebracht! Wie konnte die Gerechtigkeit Gottes solches Unrecht ertragen?

Eberhard ließ seinen Blick über die Landschaft gleiten. Der Chor der Vögel schien ihm schwächer, an einem solch heißen Tag waren die »Alten« auf Nahrungssuche. Singdrosseln konnten ihre Nachkommen nur schwer zufriedenstellen. Tausende von Insekten, Würmern und Gräser schleppten sie heran. Es gab unentwegte Versorgungsflüge. Diese fruchtbare, lebendige Welt würde nur erfüllt sein von den Geräuschen und Gerüchen des Friedens, ja – wenn die Menschen nicht wären! »Wenn du dann rufst, wird der Herr dir antworten: und wenn du um Hilfe schreist, wirst du sagen: ›Siehe, hier bin ich!‹ – Ach, du großer und allmächtiger Gott, dein Wort ist auch meines Fußes Leuchte. Antworte bitte auch mir, wenn ich um Hilfe schreie!« betete Eberhard.

Bald danach erhob Eberhard sich und schlenderte gemächlich zu den Baracken seines Fliegerhorstes.

Oberfeldwebel Martini hatte ihn in die neu eingerichtete Bildstelle eingeladen. Als wachhabender Oberfeldwebel war er allein zurückgeblieben. Die Bildoffiziere und deren Unteroffiziere befanden sich zur Mittagspause in ihren Baracken.

»Ach, Eberhard, heute nacht ging es hier zu wie im Taubenschlag. Die Bildoffiziere und Mannschaften waren danach fix und fertig. Du machst dir keinen Begriff von der Hektik, die hier geherrscht hat. Findeisen hat höchstpersönlich die Arbeit überwacht. Das Telefon hat auch keine Ruhe gegeben. Ungeheure Mengen von Filmmaterial einer anderen Fernaufklärergruppe vom Oberkommando der Luftwaffe mußte entwickelt und ausgewertet werden. Hohe Stabsoffiziere tauchten von Zeit zu Zeit auf und arbeiteten angestrengt mit unseren Spezialisten.«

Er führte Eberhard an den Lichtkasten. »Schau dir nur mal diese Bilder an! – Das da zum Beispiel ist der Bahnhof von Smolensk; hier der Flugplatz von Witebsk. Weiter sind da die Feldflugplätze von der Umgebung von Kiew, – ich glaube, wir haben heute nacht sämtliche sowjetischen Flugplätze und Feldstellungen von Finnland bis zum Schwarzen Meer zu Gesicht bekommen.«

»Wie ist denn das nur möglich? Sind unsere Fernaufklärer schon so weit nach Rußland eingedrungen?«

»Hör nur, mit einem neu entwickelten Höhenaufklärer, der auf eine Gipfelhöhe von zirka 14000 Meter steigen kann, wurden alle Feldstellungen bis auf 250 km hinter der deutsch-sowjetischen Grenze mit Hilfe von Spezialfilmen haarscharf aufgenommen. Die Maschinen waren kohlrabenschwarz angestrichen, können weder von der sowjetischen Flak noch von deren Jägern in dieser Höhe erreicht und unschädlich gemacht werden.«

Eberhard blickte erstaunt auf die kontrastreichen Luftaufnahmen.

»Der rote Bär und der braune Adler – dein Traum scheint in

Erfüllung zu gehen«, sagte Eberhard leise vor sich hin. »Das wird ein schreckliches Gericht geben, eine barbarische Schlächterei, wenn das antigöttliche System auf das antichristliche trifft! Kriege waren schon immer von brutaler Härte, aber wenn Ideologien aufeinanderprallen, deren Anhänger fanatisiert sind, wird der Blutrausch um so größer werden.«

»Ja, ja, wer zum Schwert greift, soll durch das Schwert umkommen! Wie sollten sonst die Prophezeiungen der Heiligen Schrift in Erfüllung gehen, daß es so geschehen muß? So hatte es Jesus seinen Jüngern erklärt, und das Gericht Gottes wird nicht auf sich warten lassen. Von dem Zeitpunkt an, da sich der antichristliche Geist über Deutschland ausbreitete, als die braunen Horden die jüdische Bevölkerung auszusondern begann, ihre Synagogen anzündete und wehrlose Menschen in die berüchtigten Arbeitslager brachte, da bereits hatte sich der ›genialste Feldherr aller Zeiten‹ schon sein Genick gebrochen! – Ein Dreifrontenkrieg ist mit Sicherheit der Anfang vom Ende!«

Unwillkürlich blickte sich Martini im Raum um, hoffentlich hatte er nicht zu laut seine Ansicht über die Entwicklungen in dieser Zeit gesprochen. Nachdem er sicher schien, daß sie von niemand gehört werden konnten, fuhr er leise fort: »Denn so hat der Herr der Heerscharen gesprochen: › . . . denn wer euch antastet, tastet meinen Augapfel an. Denn wisset wohl: ich werde meine Hand gegen sie schwingen, daß sie denen zur Beute werden sollen, die jetzt ihre Knechte sind, dann werdet ihr auch erkennen, daß der Herr der Heerscharen es ist, der mich gesandt hat.‹«

»Ja, der Adler erstarrte an seinem eigenen Schweiß, und der rote Bär zerfetzte ihm die braunen Federn, bis der stolze Adler bewegungsunfähig blieb, an diesen Traum denke ich oft.«

» . . . und Millionen riefen in deutscher Sprache: ›Herr Jesus, rette uns! Herr Jesus, rette uns! Wir haben uns an deinem Volk Israel schwer versündigt‹«, ergänzte Eberhard, der den Wortlaut noch frisch in den Ohren zu hören meinte.

»In der Heimat sieht es wüst aus«, flüsterte Martini. »Dieser verrückte Österreicher ist die Inkarnation des Bösen schlechthin. In Berlin hat er die Treibjagd nach den Juden begonnen. Tausende sind abtransportiert, so hatte es mir mein Vater erzählt, der selber einige Juden in seinem Geschäft versteckt hält. Viele andere sind einfach untergetaucht oder irren wohnungslos und ohne polizeiliche Registrierung in der Stadt umher, verstecken sich mal hier und mal da. Sie hausen auf engstem Raum in Hinterhäusern, Kellern, Baracken, Gartenlauben und Ruinen. Mein Vater hat von Juden Möbel in Kommission genommen, um somit als Christ einen Teil des Unrechts gutzumachen, was man diesen armen Kreaturen zufügt. Es ist nicht zu beschreiben, was Menschen ihren Mitmenschen an Scheußlichkeiten zumuten!«

Die beiden Männer unterhielten sich nur im Flüsterton, jeweils in der Nähe des anderen Ohres. »Wer das Kreuz Jesu Christi verachtet und verschmäht, der wird unter dem Symbol des spiritistisch-okkulten Hakenkreuzes zugrundegehen. Das Hakenkreuz findet man auch als kosmisches Zeichen bei buddhistischen Andachtsbildern und Fahnen, außerdem bei heidnischen Götter- und Götzenbildern. Hitler benutzt dieses Teufelskreuz für die Mission seines finsteren Kampfes, für den Sieg seiner Idee über den jüdischen Untermenschen, wie er ihn bezeichnet und führt dessen Vernichtung planmäßig aus. Unter der Parole: ›Juda verrecke!‹ wollen sie das Volk Gottes systematisch ausrotten. So schreien sie es ja leidenschaftlich in alle Welt hinaus.«

Martini hatte seinen Stuhl noch dichter an Eberhard herangerückt.

»Aber jeder Christ müßte doch wissen, daß Jesus der Sohn einer jüdischen Mutter ist!« wendet Eberhard ein.

»Ja, schon, aber du ahnst ja nicht, wieviel Finsternis die Gehirne der Gottlosen umgibt. Sie verdrehen es zum Beispiel so: da Jesus aus Galiläa stammte, wollen sie damit beweisen, daß in den Adern des historischen Jesus kein Tropfen jüdischen Blutes geflossen ist. Je nach Glaubensstand, hat man da so seine Erklärung, glaubt jemand an die Jungfrauengeburt, so unterstreicht man mit Nachdruck, daß Maria aus einer nichtjüdischen Menschengruppe in Galiläa stammte, die angeblich arisch war. Mit dem Heiligen Geist als Erzeuger haben sie keine Schwierigkeiten, weil dieser rassich nicht vorbelastet sei. Glaubt ein anderer nicht an die Jungfrauengeburt, so macht man Jesus kurzerhand zu einem unehelichen Kind eines germanischen Söldners, der seinen Besatzungsdienst in Nordgaliläa geleistet hat. Vieles andere mehr paßt den Herren dann sowieso in ihre Lehre. Jesus sei aus Galiläa in die jüdische Hochburg nach Jerusalem gewandert, in dem tiefen Bewußtsein, auf einem jüdischen Schafott sterben zu müssen. So war Jesus ein prominentes Opfer der jüdischen Unmenschlichkeit. Man feiert ihn als den Heiland und Erlöser des deutschen Geistes, der germanischen Heldenhaftigkeit und der geistigen Erneuerung. Ostern ist nicht mehr das Sinnbild der Auferstehung, sondern die ewige Erneuerung unseres Volkes. Hitler, der gute Hirte, und die Partei der neue Leib Christi, das paßt alles zusammen. Hitler scheint sich seiner Sache sehr sicher. In einer Konferenz vor Gauleitern und HJ-Führern soll er sich kürzlich so ausgedrückt haben: ›Meinen Sie, die werden nicht auch unseren Gott in ihren Kirchen lehren, diese liberalen Pfaffen, die keinen Glauben mehr haben, sondern nur ein Amt? Ich garantiere Ihnen, so wie sie Haeckel und Darwin, Goethe und Stefan George zu Propheten ihres Christentums gemacht haben, so werden sie das Kreuz durch unser Hakenkreuz ersetzen.‹ In diesem Wissen hat man freie Bahn, gegen die jüdische Lehrmoral des Rabbiners Paulus zu Felde zu ziehen und schon die Jugend mit teuflischen, jüdischen Viehhändler- und Zuhältergeschichten zu vergiften!«

»Wie klar der Durchblick dieses Mannes ist«, meinte Eberhard, »er hat die geistliche Substanz der allgemeinen Volkskirchen doch treffend erkannt und durchschaut.«

Die beiden Männer erhoben sich und gingen noch ein wenig hinaus, um sich die Beine zu vertreten. Da Martini als diensthabender Oberfeldwebel in der Nähe des Feldtelefons bleiben mußte, setzten sich die Freunde auf eine aus Birkenholz gebaute Bank. Die Maschinen standen noch immer gut getarnt unter hohen Bäumen. Auf dem Feldflughafen herrschte reger Betrieb, Motoren-, Bordwaffen-, Fallschirm-, Tank- und Munitionswarte arbeiteten unentwegt an den Maschinen. Verpflegungssoldaten und Wetterfrösche eilten geschäftig auf dem Vorfeld hin und her.

»Wenn alle wüßten, was ihnen bevorsteht«, Eberhard strich sich die Haare aus dem Gesicht, sein Käppi hatte er unter die silberbekränzte Achselklappe gesteckt. Tief atmete er den süßen Geruch von der Wolfsmilchblüte und den Akazienbäumen ein. »Weißt du, Reinhold, wenn man das Treiben der Welt aus der Froschperspektive betrachtet, könnte man meinen, der Allmächtige wäre in die Unendlichkeit der Himmel entschwunden. Steigt man aber mit solch einem Fernaufklärer in die Höhe und beobachtet die Welt aus der Adlerperspektive, dann erscheint einem das Leid und die Angst in dieser Welt, das unselige Getriebe in den

Gassen und Straßen der Städte so klein, so unbedeutend. Man könnte dieses Gewimmel mit der Geschäftigkeit der Ameisen vergleichen, die ebenfalls ihre eigene kleine Welt haben.« Eberhard scharrte ein wenig mit einem Fuß im Gras herum. »Manchmal wünschte ich mir, ich hätte Infrarot-Augen, die das Dunkel der Mauern durchdringen können, hinter denen sich die Menschen quälen und abmühen. Hinter denen Kinder geboren werden und Greise sterben. Wo Liebe und Haß nebeneinander regieren und hier oder da Sünde durch Gnade erlassen wird. Wie oft bin ich ergriffen von dem gewaltigen Erlösungswerk Christi, wenn ich es mir richtig vor Augen halte, von der unbegreiflichen Liebe, die Jesus ans Kreuz brachte, dann möchte ich mit lauter Stimme über alle Lande ausrufen: ›Begreift es doch, es ist vollbracht! Der Herr ist A und O – Anfang und Ende! Alles soll ihm geweiht sein und von göttlicher Liebe durchdrungen werden!‹«

Eberhard richtete sich auf und legte seine Arme ausgebreitet über die Rückenlehne der Bank. »Statt dessen belichte ich Filme, auf denen dann die Spezialisten alle Feindbewegungen, Panzeransammlungen, Nachschubkolonnen, Flughäfen, Artilleriestellungen und Bunkerbefestigungen erkennen können, die dann später nach Entscheidung irgendeines Befehlshabers dem Erdboden gleichgemacht werden, statt aus Himmelshöhen dem Herrn für seine Schöpfung Loblieder zu singen, bin ich Helfershelfer bei Tod und Verderben! Solche Gedanken quälen mich mitunter ganz erheblich.«

Schrill ertönte das Feldtelefon in der Bildstelle.

»Mach's gut Eberhard! Die Pflicht ruft, also bis später!«

Schnell verschwand Martini im Dienstraum. Eberhard aber unternahm noch einen kleinen Spaziergang durch die herrliche Landschaft. Der morgendliche Dunstschleier über den Wiesen und Seen hatte sich verflüchtigt, die Masurischen Seen glänzten in frischer Bläue. Auf den Koppeln sah er die sprichwörtlich schönen Trakehner, dicht daneben weideten Kühe, über dem ganzen Land herrschte göttlicher Friede. Es war ein wundervoller Tag. Die Sonne hatte mittlerweile ihren höchsten Stand erreicht, und Eberhard wünschte, die angenehm warmen Tage möchten kein Ende nehmen. Auf seinem gemütlichen Spaziergang kam er schließlich in einen Park mit sehr gutem, alten Baumbestand. Ein schnurgerader Pfad, nicht breiter als Armeslänge, führte ihn durch dichtes Gehölz, in dem es feucht und nach tausend Kräutern roch. Er war von Herzen glücklich, mit sich allein zu sein und diesen Frieden genießen zu können. Seine Sinne wurden gefangengenommen von den verschiedenen Geräuschen in dieser belebten Natur. Eine wohltuende Atmosphäre umgab ihn, er war innerlich beflügelt und voll Dankbarkeit, daß er diesen Platz gefunden, wo es nicht nach Krieg und Vernichtung roch. In der Ferne hörte er Schafe blöken, und im Park gab es das süße Getön von vielen Vogelstimmen.

Ein heißer Tag neigte sich dem Ende zu. Die letzten Sonnenstrahlen spielten verträumt in den hohen Baumkronen der schlanken Kiefern. Unter ihren Ästen jedoch schlich sich die Dämmerung ins Land. Das Lied der Drosseln verklang beim hellen Blitzen des Abendsterns. Der Wald wirkte schwarz und schweigend. Aus der milchigen Dämmerung, hinter den dunkler werdenden Schatten, kam eine neue Lebendigkeit hervor. In den Gebüschen unter den knorrigen Zweigen, hinter Hecken und Sträuchern begannen die ersten Glühwürmchen zu flackern. Im schwarzen Samt der Nacht wirbelten sie wie winzige Irrlichter durch die Luft. Die Sommernacht lag schwer über den masurischen Seen. Zwischen Schilf und Moor vernahm man die gurgelnden Quaktöne der Frösche. Durch die friedvolle Juninacht ließ ein Nachtvogel seinen gespenstisch klingenden Lockruf ertönen.

Von einem absoluten Abendfrieden konnte aber nicht die Rede sein. Seit Tagen herrschte Nachrichtensperre bei allen militärischen Einheiten des Ostens. Es gab weder Urlaub noch Ausgang. Die gesamte Feldpost unterlag strengster Zensur. Die Befehlsstelle der Aufklärungsstaffel befand sich über den Räumen der Bildstelle. Hier konnte man ein geschäftiges Kommen und Gehen beobachten. Soeben fuhr ein Kübelwagen mit dem taktischen Zeichen der Aufklärungsstaffel der Heeresgruppe Mitte vor. Hauptmann Findeisen kehrte von einer letzten Einsatzbesprechung im Gefechtsstand der vorgeschobenen Truppenteile zurück.

»Martini, trommeln Sie mir bitte das fliegende Personal zusammen! Alles in die Befehlsstelle.«

»Zu Befehl, Herr Hauptmann! Das fliegende Personal sofort in die Befehlsstelle!«

In allen Unterkünften rasselten die Telefone.

In der Befehlsstelle der Staffel standen zwei große Tische. An den Wänden hingen Karten mit verschiedenen Maßstäben. Auf ihnen waren Flugplätze, Flakstellungen, Sendestationen, Peilstellen und Gefechtsstände der Divisionen, die Armeen und Heeresgruppen waren durch taktische Zeichen genau markiert. Durch die großen Fenster konnte man den gesamten Flugplatz gut übersehen, es war ein großartiger Anblick für jeden eintretenden Offizier oder Unteroffizier. Niemand, der diesen Raum betrat, war imstande, sich der Faszination des herrlichen Rundblickes zu entziehen.

Nach und nach erschienen die Besatzungen: Leutnant Becker, Oberleutnant Kreier, Leutnant Schellhammer, Oberleutnant Bahnmeier, Feldwebel Kögel, Leutnant Erikson, der aber kein Schwede war, Oberleutnant Vogel und Leutnant Ehrlich, die gerade noch den Gang entlangkamen. Zuletzt erschien Leutnant Hansen mit seinen Männern. Hauptmann Findeisen klopfte mit einem Brieföffner an den metallenen Ständer der Tischlampe. Es bedurfte nur weniger Sekunden, um die gewünschte Stille im Raum zu haben. Findeisen blickte zunächst auf seine Uhr und dann mit prüfender, abwägender Miene über die versammelte Mannschaft. Hinter ihm, und zwar in tadelloser Haltung, stand der IA-Oberleutnant von Lützow.

»Meine Herren! Es müßte Ihnen allen, nach den Vorbereitungen der letzten Tage, bekannt sein, daß wir hier in Ostpreußen nicht unseren Heimaturlaub verbringen. Ich möchte Ihnen zunächst den Tagesbefehl des Führers durch Oberleutnant von Lützow vorlesen lassen.«

Sachlich und ohne besondere Betonung verlas der Oberleutnant den Tagesbefehl. Dann übernahm der Chef von neuem das Wort:

»Meine Herren, um 3.13 Uhr morgen früh wird auf einer Breite von 1600 km der Kampf gegen Rußland eröffnet. Die Heeresteile werden an der langen Front mit einem gewaltigen Feuerschlag den ersten Schlag ausführen. Bereits vor der allgemeinen X-Zeit werden einzelne Kampfbomber in Gipfelhöhe die Grenze zur Sowjetunion überfliegen, um zum angesetzten Zeitpunkt des Generalangriffs schon über den Zielen zu sein. Sie werden aus großer Höhe auf die feindlichen Ziele hinabstürzen und hunderte kleiner Splitterbomben über den friedensmäßig aufgestellten, feindlichen Jagd- und Bombenflugzeugen abwerfen.«

Oberleutnant von Lützow verzog seinen Mund zu einem zynischen Grinsen und dachte: ›Natürlich wieder ein uns von außen aufgezwungener Krieg! Die berühmte alte Masche!‹

Hauptmann Findeisen fuhr fort: »Selbstverständlich können diese Kurzangriffe die Flugplätze nicht ausreichend vernichten, das ist auch nicht der Zweck dieses Einsatzes, sondern diese Bomber sollen in der Hauptsache Verwirrung stiften, den Start von sowjetischen Flugzeugen verzögern helfen und die Lücke füllen, die naturgemäß zwischen dem Angriffsbeginn des Heeres und dem frühestmöglichen Einsatz der gesamten Luftwaffe liegt.«

Leutnant Hansen mußte unversehens husten wie ein wachgewordener Hengst. Etwas umständlich zerrte er ein blütenweißes, großes Taschentuch aus der Hosentasche, entfaltete es und schnaubte prustend seine Nase.

Hauptmann Findeisen räusperte sich konsterniert, ehe er fortfuhr:

»Unsere Aufgabe, meine Herren, besteht nun darin, die Wirkungen des ersten Angriffs und die darauffolgenden Reaktionen der Kampfgeschwader des Feindes zu beobachten und in Bildern festzuhalten. Es geht hauptsächlich darum, den Befehlsstellen des Heeres sowie der Luftwaffe direkt und schnellstens alle Feindbewegungen sichtbar zu machen. Bis 3.15 Uhr, hören Sie bitte genau hin, meine Herren, herrscht absolute Funkstille! Haben Sie verstanden? Totale, absolute Funkstille! Damit der Überraschungseffekt des blitzartigen Angriffs nicht verlorengeht, muß strengste Disziplin geübt werden! – Oberleutnant von Lützow wird Sie im übrigen in Ihre einzelnen Aufgaben einweisen.«

Das Telefon läutete. Oberleutnant von Lützow nahm den Hörer ab und meldete sich kurz. Augenblicklich straffte sich sein Körper, er nahm Haltung an, denn wer am anderen Ende der Strippe hing, konnte man aus der Antwort erfahren: »Jawohl, Herr General!« Mit einer Handfläche deckte von Lützow die Membrane des Telefonhörers ab, als er sagte: »Der Generalstabschef der Heeresgruppe will den Staffelkapitän sprechen.«

Der Kommandeur sprang zum Apparat und meldete sich: »Gefechtsstand der Fernaufklärerstaffel, Hauptmann Findeisen! – . . . – Zu Befehl, Herr General! – . . . – Alle Besatzungen sind einsatzbereit und werden gerade eingewiesen! – . . . – Selbstverständlich, Sie werden sofort über Führungsblitz unterrichtet, sowie die Funkmeldungen der einzelnen Besatzungen eingegangen sind. – . . . – Jawohl, Herr General, der Anflug wird in Gipfelhöhe mit gedrosselten Motoren über dem Feindgebiet erfolgen. – . . . – Jawohl, die absolute Funkstille wird strikt eingehalten werden, Herr General! – Zu Befehl!«

Findeisen legte den Hörer auf die Gabel. »Sie haben gehört, meine Herren, man hat mich noch einmal über die Wichtigkeit des Vorangriffs informiert. Absolute Funkstille und nach Möglichkeit wie die Segelflieger ans Ziel heranschweben, haben Sie verstanden?«

Die Nachrichtenoffiziere sprachen anschließend mit den Bordfunkern über die technischen Einzelheiten, während die Flugzeugführer und Bildbeobachter im Vorbereitungsraum für Besatzungen mit dem Festlegen der Flugrouten beschäftigt waren.

Eberhard eilte in sein Zimmer. Er las in seiner Bibel: »Mose streckte seinen Stab über Ägyptenland, und der Herr trieb einen Ostwind ins Land, den ganzen Tag und die ganze Nacht. Und am Morgen führte der Ostwind die Heuschrecken herbei.«

Bei dem Wort *Ostwind* wurde er unruhig. Sollte das eine geistliche Bedeutung haben? Weiter las er: »Denn sie bedeckten den Erdboden so dicht, daß er ganz dunkel wurde. Und sie fraßen alles, was im Lande wuchs, und alle Früchte auf den Bäumen, die der Hagel übriggelassen hatte, und ließen nichts Grünes übrig an den Bäumen und auf dem Felde in ganz Ägyptenland.«

Es war ihm, als hörte er: »Denn was der Mensch sät, das wird er ernten.« Er dachte an den ›Roten Bären‹ – sollte das Gericht über den braunen Adler solche Ausmaße annehmen? Eberhard betete; danach schlief er bald ein.

Kurz nach Mitternacht öffnete sich die Tür der Unterkunftsbaracke, in der Eberhard schlief. Der grelle Schein des Lichtkegels einer Taschenlampe blendete ihn. Erschrocken rollte er sich auf die andere Seite, sein Gesicht in die Armbeuge legend, um Schutz vor dem grellen Licht zu haben.

»Herr Oberfähnrich, bitte sofort aufstehen!«

»Laßt mich in Ruhe! – Ich will schlafen, – schlafen will ich«, tönte es von Eberhards Lagerstatt.

»Es ist Alarm gegeben, Herr Oberfähnrich! Die Staffel muß sich sammeln!«

Die Signallampe des Unteroffiziers vom Dienst erlosch. Dafür klickte der Lichtschalter, die Tür wurde weiter aufgestoßen und Leutnant Hansen stand im Türrahmen: »Auf, auf, Nowak! Erheben Sie sich, rein in die Klamotten! Es ist soweit, wir sammeln uns in der Befehlsstelle!« Schon war der Leutnant wieder fort.

Langsam und ziemlich matt kam Eberhard zur Besinnung. Müde, ja, noch sehr müde war der Bildbeobachter und brummte vor sich hin. Der ungebetene Störenfried, Unteroffizier Oechsle, faßte den Oberfähnrich bei den Schultern und schüttelte ihn noch einmal.

»Was soll der Unsinn?« krächzte er.

»Es ist Alarm! Höchste Alarmstufe, Herr Oberfähnrich!«

»Ach, lassen Sie doch diesen Quatsch!«

»Es ist kein Scherz, Menschenskind, kommen Sie doch zu sich!«

Eberhard wurde endlich vollends wach. Schnell richtete er sich auf und sprang zum Schrank. Geschwind schlüpfte er in seine Sachen, zog die Fliegerkombination und die Stiefel an, legte sein Koppel um, und eilte dann den notdürftig beleuchteten Flur entlang. Fröstelnd rannte er hinüber zur Befehlsstelle. Von allen Seiten wankten mehr oder weniger die Offiziere, Unteroffiziere und Mannschaften heran. Aus der Befehlsstelle hörte man reges Stimmengewirr. Hauptmann Findeisen überreichte den Besatzungen die einzelnen Befehlsaufträge, nachdem er die Namen der Flugzeugkommandeure aufgerufen hatte. Leutnant Hansen überflog das Schreiben.

Bildflugauftrag:

»Reihenbildaufnahmen von Kowna – Grodno – beide Ufer des Njemen – wichtige Brückenübergänge und Eisenbahnknotenpunkte im Raum Malodetschno – Minsk machen.

Alle Militärflugplätze im Raum Minsk – Baranowitschi – Witebsk – Orscha – Eisenbahnlinie Orscha – Minsk – Brest abfliegen und lichtbilden.«

Es gab ein furchtbares Gedränge in der Mitte der Befehlsstelle.

Die Besatzungen versuchten, einen Überblick vom Gebiet ihres ersten Fronteinsatzes über Rußland zu gewinnen. Nowak und Hansen beugten sich über den Kartentisch.

»Die Kartenbilder reichen nicht aus, Herr Leutnant. Wir brauchen unbedingt die Anschlußblätter zum Osten hin«, gab Eberhard zu bedenken. Hansen nickte. Der gleichen Ansicht waren andere Bildbeobachter und deren Flugzeugführer auch. Hauptmann Findeisen schaltete sich ein: »Meine Herren, alle Anschlußblätter sind dort im Panzerschrank gelagert. Darüber hinaus erhalten Sie die neuesten Luftbildaufnahmen der gesamten westlichen Sowjetunion. Oberleutnant von Lützow wird Ihnen die Mappen aushändigen.«

»Wie kommen denn die unsrigen zu den Höhenaufnahmen aller Militäranlagen in der westlichen Sowjetunion?« fragte Leutnant Hansen recht erstaunt.

»Geheime Kommandosache, Herr Leutnant! – Seit einigen Tagen lagern hier schon die Lichtbildunterlagen sämtlicher sowjetischer Flugplätze und Feldstellungen, und zwar von Finnland bis zum Schwarzen Meer. Alle Aufnahmen wurden von Spezialeinheiten fotografiert.«

Hansen zog seine Stirn in Falten und meinte: »Nanu, woher hat denn der kleine Oberfähnrich solche höchst vertraulichen Informationen? Haben Sie etwa irgendwelche Späher beim Generalstab der Luftwaffe?«

Verschmitzt lächelnd antwortete Nowak: »Alles weiß ich nicht, doch viel ist mir bekannt!«

»Und woher wissen Sie das Unglaubliche?«

»Geheime Reichssache, Herr Leutnant! Ich erzähle Ihnen später mehr.«

»Gehen wir!« Kurz und bündig schritt Hansen zum diensthabenden »Wetterfrosch«. Der Meteorologe stand wie ein Oberstudienrat vor der Wetterkarte.

»Meine Herren, Sie haben eine fabelhafte Großwetterlage, einfach das ideale Fotowetter!« Seine Worte klangen, als wollte er seinen erwachsenen Schülern die Freude zu einem Schulausflug vermitteln.

»Wann und wo werden wir die besten Aufnahmebedingungen haben?« fragte Nowak.

»Über den Flußniederungen und über den Sümpfen werden Sie

bis zirka 7 Uhr einige Dunst- und Nebelschleier vorfinden«, dozierte der Wetteroffizier vom Dienst.

»Also, dann fotografieren wir zuerst die Flugplätze, Eisenbahnlinien und Straßen, ab geht's!« sagte Hansen und schob seinen Bildbeobachter aus dem Raum.

Auf dem Flugplatz herrschte Großbetrieb. Flugzeugwarte und -mechaniker nahmen letzte Prüfungen vor. Mehrere Tankwarte pumpten den hochexplosiven Treibstoff in Rumpf und Flügelflächen der Aufklärungsflugzeuge. Schwarzkopf und Springer warteten in voller Montur vor ihrer Maschine.

Ein Feldwebel in schwarzem Arbeitsanzug meldete den Aufklärer einsatzbereit. »In Ordnung! – Dann lassen Sie mal die Motoren warmlaufen!« forderte Leutnant Hansen. Ein Schlepper zog die getarnte Maschine aus dem Versteck. Der Feldwebel begab sich in die Kanzel. Der Anlasser heulte auf. Bockend, wie ein wütender Gaul, begann der erste Motor zu spucken. Flammen züngelten aus den Auspuffrohren und wuchsen sich zu einem langen Funkenregen aus. Der Anlasser des zweiten Motors fing zu pfeifen an. Nach kurzer Zeit liefen beide Motoren und dröhnten mächtig. Bald entstieg der Feldwebel in Schwarz der Maschine und rief Leutnant Hansen zu: »Melde gehorsamst, Maschine startklar!«

»Danke«, Hansen drückte ihm kurz die Hand, worauf dieser im Dunkel der Nacht verschwand. Nun kletterten Hansen, Nowak, Schwarzkopf und Springer über die ›Bola‹ in das Flugzeug.

»Leiter hoch, Einstiegluke verriegelt«, meldete Springer als Letzter der Mannschaft.

»Alles fertig?« fragte der Flugzeugführer.

»Alles fertig!« antworteten die Männer einstimmig.

Die Besatzung hatte die Fallschirme angelegt. Die Motoren heulten erneut in wilder Streitlust auf. Leutnant Hansen überprüfte noch einmal alle Instrumente, Schwarzkopf hantierte an seinem Funkgerät herum.

Beim Start herrschte noch völlige Dunkelheit. Die Maschinen wurden in Abständen von je fünf Minuten abgewunken. Langsam schob Hansen den Gashebel nach vorn, die Drehzahl der beiden Luftschrauben steigerte sich, die ganze Maschine erzitterte unter der Wucht der Explosionen innerhalb der Motoren.

Der übliche Funkverkehr mit dem Peiler setzte ein. Im Anschluß daran gab es für Stunden absolute Funkstille. Eberhard betete mit geschlossenen Augen: »Vater unser, der du bist im Himmel, erbarme dich über die Völker Europas! Hilf deinen Kindern und all den Menschen, die unter der Furie des Krieges leiden müssen! O Herr, dein Gericht ist schrecklich! Wie gern würde ich den kommenden Monaten und Jahren entfliehen, aber ich muß dies alles miterleiden, denn ich fühle mich mitschuldig an dem Grauen. Ich sehe die Menge meiner Untaten vor meinen Augen, die Unterlassungssünden, dazu die unzähligen Wurzeln des Übels, die in mir wuchern. O Herr, erbarme dich meiner, erbarme dich! Ach Herr, ich erkenne den Abgrund, an dem wir stehen und weiß nicht, wie ich mich verhalten soll. Die Qual meiner Seele nimmt mir den Atem . . .«

»Haben Sie etwas gesagt?« fragt Hansen durch die Eigenverständigungsanlage, mit der die Besatzungsmitglieder untereinander Verbindung haben konnten.

»Nein, ich habe nur etwas zu laut gedacht – es ist vorbei.«

Hansen wußte sehr wohl, was sein Bildbeobachter vor sich hinstammelte.

Die Motoren schienen ihr Dröhnen zu verstärken. Nur zögernd nahm die »Elster« Fahrt auf. Die Last der vollen Treibstofftanks machte sich bemerkbar. Schwerfällig rollte das dunkle Ungeheuer an. Dann endlich bekam die Maschine Schwung, wurde schneller und schneller. Nach dem bekannten Hopser entfernte sich die JU 88 allmählich von der alten Mutter Erde. Das Fahrwerk wurde eingefahren, und immer rascher gewann der Aufklärer an Höhe.

Weite Teile Ostpreußens lagen wie erstorben unter ihnen. Hansen dachte an die Kameraden der anderen Maschinen. Er dachte an Hauptmann Findeisen in seinem »Adler«, an Oberleutnant Kreier im »Bussard«, an Oberleutnant Bahnmeier mit seiner »Caesar«, gefolgt von der »Dohle«, in der sich Oberleutnant Vogel mit seiner Besatzung befand. Leutnant Becker im schwarz gestrichenen »Fischreiher«, Leutnant Hartmann mit seinem beutegierigen »Geier«, und der »Kuckuck« mit Oberfeldwebel Ehrlich schwebten jetzt dem ersten Lichtstreif des Ostens entgegen. Die »Libelle« von Feldwebel Kögel war gerade noch rechtzeitig aus der Generalüberholung gekommen. Die »Möwe« mit Leutnant Erikson und der »Uhu« unter dem Befehl von Oberfeldwebel Feldkamp standen noch in Reserve auf dem Flugplatz.

Die erstgenannten schwärmten nun befehlsgemäß auseinander.

Die Kompaßuhr tickte am Arm, die Zeiger schienen über das Leuchtzifferblatt zu schleichen. Jeder der Männer hatte ein eigentümliches Würgen im Hals und spürte seinen Herzschlag bis in die Ohren. Die Anspannung war fast unerträglich. In den Wäldern unter ihnen herrschte offenbar Totenstille. Hatten denn die Russen noch nicht bemerkt, daß in diesem Gebiet alle Dörfer, Städte und Wälder vollgestopft waren mit Infanterie und Panzerdivisionen, daß sich Tausende von Artillerieschlünden drohend gegen sie im Osten ausgerichtet hatten? – Noch wäre es Zeit, den Krieg gegen Rußland abzublasen, es wäre noch alles widerrufbar.

Doch in Kürze werden deutsche Kampfbomber und Schlachtflieger die Memel und den Bug sowie viele andere Flüsse in Richtung Osten überfliegen.

»Der Friede ist tot – es lebe der Krieg!«, der durch den Tod von Abermillionen blühender Menschen lebt.

Eberhard hatte sich in die Wanne gelegt. Er vernahm ein leises Knacken im Kopfhörer, dann ertönte die Stimme von Leutnant Hansen: »Atemmaske anlegen!«

Der Höhenmesser zeigte auf 4500 m, als sich die Sonne aus dem morgendlichen Dunst erhob. Über nebelverhangene Seen zog die JU 88, einem gewaltigen Adler gleich, ihren Weg durch den Himmel. Die Motoren arbeiteten gleichmäßig und monoton. Nur ein leicht sichtbares Zittern der Flügelspitzen ließ die Strömung ahnen, der der große Vogel ausgesetzt war. Eberhard blickte durch den Sucher seiner Optik, der Boden wanderte schräg durch die rechteckige Mattscheibe, ein Zeichen von starkem Seitenwind in dieser Höhe.

Das Wetter mußte einfach herrlich werden, denn die weite Bläue des Himmels war von milchigweißen Wolkenstreifen durchzogen. Dunkelgrüne Waldstücke, rostbraune Moore und Sümpfe, umgeben von einförmigen Steppen und Feldern, lagen unter ihnen, es war ein herrliches Bild tiefsten Friedens.

»Er schafft deinen Grenzen Frieden und sättigt dich mit dem besten Weizen«, hatte Eberhard in der Bibel gelesen. Diese Worte galten dem Volk Israel. Wie nur, wie sollten die Völker in ihren Grenzen Frieden haben, wenn es einem bösen Nachbarn nicht gefiel? »Frieden haben, die dein Gesetz lieben.« Wer dachte in diesen aufregenden Tagen des Krieges an das Gesetz Gottes? – Wenige, vielleicht sehr wenige echte Christen nur.

Eberhard zerrte aus der Leinentasche ein Doppelfernrohr, um aus achttausend Meter Höhe militärische Ziele ausfindig zu machen.

Flog da nicht unter ihnen, auf halber Höhe etwa, ein dunkler Schatten in gleicher Richtung? War das ein sowjetisches oder ein deutsches Flugzeug? Erst nach längerem intensiven Hinsehen konnte Eberhard das schwarze Kreuz an den Tragflächen entdecken.

»Herr Leutnant, deutsche Schlachtflieger nähern sich den befohlenen Zielen. Eine HE 111 zieht etwa 4000 m unter uns in Angriffshöhe ihre Bahn.«

Hinter einem Waldstück, und zwar zwischen Straßen und Eisenbahnlinien, entdeckte er einen Feldflughafen.

»Nun schau sich das einer an! Der ganze Fliegerhorst voller Bomber, Jäger und Transportflugzeuge!« rief Eberhard ins Mikrofon.

»Man könnte meinen, die stehen zur Parade in langen Reihen ausgerichtet«, ergänzte der Bordschütze Springer.

»Eine ungeheure Massierung von modernen und veralteten Maschinen!« Eberhard ließ zum erstenmal die Reihenbildkamera laufen.

Im nächsten Moment kurvte das deutsche Bombenflugzeug unter ihnen seinem Ziel entgegen. Und urplötzlich blitzte es auf! Ein Bodenfeuerwerk entzündete sich durch die heimtückischen Splitterbomben, die eine verheerende Wirkung bei den auf dem Flugplatz aufgestellten Maschinen auslöste. Explosion auf Explosion erfolgte in dichter Reihenfolge, Flammen schlugen hoch und griffen um sich, dicke, schwarze Rauchwolken stiegen vulkanartig zum Himmel empor. Ein heilloses Durcheinander entstand am Boden, Mannschaften rannten kopflos durcheinander.

Kurz darauf entdeckte Eberhard einen weiteren Flugplatz, der größer und besser ausgebaut schien. Auch auf ihm standen zweimotorige Bomber reihenweise aufgestellt. Das Flugfeld war gerammelt voll. Es lag in unmittelbarer Nähe der Bahnverbindung nach Minsk. Man hatte von dort direkten Bahnanschluß. Der deutsche Bomber wiederholte hier seinen Überraschungsangriff, obwohl es eben nur 20 km entfernt einen unbeschreiblichen Tumult gegeben hatte.

»Schläft denn ganz Rußland?« fragte Springer, »oder sind alle Soldaten zum Sonntagsurlaub ausgeflogen?«

Die Bildgeräte arbeiteten ohne jegliche Störung.

»Wir müssen trotzdem auf Überraschungen gefaßt sein«, rief Hansen der Besatzung zu, »äußerste Vorsicht ist geboten nach allen Seiten!«

»Herr Leutnant, wir müssen uns weiter nach Norden halten, um die Eisenbahnlinie Minsk-Orel auf den Film zu bekommen!«

»Verstanden, winken Sie mich nur ein!«

Hansen kurvte bis zur Bahnlinie Minsk-Orel ein, ein Blick nach unten – und Eberhard überschaute das große Gelände eines Verschiebebahnhofs. Weiße Dampfwolken breiteten sich aus. Wie eine Perlenkette waren zwanzig vollbeladene Züge aneinandergereiht zu erkennen.

Die Reihenbildkamera surrte jetzt unaufhörlich, ein unglaublicher Verkehr herrschte dort an diesem Sonntagmorgen. Zug um Zug setzte sich in Richtung Westen in Bewegung, sie fuhren fast mit Blockabstand. Drei lange Güterzüge rollten auf dem riesigen Schienenstrang. ›Die Bildauswerter werden ihre helle Freude an diesen Aufnahmen haben‹, dachte Eberhard bei sich. Durch das Bildgerät konnte er auch deutlich schwere Eisenbahngeschütze erkennen.

Immer wieder setzte der Bildbeobachter, wenn er den Hebel herunterdrückte, den Elektromotor in Gang, der dann Meter um Meter Film an den Objektiven der Spezialkamera mit großer Brennweite vorbeiziehen ließ.

»Achtung! Wir bekommen Flakfeuer!« tönte es durch die Bordsprechanlage. Der Obergefreite Springer hatte die ersten Abschußblitze der feindlichen Flakbatterien, die hinter einem Wäldchen standen, beobachtet.

»Der Iwan ist von seinem Sonntagsschlaf erwacht«, fügte Schwarzkopf hinzu.

Unterhalb der »Diebischen Elster« explodierten die ersten Granaten wie graue, feuersprühende Wolken. Jetzt wurde das einsam dahinfliegende Flugzeug gezwungen, über dem Spalier grauer Sprengwolken davonzuziehen. Manchmal drückten die Druckwellen von Geschoßexplosionen die Maschine wie harte Windböen und schüttelten sie durcheinander.

Leutnant Hansen brachte die »Elster« jedoch mit kurzen Steuerbewegungen immer wieder in die Normallage. Die so harmlos aussehenden Wölkchen, die sich blitzartig neben der Maschine aufblähten, könnten Tod und Verderben für sie alle bringen.

Eberhard spürte, wie die Angst ihm eiskalt den Rücken herunterkroch. Er betete unablässig in kurzen Stoßgebeten: »Sei uns gnädig, o Gott und Vater! – Sieh die Angst unserer Herzen, sie ist groß! – Errette du uns aus den Todesnöten!«

Noch immer wurde die Maschine in geringen Abständen von den Druckwellen der Geschoßexplosionen erschüttert. Stumm und in großer Anspannung saßen die Männer auf ihren Plätzen, krampfhaft bemüht, dem Tod nicht ins Angesicht zu schauen. Es gab für sie keine Alternative, sie mußten entschlossen weiterfliegen und hoffen, daß es sie nicht erwischte. Wie immer waren der Magen und das Herz die empfindlichen Stellen, auf die sich die Angst zu legen pflegte und dadurch ein unsagbar elendes Gefühl hervorrief. Unzählige Flakwolken standen wie ein böses, fast unüberwindliches Hindernis vor der Flugbahn des Fernaufklärers.

Fasziniert blickte Eberhard auf die Erde unter ihnen, Transportzug auf Transportzug rollte über die dunklen Schienenstränge. Der große Bahnhof war gerammelt voll. Unterdessen schoß die russische Flak ein unaufhörliches Sperrfeuer.

»Kurs 120°, Höhe beibehalten!« brüllte Nowak in das Kehlkopfmikrofon.

»Halte Kurs 120° und Höhe!« erwiderte Hansen. Er spürte, wie ihm der Schweiß aus allen Poren drang. Die Atmung wurde flacher. Rasselnd zischte der Sauerstoff durch die Ventile der Atemmasken.

Die Russen hatten sich eingeschossen, eine ganze Lage von Flakgranaten explodierte unter der JU 88. Die Maschine wurde in die Höhe gedrückt und begann, wie ein Fischerboot zu schlingern. Serienweise prasselten die Splitter gegen die Tragflächen. Doch immer wieder gelang es Hansen, die »Elster« durch kräftiges Gegenkurven mit heftigen Tritten ins Seitenruder auf Kurs zu bringen. Das leichte Heben des linken Flügels und das Ausrichten der Kanzelspitze auf neuen Kurs war für Hansen schon zur Routine geworden.

Endlich schienen sie der Feuerwand der feindlichen Batterien entkommen zu sein. Durch die Kopfhörer vernahm man leichtes

Keuchen. Eberhard betete unablässig: »Herr, weise uns deinen Weg! – Leite uns auf rechter Bahn. – Laß uns nicht in die Hände unserer Feinde fallen! – Jesus, hilf uns heraus aus dem Rachen der Hölle! – Dank sei dir in alle Ewigkeit!«

»An alle!« rief Hansen jetzt durch die Eigenverständigungsanlage. »Denken wir daran, die Flak ist nicht unser größter Feind! Halten Sie aber mit mir Ausschau und suchen Sie den Himmel ab nach winzigen Punkten, die sich in rasanter Geschwindkeit als Jagdflugzeuge entpuppen könnten!«

Eberhard starrte wie ein Adler zur Erde. Vier Güterzüge hatte er entdeckt, deutlich erkennbar, und dazu auf den Straßen lange Kolonnen mit motorisierter, schwerer Artillerie. Erneut drückte er den Hebel, die Kamera arbeitete wieder.

»Ist das nicht merkwürdig«, sagte er auf einmal nachdenklich vor sich hin, »die Züge da unten haben ja überhaupt keinen Gegenverkehr, alles bewegt sich in Richtung Westen!«

»Das ist doch sonnenklar«, antwortete Springer, der genauso intensiv nach unten blickte und die Bewegungen registrierte. »Fast alle Strecken in Rußland sind eingleisig und ein solch starker Nachschubverkehr kann auf einem Gleis nicht bewältigt werden. Die Genossen da unten schicken daher die Leerzüge quasi im Rundverkehr zurück.«

»Das könnte sein«, schaltete sich Leutnant Hansen in das Gespräch ein.

»Es ist soweit, Kameraden!« rief Eberhard. »Endlich kommen unsere Kampfgeschwader mit Jagdschutz heran.« Er hatte unter sich den Schwarm großer Angriffseinheiten erkannt. Der erwartete Generalangriff konnte beginnen.

Auf den feindlichen Flughäfen standen viele Staffeln von zweimotorigen Bombern und einmotorigen Jagdflugzeugen brav und bieder wie zur Parade aufgereiht. Die Kampfbomber der heraneilenden Deutschen stürzten sich wie Habichte auf die wehrlosen Feinde am Boden.

»Einkurven, Kurs 160° über dem Platz bleiben!« befahl Nowak.

»Verstanden, 160° Kurs halten«, ertönte es vom Piloten zurück.

Und wieder surrte die Kamera, der Angriff und seine direkten Folgen wurden fotografisch festgehalten. Die Flakabwehr konzentrierte jetzt ihr Feuer auf die in Wellen heranziehenden Schlachtflieger und Zerstörer. Dadurch bekam die »Elster« etwas Luft.

»Herr Leutnant, es wird Zeit, die Strecke Minsk-Brest abzulichten. Wer weiß, ob wir jemals wieder solche idealen Aufnahmebedingungen bekommen. Kurs 150° beibehalten!« forderte Nowak.

»Verstanden, Kurs 150° beibehalten.« Hansen hatte sich längst an die Spielregeln gewöhnt. In diesem Fall mußte der Bildbeobachter das Kommando haben. Seine Entscheidungen hatte der Leutnant zu respektieren, und zwar ohne Widerspruch. Zwischendurch beugte sich Eberhard über sein Kartenbrett und notierte alle wichtigen Details, das heißt, er zeichnete die Truppenbewegungen ein und schaltete bei Bedarf das Bildgerät ein. Was dem Auge entging, konnte später bei den fotografischen Bildern mit Lupen in der Bildstelle ausfindig gemacht werden. So wurde beim Feind manches Geheimnis gelüftet, man konnte dem Iwan quasi ins Schlafzimmer schielen.

Die »Elster« befand sich auf Heimatkurs. Jetzt genossen die Männer den Vorteil, die Sonne im Rücken zu haben. Das Licht konnte überhaupt nicht besser sein. Am Bahnhof von Baranowitschi sah man hektische Ausladungsarbeiten. Auf der Straße nach Brest stiegen große Staubwolken auf, ein Zeichen, daß die Sowjets ihre motorisierten Truppenteile sehr früh von der Eisenbahn herunterholten.

»Bitte auf Kurs 180° einschwenken, ich möchte den Bug noch abfliegen und die Bahnstrecke Kobin-Gommel beobachten.«

»Kurs 180° wird eingeflogen, Nowak, Sie machen Ihre Sache gut!« anerkannte Leutnant Hansen. Gleichmäßig sangen die Motoren, es wurde heiß im vorderen Teil der Kanzel. Das eintönige Motorengeräusch stumpfte die Sinne ab und wirkte zunehmend einschläfernd. Eberhard rieb sich die Augen, er hatte die Sonnenbrille abgesetzt.

Auf dem silbern glänzenden Bug sah er einzelne Boote und drei Schleppzüge, die gemächlich ihre Bahn zogen. Nun kam ihm die Bahnstrecke Kobin-Gommel ins Visier. »Da haben wir es!« triumphierte Nowak. »Hier rollen überall Leerzüge. Der Iwan schickt seine Waggons über diese Strecke zurück. Wir können nun auf Heimatkurs gehen!«

»Einverstanden, Herr Oberfähnrich. Ihr Wunsch ist mir Befehl!« Leicht ironisch erinnerte der Leutnant seinen Bildbeobachter an den Rangunterschied.

Nachdem sich Eberhard neben den Flugzeugführer gesetzt hatte, klopfte dieser ihm auf die Schulter und meinte anerkennend: »Hat ja alles bestens geklappt, Nowak. Und jetzt nichts weiter als schnellstens nach Haus!«

Zwischen Berlin und Jerusalem

Als Karl Nowak am Sonntag, dem 22. Juni 1941 frühmorgens die kriegerischen Töne aus dem Volksempfänger, dem Rundfunkgerät des kleinen Mannes, vernahm, und um 5.30 Uhr das »Reichslügenmaul« Joseph Goebbels den Aufruf des »Erzverführers« Hitler verlas, ahnte er nicht, daß einer seiner Söhne bereits seit Stunden über Rußlands Weiten im Fernaufklärer saß und wichtige Städte, Bahnhöfe, Eisenbahnlinien und sowjetische Flugplätze fotografierte.

Nur eine Woche zuvor hatte sich in der Reichshauptstadt Berlin das Gerücht verbreitet, daß der Generalissimus Stalin kommen werde, und zwar in einem gepanzerten Sonderzug der Eisenbahn, um in Deutschland über die ungelösten Probleme beider Staaten zu verhandeln. Man hatte sich erzählt, daß zweihundert Frauen damit beschäftigt seien, sowjetische Fahnen zu nähen, die dann zur Begrüßung im Winde flattern würden. »Stalin kommt! – Er ist schon unterwegs!« Wie ein Lauffeuer hatte sich die sonderbarste Nachricht verbreitet, die je in der Stadt seit Kriegsbeginn kursierte. Deshalb kam die Meldung vom Ausbruch eines Krieges mit Rußland so überraschend, daß die Bevölkerung es kaum fassen konnte. Der »aufgezwungene Blitzkrieg« gegen Rußland hatte auf die Minute genau nach »nationalsozialistischer Räuberuhr« begonnen.

An diesem Morgen las Herr Nowak nicht aus den Losungen der Herrnhuter Brüdergemeinde, sondern fand ein bedeutsames Wort in der Bibel, für diesen Tag geeignet, das das verlogene Propagandaspiel der nazistischen Presse treffend charakterisierte: »Ihr habt den Teufel zum Vater, und nach eures Vaters Gelüste wollt ihr tun. Der ist ein Mörder von Anfang und steht nicht in der Wahrheit; denn die Wahrheit ist nicht in ihm. Wenn er die Lüge redet, so redet er von seinem Eignen; denn er ist ein Lügner und der Vater der Lüge.«

»So ist es wortwörtlich«, sagte Karl Nowak, »so steht es geschrieben, und so müssen wir es durchleben. Die Lüge ist die größte Macht des Teufels, der Ungeist auf Erden.«

Als er dann später die krächzende Stimme Hitlers im Rundfunk hörte: »Deutsches Volk! Nationalsozialisten! Von schweren Sorgen bedrückt, zu monatelangem Schweigen verurteilt, ist nun die Stunde gekommen, in der ich endlich offen reden kann . . .« zischte Nowak: »Dieser gemeine Lump, dieser ausgekochte Lügner! Dieser braune Satansengel und gerissene Paladin der Hölle!«

Als dann noch die rollende Stimme fromme Phrasen drosch: »Möge uns der Herrgott gerade in diesem Kampf helfen . . .« war es mit seiner Selbstbeherrschung aus. Er rief energisch: »Warum gibt es denn keinen beherzten General, der diesem leibhaftigen Teufel an die Gurgel springt oder seine Dienstpistole zieht?«

»Kaarl!« rief ihm seine Frau entgegen, »wie kannst du so etwas nur denken und auch noch aussprechen? Ist denn das die Gesinnung Jesu? Unser Hartmut wird sich zu Tode erschrecken, wenn er so etwas mit anhören muß!«

Zitternd ergriff sie seine Hand: »Entschuldige Karl, daß ich dir widerspreche, es ist ja alles so furchtbar, aber denke doch, daß es die Art unseres lebendigen Gottes ist, alles Böse ebenso wie das Gute ausreifen zu lassen! Er, unser Herr, hat Geduld mit allen Menschen und läßt seine Sonne scheinen über Gerechte und Ungerechte.«

»Aber, meine liebe Frau, nun hör dir doch nur mal diese Hetztiraden an, kannst du das in Ruhe und ohne die geringste Reaktion aufnehmen, wenn er sagt: › . . . das ränkevolle Doppelspiel der jüdisch-bolschewistischen Machthaber . . .‹ oder: › . . . damit aber ist nun die Stunde gekommen, in der es notwendig wird, diesem Komplott der jüdisch-angelsächsischen Kriegsanstifter und der ebenso jüdischen Machthaber der bolschewistischen Moskauer Zentrale entgegenzutreten . . .‹?«

Karl Nowak fuchtelte in seiner Erregung mit beiden Händen in der Luft herum, als wollte er dem Redner im nächsten Moment an die Gurgel springen.

»Wenn ich das schon höre: › . . . ich habe hier jene Haltung eingenommen, die ich als verantwortlicher Führer des Deutschen Reiches, aber auch als verantwortungsbewußter Vertreter der Europäischen Kultur und Zivilisation allein einnehmen konnte . . .‹ O, dieser ›GröFaZ‹, dieser verrückte Bluthund!« schrie Nowak.

»Brüll doch nicht so!« rief jetzt Frau Nowak, die es mit der Angst zu tun bekam. »Was heißt denn das: GröFaZ?«

»Das ist die inoffizielle Bezeichnung dieses Mannes bei seinen Gegnern, der sich selbst als der ›größte Feldherr aller Zeiten‹ titulierte, dieser wahnsinnige Dämon, der je in Europa gewütet hat.«

»Aber Karl, so beruhige dich doch endlich, schließlich hat er auch Gutes geleistet, als er den sechs Millionen Arbeitslosen Brot und Kleidung verschafft hat!«

»Um dann letztendlich in einem Weltkrieg riesigen Umfangs sechzig Millionen umbringen zu lassen?«

»Da übertreibst du aber! Sechzig Millionen, überleg mal, das wäre ja fast die gesamte Bevölkerung unseres Großdeutschen Reiches!«

»Jawohl, ich meine damit die Verluste insgesamt von allen Völkern, die an diesem furchtbaren Krieg beteiligt sind und glaube, daß es soviele Opfer sein könnten, die der Abgesandte der Hölle zum Schluß auf seinem Gewissen haben wird.«

»Aber vielleicht gibt es doch triftige Gründe, die ihn veranlassen, gegen Rußland Krieg zu führen!«

Karl Nowak ging auf seine Frau zu: »Nun hör mir einmal gut zu!« Er legte dabei einen Arm um ihre Schultern: »Ein Diktator lebt nur dann, wenn er auf Wellen des Erfolges getragen wird. Je primitiver seine Gesinnung, desto mehr braucht er den Erfolg. Was tut also ein Tyrann, wenn der Erfolg ausbleibt? England – die Inselfestung – kann er nicht bezwingen, am Balkan und an Afrika beißt er sich ebenfalls die Zähne aus! Was tut er deshalb? Er zettelt einen weiteren Krieg an und zwar mit dem nächstbesten Nachbarn. Er baut geschickt ein neues Feindbild auf und erweckt so bei seinen Landsleuten den Eindruck, als wäre eine kriegerische Auseinandersetzung notwendig und unausweichlich. Er selbst steht als Führer und heroischer Staatsmann an der Spitze seines Volkes und mobilisiert mit hochtrabenden Worten die Massen, so daß sie schließlich bereit sind, sich für ihr Vaterland zu opfern! Tyrannen können es sich nicht leisten, ihre Untertanen in einem geruhsamen Dasein zu regieren, sie sind innerlich getriebene und rastlose Weltverbesserer, die zwischen ›Hosianna‹ und ›Kreuzige‹ wie Seiltänzer balancieren.

Damit ihnen nicht der politische Atem ausgeht, müssen sie andere in Atem halten.«

Nowak deutete mit dem Daumen über seine Schulter: »Das war

sogar schon bei den Römern so, die Massen wollen Brot und Spiele und lassen sich über ihre vermeintlichen Feinde in Wut bringen, wenn man ihnen richtig einheizt. Ist das außenpolitische Gaukelspiel nicht mehr wirkungsvoll genug, holt man schnell einen neuen Sündenbock aus dem Zauberkasten. Und wer ist immer wieder eine lohnende Zielscheibe? – Der ewige JUDE. Der Geist aus dem Abgrund, das vernichtende Gift der Hölle wird über ihm ausgeschüttet!«

Karl Nowak blickte seiner Frau offen in die Augen: »Wir werden mit Sicherheit ein nicht auszudenkendes Gericht über uns als Volk ergehen lassen müssen, wenn dieser Mann unser ›Führer‹ bleibt! Hör mir gut zu, denn du wirst noch eines Tages an meine Worte denken! Durch diesen dahergelaufenen Österreicher wird Deutschland in der ganzen Welt verachtet und beschimpft werden. Wir werden die Gerichtsruten Gottes zu spüren bekommen, denn wer sich gegen den allmächtigen Gott stellt und an seinem auserwählten Volk so vergreift, wird nicht ungestraft bleiben. Glaub es mir nur, meine Liebe, es wird böse, böse enden! Es ist so furchtbar, in was wir hineingetrieben werden durch diesen Unmenschen! Vergib mir bitte meine Heftigkeit, aber diese Entwicklung bringt mich dazu. Ich wünschte, wir könnten mit unseren Kindern im Frieden leben, aber das ist uns wohl nicht vergönnt.« Er strich seiner Frau liebevoll übers Haar und drückt sie fest an sich.

Gerade hatte die »Diebische Elster« ihren Abstellplatz erreicht, als der erste Bodenwart, der lange Ferdinand, auch schon die Einstiegsluke von außen öffnete. Mit gebotener Eile kletterten zwei Männer der Bildstelle in den Rumpf der Maschine, um die belichteten Filmkassetten abzuholen und sie in rasanter Geschwindigkeit zur Befehlsstelle zu bringen. Leutnant Hansen und Eberhard Nowak ordneten noch die Flugunterlagen und fuhren dann mit dem bereitgestellten Wagen zu ihren Unterkünften.

So schnell sie konnten, schlüpften sie aus ihren Fliegerkombinationen und machten sich frisch.

»Haben Sie Lust, mit mir einen kleinen Imbiß einzunehmen?« fragte Hansen seinen Kampfbeobachter. Doch ehe Eberhard eine

Antwort geben konnte, klopfte es an die Tür. Oberfeldwebel Martini kam herein und nahm Haltung an: »Herzlich willkommen auf dem Heimathafen! Ich habe den Auftrag, Sie sofort zu einer Lagebesprechung abzuholen.«

»Nicht mal einen kleinen Imbiß gönnt man uns?« fragte Hansen.

»Herr Leutnant, in der Befehlsstelle hat man Ihnen ein fürstliches Essen serviert!« Martini schlug erneut die Hacken zusammen und entschwand.

»Also, Nowak, dann nichts wie hin!« Hansen setzte sich seine Schirmmütze auf, schnallte das Lederkoppel um und zog die Uniformjacke gerade.

»Wie ist es euch ergangen?« wollte Martini auf dem Weg zur Kommandozentrale von Eberhard wissen.

»Nun, es war ziemlich aufregend, ich bin in den Kniekehlen noch ein bißchen lahm.«

Sie standen in der Befehlsstelle der Aufklärerstaffel. Um den Kartentisch hatten sich hohe Offiziere postiert. Ein Oberstleutnant des Heeres und zwei Stabsoffiziere der Luftflotte befragten gerade Oberleutnant Kreier, den man direkt aus seiner Maschine hierhergebracht hatte. Er sah von den Anstrengungen des Fluges sehr blaß und abgespannt aus. In seinem Gesicht konnte man noch deutlich die Gummiabdrücke der Atemmaske erkennen.

»Das gezielte Feuer der sowjetischen Flak hat uns schwer zu schaffen gemacht. Für Beobachtungen und Fotografieren hatten wir wenig Zeit. Während ich durch ständige Kurs- und Höhenänderungen dem Flakfeuer auswich, konnte mein Beobachter einige wichtige Knotenpunkte der Bahn und größere Bahnhöfe lichtbilden.«

»Hatten Sie den Eindruck, daß der Feind überrascht war?« wollte der Oberstleutnant wissen.

»Überrascht vielleicht im ersten Augenblick, aber trotzdem muß er seit Wochen auf diesen Schlagabtausch vorbereitet gewesen sein. Die Straßen waren mit marschierenden Kolonnen und Fahrzeugen aller Waffengattungen überlastet. Die Panzerkolonnen hatten eine Länge, die bis zu 15 Kilometer lang war. Sie bewegten sich aus dem Norden in Richtung Bug. Die Brückenübergänge wurden durch leichte Flak gesichert.«

»Ich danke Ihnen für den ersten Lagebericht«, sagte der Stabsoffizier kurz.

»Herr Oberstleutnant, eine weitere Aufklärerbesatzung, Leutnant Hansen und Oberfähnrich Nowak, stehen zur Berichterstattung zur Verfügung«, meldete Oberleutnant von Lützow.

Der Oberstleutnant wandte sich an Hansen: »Wie beurteilen Sie die Lage?«

»Ich möchte bitten, daß mein Bildbeobachter Meldung macht.« Dabei deutete er auf Nowak. Der Stabsoffizier nickte.

Eberhard nahm Haltung an und begann: »Im gesamten mittleren Abschnitt zwischen Kowna – Grodno – Minsk – Witebsk herrscht ein unvorstellbar reger Schienenverkehr. Es handelt sich vorwiegend um Transporte von motorisierten Verbänden und Panzertruppen. Die von uns entdeckten Ausladungen finden cirka 50 km hinter der Frontlinie statt und lassen zu dem Schluß kommen, daß schwerpunktmäßig taktische Reserven gebildet werden. Auf allen erkannten Feldflughäfen sind Bomber, Jäger, Schlachtflieger und Aufklärer fast wie zur Parade aufgestellt. Neben den bekannten Flugzeugtypen scheinen auch modernere Baumuster vorhanden zu sein. Bei den erkannten Verbänden handelte es sich um etwa 9–10 Geschwader. Zusammenfassend darf ich folgendes feststellen: Nach meiner Überzeugung rechnete der Feind mit einem deutschen Angriff oder er traf selber Vorbereitungen für einen möglichen Angriff an seiner Westseite. Diese Annahme möchte ich durch die im Aufklärungsraum beobachteten enormen Transporte mit der Eisenbahn und auf den Straßen des Landes begründen. Die beladenen Züge fahren zum großen Teil in allerkürzesten Abständen, in sogenannter Sichtweite. Diese militärischen Großbewegungen müssen generalstabsmäßig geplant und gründlich vorbereitet sein. Die enorme Verkehrsdichte auf den sowjetischen Eisenbahnlinien mit ausschließlich militärischen Transportgütern deutet auf eine vorausschauende Planung hin.«

Eberhard trat an den Kartentisch heran und zeigte mit dem Zeigefinger auf die erwähnten Strecken.

»Sehr auffällig ist, daß der Verkehr auf diesen Bahnlinien mit vollen Transporten sich ausschließlich in Richtung Westen bewegt, während wir beim Rückflug den gesamten Waggonleerverkehr über diese Linie in Richtung Osten feststellen konnten.«

Aller Augen waren jetzt auf den Oberfähnrich gerichtet. Der ranghöchste Stabsoffizier der Luftwaffe befragte ihn weiter: »Welche Wirkung brachte der Vorausangriff der Einzelbomber, was haben Sie auf den Feldflughäfen beobachten können?«

»Der blitzartige Überfall aus der Luft schaffte beim Feind zunächst eine ungeheure Verwirrung, so daß in unserem Aufklärungsgebiet nicht ein einziges Jagdflugzeug vom Boden abhob. Die Splitterbomben hagelten zwischen die friedensmäßig aufgestellten russischen Jagdflugzeuge und die Mannschaftsunterkünfte. Bis zur Ankunft der starken Verbände war der Feind förmlich an den Boden gefesselt.«

Mitten in die Berichterstattung hinein schrillte das Feldtelefon. Oberleutnant von Lützow nahm den Hörer ab und meldete sich.

»Ausgezeichnet, Nowak, ich muß Ihnen gratulieren! Die Luftbildaufnahmen sind von hervorragender Qualität. Die Bildauswerter werden ihre helle Freude daran haben«, er wandte sich den Stabsoffizieren zu: »Sind noch Fragen an den Beobachter?«

»Danke«, der Oberstleutnant des Heeres bedeutete dem Oberfähnrich, seinen Vortrag abzubrechen.

»Ihre Berichterstattung ist außerordentlich präzise und umfassend, man könnte meinen, Sie wären Generalstabsoffizier. Nur weiter so, Herr Oberfähnrich, ich hoffe, Sie bald als Leutnant begrüßen zu können.«

Oberleutnant von Lützow blickte die Stabsoffiziere der Luftwaffe fragend an: »Sind noch irgendwelche Fragen an den Beobachter?«

»Danke, nein.« Beide schüttelten den Kopf.

»Dann dürfen Sie sich ins Casino begeben, dort erwartet Sie ein gutes Essen! Vielleicht brauchen wir Sie später noch einmal, wenn die Filme ausgewertet werden.«

In der Kantine gratulierte Hansen seinem Bildbeobachter zu dem guten Eindruck, den er bei der Lagebesprechung hinterlassen hatte: »Bravo, Nowak, bald blinken sicher die Offizierslitzen auf den Schulterstücken!«

Hansen steuerte auf einen kleinen Tisch in einer Nische zu, schnallte sein Koppelzeug ab und hängte die Dienstmütze an den Haken.

Der Casinowirt, ein korpulenter Hauptfeldwebel, stand hinter dem Schanktisch und putzte mit einem Lappen am Bierhahn herum. Als er Hansen kommen sah, schob er seine gewichtige Figur hinter dem Tresen hervor und eilte, so schnell er konnte, an den Tisch.

»Willkommen, Herr Leutnant, willkommen in Ostpreußen! Vom ersten Einsatz nach Rußland zurück? Ich gratuliere!« Er wischte hurtig über die Tischplatte.

»Wie geht es den sowjetischen Genossen jenseits der Beresina?«

»Nun, Sie wissen ja, wenn der russische Bär sich am fremden Honig sattgefressen hat und es ihm gut geht, fängt er an zu schlafen.«

Der Hauptfeldwebel drückte seinen Bauch ein wenig über den Tischrand: »Wie soll man das verstehen?«

Hansen grinste ihn treuherzig an: »Na, ich meine Finnland, Estland, Lettland, Litauen, Bessarabien und . . ., nun, das weitere können Sie sich wohl denken, oder?« Dabei machte er eine eindeutige Handbewegung, die das Wort »Einkassieren« darstellen sollte.

Ein dünnbrüstiger Gefreiter kam, um den Tisch zu decken. Er brachte Kaffee, Sahne, Torte, Kuchen und einen großen Teller mit Südfrüchten.

»Eine extra Sonderzulage des Reichsmarschalls zum gelungenen Unternehmen ›Ostlandritt‹«, flüsterte ihnen der Hauptfeldwebel zu und schnalzte mit der Zunge.

»Haben unsere Kampfflieger denn den russischen Bären in die Knie zwingen können?«

»Wissen Sie, Lemke, in zwei Wochen haben wir Moskau erobert, und dann geht es in Eilmärschen über den Ural durch Sibirien, damit wir den Japanern zu Weihnachten die Hand reichen können! Das macht unser Führer alles mit einer Handbewegung.«

Der Casinowirt lachte ein wenig hintergründig, schaute sich aber doch vorsichtig im Raum um. Seine wässrigen Basedowaugen glänzten vor spitzbübischer Freude: »Det is doch klar! Sowat macht der Adolf mit ›Links‹. Dazu braucht er keine Divisionen, das erledigt für ihn schon die Berliner Feuerwehr.«

»Sagen Sie mal, Lemke, sind wir bis jetzt die einzigen, die sich vom Feindflug zurückgemeldet haben?«

»Ja, Herr Leutnant, wie immer, und: wer der Erste ist, der ist der Beste! Det is ein Sprichwort von die Pollacken.«

»Nein, nein, mein Lieber, es heißt doch anders: ›Die Ersten werden die Letzten sein . . . oder so ähnlich, steht das nicht in der Bibel?« Dabei blickte Hansen herausfordernd auf Eberhard, der sich auch gleich angesprochen fühlte.

»Mit diesen Worten meinte Jesus, es dürfe keine falsche Sicherheit aufkommen, das letzte Urteil sei noch nicht gesprochen. Solche, die sich Christen nennen, dürfen nicht in Selbstsicherheit verfallen und meinen, sie hätten das Himmelreich schon gepachtet, ihnen könne nichts mehr passieren. Die aber, die sich noch nicht zu den Jüngern Jesu zählen, könnten im Fall ihrer Hinwendung zu Jesus aber die Selbstgefälligen und Übermütigen noch überrunden.«

Ruhig und gelassen hatte Eberhard diesen Bibeltext den beiden ausgelegt und dabei seinem Flugzeugführer offen in die Augen geblickt.

Der Bursche hat es wieder einmal geschafft, mich aufs Kreuz zu legen, dachte Hansen bei sich.

Als der Gefreite fertig war mit dem Servieren, entstand eine kleine Kunstpause. Eberhard hatte seinen Kopf geneigt, die Augen geschlossen, um ein stilles Gebet zu sprechen. Der Casinowirt blickte mit rollenden Augen zur Decke und räusperte sich verlegen.

»Ja, ja, mein lieber Lemke, so etwas gibt es auch noch! – Im übrigen ist mein Bildbeobachter aber der beste Kamerad der Staffel und ein Pfundskerl.«

Sie begannen zu essen, Hansen jedoch ohne Konzentration und Genuß. Der dicke Lemke hatte sich einfach am Tisch niedergelassen, um noch etwas zu erkunden:

»Ist der Glaube nicht eine psychologische Fiktion? – Ich meine, wenn es im Sommer heiß ist, sehr heiß sogar und man denkt laufend an diese Hitze, dann kommt man doch schon durch übertriebene Gedanken daran ins Schwitzen. Wenn man aber gegen alle Tatsachen beharrlich denkt, es sei ja gar nicht so warm, dann ist einem gleich viel wohler, meine ich, weil man sich den negativen Gedanken nicht so hingibt.«

»Das mag schon stimmen«, antwortete Nowak, »aber diese psychologischen Klimmzüge haben ihre Grenzen. Ich möchte

Ihnen das gern ein wenig erklären. Als wir vor gut einer Stunde mutterseelenallein in der ›Elster‹ über Rußlands Weiten dahinflogen, dachte ich daran, was wohl wäre, wenn wir einen Motorschaden bekämen oder wenn wir von der Flak des Feindes getroffen würden. Ja, dann wäre es aus! Die Russen würden mit uns sicher kurzen Prozeß machen, falls wir uns lebend zur Erde retten könnten. Und auf einmal bekam ich Angst, ja, ja, wirklich große Angst!«

Hansen hielt inne bei seiner Mahlzeit und meinte: »Sie werden mir immer sympathischer, Nowak, denn hier, vor diesem ›Etappenhasen‹ geben Sie zu, Angst zu haben, während wir von diesen Leuten doch als die großen ›Helden‹ angesehen werden?«

»Ich denke, von Natur aus habe ich genausoviel Angst wie alle Kameraden der Staffel.«

»Aber wieso waren Sie dann so ruhig und gefaßt während des Feindfluges, Nowak?«

»Es mag rein äußerlich ja so aussehen, Herr Leutnant . . .«

»Doch wie's dadrinnen aussieht, geht's keinen was an . . .«, deklamierte der dicke Casinowirt. Er klopfte Eberhard dabei leicht auf die Schulter.

»Wenn Angst und Furcht mich erfassen wollen, wenn mir alle Nerven flattern bei dem Gedanken, in eine mögliche Katastrophe zu kommen, dann bete ich zu Jesus Christus. Ich muß dann an seine Worte denken: ›In der Welt habt ihr Angst, aber seid getrost, ich habe die Welt überwunden.‹ Dann wird mir bewußt, wie nah mir Jesus steht in allen Bedrängnissen, und dann erlebe ich es, wie aus der Angst um mein Leben eine herrliche Ruhe wird, die nur Jesus vermitteln kann.«

Der Casinowirt beugte sich ein wenig weiter vor und schob sein Bauchgewölbe dabei etwas mehr über die Tischplatte, als er fragte: »Und das bilden Sie sich nicht etwa nur ein?«

»Ach Blödsinn, Lemke! Wenn einem die Flaksplitter um die Ohren sausen, dann hört jedes versuchte Psychotheater auf! Da denkt man nur noch realistisch, ganz klar und nüchtern«, erwiderte Hansen und wischte sich mit einem Taschentuch den Mund.

Der Dicke schüttelte seinen runden Kopf, daß ihm die wenigen Haare zur Rechten wie zur Linken wie Seegras im Winde flatterten.

»Meinen Sie wirklich, man könnte seine Angst totschweigen?

Man könnte einfach so tun, als ob sie einen nicht berühre? Wir haben es schon oft genug erlebt, wie die unterdrückte Angst gleich einem Vulkan im Herzen rumorte, dabei wurde einem ganz jämmerlich zumute, aber letzten Endes wird Jesus in einem doch Sieger!« bekannte Eberhard.

»Achtung! – Befehlsstelle! An Bildbeobachter Nowak, bitte zur Meldung!«

»Jetzt hat der arme Kerl vor lauter Reden kaum etwas essen können«, jammerte der Hauptfeldwebel, »aber ich werde ihm noch etwas ganz Besonders zurechtmachen.«

»Danke, danke!« rief Eberhard und eilte schnellen Schrittes zur Befehlsstelle.

Im Auswertungsraum wurde fieberhaft gearbeitet. Überall saßen Offiziere und Unteroffiziere im Halbkreis an den Lichtkästen und suchten mit scharfen Lupen jedes Winkelchen auf den erleuchteten Luftbildern ab.

Die Schrägaufnahmen des Bahnhofs von Minsk erweckten bei den Offizieren ein besonderes Interesse. Die Geleise waren mit Güterzügen überfüllt.

»Nowak, setzen Sie sich doch bitte an diesen Lichtkasten«, bat Hauptmann Findeisen. »Und nun schauen Sie sich doch noch einmal diese Bilder genau an.«

Jetzt, da die Angst und Anspannung keine Rolle mehr spielte, sah das Luftbild dieser Stadt geradezu faszinierend aus. Alle Haupt- und Nebenstraßen waren von unzerstörten Häusern umsäumt. In schwungvollen Bögen schlängelte sich ein Fluß durch das Häusermeer. Sehr gut konnte man auch das Sportstadion erkennen. Das Hauptinteresse der Männer vor den Lichtkästen galt jedoch dem Bahnhof. In der Vergrößerung wurden die Ladungen auf den Güterzügen deutlich. Es handelte sich um fünf lange Güterzüge, die mit Kraftfahrzeugen aller Art beladen waren. Die Aufnahmen waren gestochen scharf, daher konnte man auch die schwere Artillerie ausgezeichnet erkennen. Je nach Sonnenstand, erschienen lange Schlagschatten. Auf zwei Zügen konnte Eberhard jetzt sogar Panzer unter den Abdeckungen ausmachen. An der Laderampe standen bisher noch nicht entdeckte Panzerkampfwagen. Hauptmann Findeisen stand hinter Nowak und hielt ihm die Panzererkennungstafel hin: »Was meinen Sie, welche Panzertypen werden dort verladen?«

»Kann ich bitte einen Fadenzähler haben?« Oberleutnant von Lützow reichte ihm das gewünschte Gerät. Jetzt starrte Eberhard konzentriert minutenlang auf die noch nicht vorhandenen Fahrzeuge. So sehr er sich auch anstrengte, den Typ zu identifizieren, es wollte ihm nicht gelingen.

»Kennen Sie diesen Panzertyp?«

»Nein, Herr Hauptmann«, Eberhard blickte wie hypnotisiert auf die Aufnahme, und dann schaute er seinen Staffelkapitän an: »Man sollte schnellstens Ausschnittvergrößerungen machen, und zwar so groß, wie es nur die Körnung des Bildes eben zuläßt!«

Der Hauptmann lächelte: »Ist alles schon geschehen«, und übergab ihm die noch feuchten Bilder.

Eberhard legte sie ganz aufgeregt unter das Raumglas. Zwar waren die Ausschnitte der Luftaufnahmen durch die starke Bildpunktauswanderung etwas unscharf geworden, aber es bestand kein Zweifel, dort wurden der deutschen Wehrmacht noch nicht bekannte Panzertypen verladen.

»Es hat sich wie ein Lauffeuer herumgesprochen, Nowak, was Sie da fotografiert haben. Von der Spionageabwehr wurde uns versichert, daß ein neuer Panzer in der Entwicklung sei, aber es ist wohl das erste Mal, daß Sie solch einen Kampfwagen aufgenommen haben. Und somit ist der Beweis erbracht, daß diese neuen Panzertypen bereits am Laufband montiert werden. Wie uns berichtet wurde, soll dieser neue Typ mit T 34 bezeichnet sein.«

Hauptmann Findeisen klopfte dem Oberfähnrich auf die Schulter: »Mein Lieber, da haben Sie der Heeresleitung einen großen Dienst erwiesen! In wenigen Stunden werden alle Befehlsstellen des Heeres mit den Unterlagen versehen sein.«

Das erste Morgengrauen schlich trübe am Ölberg empor, über Jerusalem hingen noch die verblassenden Sterne der Nacht, als Ruth das Manuskript zur Seite legte und über ihren brennenden Augen die Lider schloß. Nach einem kurzen, tiefen Schlaf erwachte sie erst bei hellem Sonnenschein, der sie eiligst aus dem Bett trieb.

Kurz nach 9 Uhr saßen dann Frau Nowak und Ruth am Frühstückstisch. Sie sprachen von der Heimat, in der sie so viel erlebt hatten.

»Berlin, ach ja Berlin! Wenn ich daran noch denke, wird mir ganz wundersam ums Herz. Es war doch eine herrliche Zeit. Die wunderschöne Umgebung der Stadt – meine Jugenderinnerungen sind mir unauslöschlich geblieben«, sagte Ruth nachsinnend vor sich hin.

»Vater arbeitete als freier Künstler. In seinem Atelier duftete es immer so herrlich nach süßem Öl und würzigem Terpentin. Ich habe ihn oft begleitet, wenn er hinausging in die Natur, um dort seine Skizzen zu machen. Damals war alles so friedevoll, wer hätte denken können, wie rasch sich das alles ändern sollte?«

Ruth gedachte in träumerischer Art an vergangene Zeiten. Ihre »deutsche Mutter«, Frau Nowak, wagte es nicht, sie in diesem Augenblick zu unterbrechen.

»Wenn ich zurückdenke an den Herbst 1939, in dem sich die Natur noch einmal in ihrer ganzen, märchenhaften Pracht zeigte, ich meine, wer die letzten Wochen vor Kriegsbeginn mit offenen Augen erlebte, dem mußte es so vorkommen, als habe das Licht des Himmels noch nie so klar geschienen wie gerade in jenen Tagen. – Als die Störche sich in den verträumt daliegenden, märkischen Dörfern zum Abflug rüsteten und Abschied nahmen, hat ihnen sicher so mancher sehnsüchtig nachgeblickt. – ›Vielleicht fliegen sie in das von Gott verheißene Land!‹ hatte Vater damals gemeint. ›In das Land unserer Väter Abraham, Isaak und Jakob‹! ›Ja, ja, ihr fliegt einfach fort‹, rief er ihnen nach, ›und wir armseligen Menschen sind ohne Frieden. Wir sind drauf und dran, uns wieder einmal selbst zu zerfleischen.‹ Dann war er sehr nachdenklich geworden und hatte die bekannten Worte des Propheten Jeremia zitiert: ›Ein Storch unter dem Himmel weiß seine Zeit; eine Turteltaube, Schwalbe und Kranich merken ihre Zeit, wann sie wiederkommen sollen; aber mein Volk will das Recht des Herrn nicht wissen.‹ – ›Vielleicht haben wir den Anschluß verpaßt, die kostbare Zeit nicht genutzt und nichts zu unserer Rettung unternommen‹, sagte er damals, als wir zwischen hohem Schilf auf einem Anlegeplatz am Wandlitzer See saßen. Vater muß etwas von einer grauenvollen Zukunft geahnt haben, die für alle kommen sollte. Es war eigentlich schwer zu begreifen, was geschehen würde, denn niemand konnte sich ein derartiges Ausmaß an Verfolgung und Vernichtung ausdenken, wie es schließlich über alle hereinbrach. Damals wagte keiner, dem

Nächsten seine geheimen Befürchtungen mitzuteilen, denn die Hoffnung ist eine wunderbare Gabe Gottes, und jeder hoffte eben für sich, daß er schon durchkommen werde, was immer auch geschehen mochte. Hoffnung aber kann auch sehr trügerisch sein, wenn man sich nur darauf verläßt und meint, dieses oder jenes werden sie nicht tun, zu solch einem finsteren Unternehmen lassen sich Deutsche doch nicht heranziehen. Vater sagte einmal: ›Die gepriesensten Stätten auf der Erde sind langweilig und entzaubert, wenn man ohne Hoffnung zu ihnen kommt.‹ Er war ein romantischer Träumer, der an das Gute im Menschen glaubte, und was man hofft, das glaubt man schießlich auch gern.«

»Nun ja, es ist schon so, wenn man nur auf menschliche Hilfe und auf sich selbst baut, hat einen das Unglück meist schon getroffen«, entgegnete Frau Nowak.

Sie legt ihre Hand auf den Arm von Ruth, als sie fortfährt: »Wie trügerisch ist doch oft die Hoffnung der Menschen, wie gebrechlich ihr Glück, wie nichtig allzu oft unser Streben! Aber wohl dem, der seine Hoffnung auf den Herrn setzt, unsern Gott!«

»Das habe ich in den damaligen Monaten und Jahren lernen müssen, als das Unheil über uns Juden hereingebrochen war!« Ruth seufzt mit schmerzlichem Ausdruck. »Einmal habe ich in einer Caféschenke am Waldesrand ein Spatzenpaar beobachtet, das zwischen Tassen und Tellern herumhüpfte, um die fetten Kuchenkrümel begierig aufzupicken. Plötzlich schrie von irgendwo ein Raubvogel. Die Spatzen duckten sich, um davonzufliegen, aber da huschte schon der braune Vogel auf den Tisch herab. Er griff sie beide gleichzeitig, die fidelen Spatzen, und ehe sie es recht begriffen hatten, war der braune Vogel schon mit ihnen verschwunden. Genauso ist es uns dann ergangen, denn der braune Adler war schneller, als wir denken konnten.«

Ruth erhebt sich und geht zum Fenster, um es zu schließen.

»O ja, ich verstehe dich, aber heute, wo du Jesus Christus als deinen persönlichen Heiland und Messias kennst und angenommen hast, wirst du sicher auch die Worte des weisen Salomo verstehen: ›Weil ich gerufen habe und ihr mich abgewiesen habt, weil ich mit der Hand gewinkt habe und niemand darauf geachtet hat, ihr vielmehr jeden Ratschlag von mir verworfen und auf meine Zurechtweisung nichts gegeben habt: so will auch ich bei eurem Unglück lachen; will spotten, wenn der Schrecken über euch kommt, wenn der Schrecken euch überfällt wie ein Unwetter und euer Verderben wie ein Sturmwind heranzieht, wenn Angst und Bedrängnis über euch hereinbrechen. Alsdann werden sie nach mir rufen, aber ich werde nicht antworten; sie werden mich eifrig suchen, aber mich nicht finden.‹«

Ruth umarmt Frau Nowak von hinten: »Ja, ja, meine liebe deutsche Mama ist nun auch meine geistliche Mutter geworden. Du bist in der Bibel zu Hause wie mancher Rabbiner in Jerusalem.«

»Sieh einmal, Ruth, Eberhard ist Pastor. Er unterrichtet seine Gemeinde sehr intensiv durch fortlaufende Israelseminare, in denen er über die Geheimnisse im prophetischen Gotteswort und deren Hintergründe spricht. Ich passe dabei sehr gut auf und mache mir meine Notizen. Außerdem lese ich viele Bücher und Schriften, die sich mit dem Thema ›Israel‹ befassen.«

Frau Nowak streicht behutsam über Ruths Arm. »Gottes Wort gilt allen Menschen, das haben wir Deutschen erlebt, und euch wurde es nun zum Heil und Segen.«

Sie rückt noch ein wenig näher an Ruth heran: »Sieh, mein Kind, das einstige ›Großdeutsche Reich‹ wurde in drei Teile zerrissen, in Ostdeutschland, in Mitteldeutschland und Westdeutschland. Der Staat Israel aber wurde vom Herrn neu aufgebaut, er hat sein Volk gesammelt und sammelt es noch. Berlin, unsere gemeinsame Heimatstadt, ist durch eine Mauer in zwei Teile zerrissen. Jerusalem erlebte ein gleiches Schicksal, nur seine Mauer fiel. Sie wurde beseitigt und eure Stadt hat eine Wiedervereinigung erfahren. Die Mauer in Berlin aber bleibt stehen, bis jetzt noch unwiderruflich und eisern.«

»Meinst du, daß die Mauer in Berlin eine geistliche Bedeutung hat?« fragt Ruth.

»Aber ganz gewiß, mein Kind, sie ist für mich wie für viele Christen in unserem Land das unübersehbare ›Menetekel‹ des Allmächtigen. Sie ist wie ein Brandmal in der Stadt, in der die schrecklichen Pogrome gegen das Volk der Juden beschlossen und durchgeführt wurden. Bedenke doch, in dem von Mauern und Wachttürmen, von Stacheldraht und Todesstreifen umgebenen Stadtteil Westberlin, nämlich am Wannsee, steht noch heute das Gebäude, in dem Menschen die Endlösung von Millionen von Juden beschlossen haben. Einer der Henkersknechte, und zwar der Hauptorganisator jener wilden Treibjagd gegen euer Volk, mußte sich hier in Jerusalem vor Gericht verantworten, Adolf Eichmann. Der ehemalige Stellvertreter des Führers, Rudolf Heß, dämmert noch heute hinter den Gefängnismauern von Spandau in geistiger Umnachtung vor sich hin. Von Magnetiseuren und Spiritisten verführt, sei der Volksgenosse Heß nach England geflogen, konnte man damals in den Zeitungen lesen. Ich meine, das ist ein Reden Gottes.«

»Wie du das alles siehst, ich bin erstaunt,« antwortet Ruth.

»Ja, meine liebe Ruth, was Gott sich vornimmt, das führt er durch. Damals wollte sich Deutschland als ›auserwähltes Land‹ mit einer ›auserwählten Herrenrasse‹ angeblich Gebiete zurückerobern, in denen unsere Vorfahren gewohnt haben. Es ist bekannt, daß die Germanen nachweislich in der Gegend des Schwarzen Meeres lebten. Doch kein Volk der Erde hat ein von Gott verbrieftes Recht wie nur das Volk der Juden auf sein Land Israel.« Frau Nowak greift in ihre Tasche und holt die kleine Bibel hervor, in der sie eifrig blättert. »Hier, lies es selbst!«

Ruth überfliegt kurz den Text, ehe sie laut zu lesen beginnt: »Hierauf erging das Wort des Herrn an mich folgendermaßen: ›Menschensohn, deine Brüder, ja, deine Brüder, deine Mitverbannten und das ganze Haus Israel, sie alle sind es, von denen die Bewohner Jerusalems sagen: Sie sind nun fern vom Herrn: uns ist das Land zum Besitz gegeben . . .‹« Ruth blickt erstaunt auf Frau Nowak.

»Ja, ja, mein Kind, so dachten die Römer, so dachten die Türken, so dachten die Kreuzritter, und so denken auch heute noch die Feinde Israels.«

Ruth liest weiter: »Darum sage zu ihnen: ›So hat Gott der Herr gesprochen: Ich habe sie zwar in die Ferne unter die Heidenvölker gebracht und sie in die Länder zerstreut und bin ihnen nur zu einem spärlichen Ersatz des Heiligtums geworden in den Ländern, in die sie gekommen sind.‹«

Ruth hebt erstaunt ihre Augen: »So genau haben die Propheten alles vorausgesagt? Das ist ja unglaublich«, dabei schüttelt sie ihren Kopf.

»Ruth – kannst du mir ein Buch der gesamten Weltliteratur nennen, das über Jahrtausende hinweg solche präzisen Voraussagen gemacht hat? Die Bibel ist einmalig und unübertroffen als das feste, prophetische Wort des ewigen Gottes innerhalb der unzähligen Bücher aus allen Völkern und Sprachen und zu allen Zeiten.«

Frau Nowaks Stimme klang voller Überzeugung, als sie das sagte: »Nun lies bitte noch die wichtigste Passage in diesem Text!«

»Darum sage zu ihnen: ›So hat Gott der Herr gesprochen: Aber ich will sie aus den Völkern sammeln und sie aus den Ländern, in die sie zerstreut worden sind, wieder zusammenbringen und ihnen das Land Israel zurückgeben.‹«

»Siehst du, Ruth, dein Volk wurde eigentlich gegen seinen Willen in das Land der Väter getrieben. Deutschland aber hat man willkürlich zerteilt, es wurde zu einem Mahnmal für alle Völker, die sich gegen das Volk Israel erheben und sich an den Juden versündigen. Redet Gott nicht deutlich genug durch die Weltgeschichte? Wie müssen nur vom Heiligen Geist erleuchtete Sinne haben, um Gottes Reden und Mahnen zu verstehen.« Sie nimmt die Bibel aus Ruths Hand. »Israel heute ist wie ein großer Garten im Vorfrühling. Die Zweige des Feigenbaumes treiben schon frische Blätter, aber die Frucht fehlt noch, die der Herr Jesus darauf sucht. Deshalb höre, wie der Text über die Vollendung des Volkes lautete: ›Wenn sie dann dorthin zurückgekehrt sind und alle seine scheußlichen Götzen und all seine Greuel aus ihnen weggeschafft haben, will ich ihnen ein anderes Herz verleihen und ihnen einen neuen Geist eingeben; ich will das steinerne Herz aus ihrer Brust herausnehmen und ihnen ein Herz von Fleisch einsetzen . . .‹«

»Haben denn die Israelis ein steinernes Herz?« fragt Ruth erstaunt.

»Im Sinne der Bergpredigt ja, mein Kind«, Frau Nowak blättert eifrig in der heiligen Schrift, bis sie die Stelle gefunden: »Ihr habt gehört, daß den Alten geboten worden ist: ›Du sollst deinen Nächsten lieben und deinen Feind hassen! Ich dagegen sage euch: Liebet eure Feinde und betet für eure Verfolger, damit ihr euch als Söhne eures himmlischen Vaters erweist.‹«

»Aber das ist doch unmöglich, Mama, unsere Feinde würden uns doch wieder in die Vernichtungslager schicken und in den Feueröfen umbringen!«

Frau Nowak nimmt Ruth in den Arm, als wollte sie sie beschützen.

»Ja, das würden sie, mein Kind, wenn aber der Messias für

Israel auf dem Ölberg erscheinen und er durch seine Macht all eure Feinde im Zaum halten wird, dann kann auch euer Volk mit dem Heiligen Geist erfüllt werden und seine Feinde lieben.«

Ruth blickt Frau Nowak wie ein kleines Mädchen fragend an: »Und wann wird das geschehen?«

»Das weiß bis jetzt niemand, doch daß es geschehen wird, das hat der Prophet Sacharja bereits im Geist geschaut.«

Ruth beobachtet, wie Frau Nowak mit traumwandlerischer Sicherheit die betreffenden Stellen in der Bibel findet.

»Wisse wohl: es kommt ein Tag vom Herrn, da wird man die dir abgenommene Beute in deiner Mitte verteilen, und zwar werde ich alle Völker zum Krieg gegen Jerusalem versammeln, und die Stadt wird erobert, die Häuser werden geplündert und die Weiber geschändet werden; die Hälfte der Einwohnerschaft der Stadt muß in die Gefangenschaft wandern, aber ein Rest der Bevölkerung wird nicht aus der Stadt ausgerottet werden. Dann aber wird der Herr ausziehen und gegen jene Völker kämpfen, wie er jemals an Schlachttagen gekämpft hat. Er wird an jenem Tage mit den Füßen auf den Ölberg treten, der von Jerusalem gegen Osten liegt; und der Ölberg wird sich in der Mitte nach Osten und nach Westen hin zu einer überaus großen Schlucht spalten, so daß die eine Hälfte des Berges nach Norden, die andere Hälfte nach Süden zurückweicht. Da werdet ihr dann in die Schlucht meiner Berge fliehen.«

»Also kommt noch einmal ein schreckliches Strafgericht über Israel? Waren denn Auschwitz, Treblinka, Dachau und Buchenwald noch nicht genug?«

Frau Nowak schaut Ruth sehr traurig an. Es ist ganz still im Raum, man hört lediglich das Ticken der Wanduhr, und von der Yaffo-Street dringt gedämpfter Lärm durch die Fenster.

»Ja, leider, aber das göttliche Strafgericht wird sich sehr schnell zum Gericht über alle Völker verwandeln, die gegen Israel ausgezogen sind. ›Darin aber wird das Strafgericht bestehen, mit dem der Herr alle Völker heimsuchen wird, die gegen Jerusalem zu Felde gezogen sind: er wird ihr Fleisch vermodern lassen, während sie noch auf ihren Füßen stehen; denn die Augen werden ihnen in ihren Höhlen vermodern und die Zunge ihnen in ihrem Munde verwesen.‹ Nach diesem furchtbaren Strafgericht über die Völker, die mit Israel im Kriegszustand liegen, wird dann der

Heilige Geist über Jerusalem und ganz Israel ausgegossen werden, so wie es sich einst zu Pfingsten bei den Jüngern und den Gästen in der Stadt Jerusalem zugetragen hatte.«

Mit ihrem Zeigefinger deutet Frau Nowak auf die Schriftstelle, die sie dann vorliest: »Und geschehen wird es an jenem Tage, da werde ich darauf bedacht sein, alle Völker zu vernichten, die gegen Jerusalem zu Felde gezogen sind. Sodann will ich über das Haus Davids und über die Bewohner Jerusalems den Geist der Gnade und der Bitte um Gnade ausgießen, so daß sie auf den hinblicken, den sie durchbohrt haben; und um ihn wehklagen, wie man um den einzigen Sohn wehklagt, und bitterlich Leid um ihn tragen, wie man um den Tod des Erstgeborenen Leid trägt. An jenem Tage wird die Trauer in Jerusalem so groß sein wie einst die Trauer um Hadad-Rimmon in der Ebene von Megiddo.«

»O Mutter, das ist doch schrecklich! Nimmt das denn überhaupt kein Ende mit Krieg, Verfolgung, Trauer und Klagen?«

Ruth hat sich ganz erregt erhoben und geht im Zimmer auf und ab.

»Aber doch, liebes Kind, Gott läßt seinem Volk auch die Freudenbotschaft eines herrlichen Friedens, der kommen wird, übermitteln: ›Vernehmt das Wort des Herrn, ihr Völker, und verkündet in den fernsten Meeresländern folgende Botschaft: Er, der Israel zerstreut hat, sammelt es wieder und hütet es wie ein Hirt seine Herde! Denn der Herr hat Jakob losgekauft und ihn befreit aus der Gewalt dessen, der stärker war als er. So werden sie denn kommen und auf Zions Höhe jubeln und strahlen vor Freude über die Segensgaben des Herrn, über das Korn und den Most und das Öl, über die jungen Schafe und Rinder; und ihre Seele wird sein wie ein wohlbewässerter Garten, und sie werden fortan nicht mehr zu darben brauchen. Alsdann wird die Jungfrau sich wieder am Reigentanz erfreuen, Jünglinge und Greise allzumal. Ja, ich will ihre Trauer in Freude verwandeln und sie trösten und fröhlich machen nach ihrem Leid. Und ich will das Herz der Priester mit fetter Speise laben, und mein Volk soll sich an meinen Segensgaben sättigen! – So lautet der Ausspruch des Herrn.‹«

Gott hat Wege in der Wildnis

Die Stadt erwacht. – Über Jerusalem erscheinen vom fernen Osten die ersten Sonnenstrahlen. Hunde bellen hier und da, zottige Esel schreien, arabische Händler reiten hochbepackt auf ihren Lasttieren durch die Stadt. Der Verkehrslärm dringt durch die geöffneten Fenster in der Hauptstraße. Das morgendliche Hupkonzert der Taxis, der Busse und vieler PKWs nimmt zu.

Von der Altstadt her erschallt der Ruf des Muezzins. In den Steinquadern der Mauern haftet noch die Wärme des vergangenen Tages. Obwohl es noch sehr früh am Morgen ist, herrschen in der Heiligen Stadt bereits Temperaturen von 25° C Wärme.

Noch am späten Abend waren Eberhard und seine Frau Maria angekommen. Ruth hatte die beiden in ihrem Wohnzimmer untergebracht. Obwohl sie recht müde angekommen, hatten sie dennoch bis in die tiefe Nacht miteinander geplaudert. Sie waren von den Eindrücken dieses besonderen Landes fasziniert, denn sie bereisten es vom Norden bis zum Süden. Alles, was sie zu sehen bekommen hatten, seien es die biblischen Stätten, der See Genezareth, Tiberias, der Jordan, Nablus mit dem Jakobsbrunnen, der Berg Tabor, die Ruinen von Cäsarea, vom Hermon nach Chorazim oder die arabischen Stätten wie Akko, diese sagenhafte Stadt aus 1001 Nacht mit den vielen Kuppeln der Moscheen und den über die Stadt hinausragenden Minaretts, hatte sie sehr bewegt.

»Wer Israel recht genießen will, muß es geistlich erleben«, bemerkte Eberhard.

»Und wer es nicht geistlich erlebt, kann den neu erstandenen Staat wohl politisch und wirtschaftlich dulden, aber niemals in seiner zukünftigen Bedeutung erfassen. Er bleibt auf alle Fälle nur oberflächlich orientiert«, hatte Ruth hinzugefügt.

»So, wie wir die unglückselige Vergangenheit auch geistlich einordnen und bewerten müssen, um überhaupt mit dem grausigen Geschehen während der Nazi-Herrschaft fertig werden zu können«, sagte Frau Nowak.

»Übrigens, Eberhard, von dem Manuskript deines Buches bin ich sehr beeindruckt. Es ist alles so lebendig geschildert, als wäre es erst gestern geschehen«, sagt Ruth anerkennend. Dabei blickt sie Eberhard bewundernd an.

»Nun, die Aufzeichnungen meines Tagebuches habe ich einem Fachmann zur Überarbeitung gegeben. Er hat die handschriftlichen Notizen, die besonderen Eindrücke und oft flüchtigen Gedanken von damals zu einer erzählenden Handlung zusammengefügt. Als ich seine Bearbeitung dann las, kam es mir selbst so vor, als wäre alles erst gestern geschehen.«

Wie in vielen deutschen Familien kam man hier in Jerusalem wieder auf den Krieg und die persönlichen Erlebnisse aus dieser Zeit zu sprechen. So begann Eberhard denn auch von dem damaligen* Fronterlebnis zu berichten:

»Nach unserer mißglückten Bruchlandung hatten wir uns so schnell wie möglich in den nächsten Wald geflüchtet. Über Stock und Stein, über Krüppelbirken mit Schlinggewächsen überzogen, und über große Flächen, die völlig von Moos überwachsen waren, sind wir gerannt.

Hansen, der vor einiger Zeit zum Oberleutnant befördert worden war, trieb uns zu größter Eile an. Da wir keine Infanteristen waren, hatten wir keine gute Kondition und ermüdeten schnell. Schon nach den ersten hundert Metern zeigte es sich, wie schwer man im russischen Urwald ohne Weg und Steg vorankommt. Dazu die schwülwarme, dunstige Luft, die uns allen schwer zu schaffen machte. Karte und Kompaß besaßen wir nicht mehr, die waren mit der Maschine explodiert und vernichtet, so daß wir uns nur an dem Stand der Sonne orientieren konnten.

Nachdem wir uns über eine Stunde lang wie Kriechtiere im Wald bewegt hatten, fing Schwarzkopf an zu stöhnen: ›Verfluchter Mist! Dieser Wald hat ja kein Ende! – Ich kann nicht mehr!‹ Er sank auf den nächsten größeren Stein nieder und zog sich die klobigen Fliegerstiefel aus. Seine Fersen waren wundgelaufen. ›Meinst du, mit deinem Fluchen kommen wir schneller ans Ziel?‹ fragte ich ihn.

›Du kannst dir deine frommen Reden sparen. Wenn die Russen uns erwischen, schneiden sie uns allen die Kehlen durch!‹

›Feldwebel, sind Sie denn total verrückt geworden?‹ herrschte Hansen ihn an. ›Wir sitzen mitten im dicksten Schlamassel, aber

* Siehe »Bleib du im ewgen Leben, mein guter Kamerad, Bd. II, S. 23–34

Sie machen als erster schlapp und reißen dazu das Maul auf, als wären Sie der Reichsmarschall höchst persönlich. Nowak hat recht, durch Schimpfen und Fluchen kommen wir keinen Meter voran!‹

›Sie können mir mal im Mondschein begegnen!‹ brüllte Schwarzkopf zurück. ›Wir befinden uns hier auf sowjetischem Gebiet, und die Genossen von der Partisanenarmee stehen vor einem deutschen Oberleutnant bestimmt nicht stramm. Ich auch nicht mehr, damit Sie es genau wissen!‹

Springer mischte sich ins Gespräch: ›Mensch, Ernst, reiß dich doch zusammen! Wir können dem Oberleutnant nur danken, daß er uns trotz brennenden Motors sicher auf die Erde gebracht hat. Wir können froh sein, daß die Russen uns noch nicht kassiert haben!‹

›Früher oder später werden sie uns schon noch fangen! Oder meinst du wirklich, daß wir überhaupt noch einmal aus diesem verdammten Dreck herauskommen werden?‹

Oberleutnant Hansen hatte sich nun zwischen die beiden gestellt und sagte mit Nachdruck: ›Lassen Sie doch diesen Schlappschwanz! Er muß sich erstmal seine wahnsinnige Todesfurcht abreagieren. – Kennen Sie nicht die drei chinesischen Weisheiten: Nicht sehen – nicht hören – nicht sprechen?‹

›Vielleicht hilft beten!‹ grinste Schwarzkopf. ›Wozu haben wir denn den frommen Esel bei uns?‹

›Sie mögen es nicht glauben, aber ich habe heute seit unserem Mißgeschick unentwegt gebetet!‹ sagte Hansen mit fester Stimme.

Wir starrten ihn daraufhin alle ungläubig an, ich traute meinen Ohren nicht.

›Man braucht ja seine innersten Regungen nicht unbedingt öffentlich zu Markte zu tragen, aber das habe ich von unserem Oberfähnrich schon gelernt. – Wenn die Not am größten, ist Gott denen, die ihm vertrauen, am nächsten!‹

Er wandte sich an Springer: ›Sie sind doch unser bester Sportler, können Sie nicht mal schnell auf einen der höchsten Bäume hier klettern und sehen, wo wir uns befinden und wie das Gelände um uns herum aussieht?‹

Schwarzkopf hockte vornübergebeugt auf dem Stein und massierte ein wenig seine geschundenen Beine. Springer zog sich derweil die Stiefel aus, legte auch die Fliegerkombination ab und bestieg den nächsthohen Baum, den er erkennen konnte. Wie ein Kletteraffe hangelte er sich höher und höher bis in die dicht bewachsene Eichenspitze. Als er oben war, sah er sich nach allen Seiten um. Dann machte er sich sofort wieder an den Abstieg.

›Konnten Sie was erkennen, Springer?‹ fragte ihn Oberleutnant Hansen.

›Nichts Besonderes, rundherum nur Wald, filziger, wilder Urwald, Herr Oberleutnant. Ich konnte nur bis zu den nächsten Hügeln sehen, etwa zwei Kilometer weit.‹ Er griff nach seinen Kleidungsstücken, um sich wieder anzuziehen.

›Die Landschaft, in der wir uns befinden, scheint in weitem Umkreis aus hügeligem Gelände zu bestehen. Die Höhenunterschiede sind offenbar nicht allzu groß. In westlicher Richtung scheint irgendein Wasser zu sein, vielleicht ein See oder sogar ein Fluß. Ich sah dort auch eine große Anzahl von Wasservögeln niedergehen.‹

›Na, wer sagt's denn! Da können wir sogar zur Abwechslung, und zwar bevor wir ins Bettchen kriechen, ein luxuriöses Bad nehmen!‹ meinte Schwarzkopf mit höhnischem Unterton in der Stimme. ›Es war schon immer mein Wunsch, solch eine romantische Expedition durch den Urwald zu machen.‹

›Zunächst müssen wir hier einen geeigneten Punkt finden, wo wir uns ein provisorisches Nachtlager herrichten können‹, ordnete Hansen kurz an.

›Ich würde vorschlagen, in die Richtung des etwas höher gelegenen Hügels zu gehen‹, meinte Springer. ›Wir pirschen wie Indianer durch das verwachsene Unterholz.‹

Als wir die Kuppel des Hügels erreicht hatten, brachen wir tief hängende Fichtenzweige ab und schichteten sie übereinander. So bereiteten wir uns ein notdürftiges Nachtlager. Ein schwacher Wind wehte und der vorher wolkenlose Himmel bezog sich allmählich. Wir zogen unsere Fliegerkombinationen aus und deckten uns damit zu. Obwohl wir alle sehr müde waren, konnten wir einfach nicht einschlafen.

Plötzlich sagte der Oberleutnant: ›Nowak, sagen Sie uns bitte noch einen Bibelspruch und beten Sie mit uns.‹

Ich kam aus dem Staunen über diesen Mann nicht heraus. Sollte Hansen begriffen haben, was jetzt nur noch wichtig war? Zum Glück kannte ich so manchen Psalm auswendig, denn lesen konnte ich bei der Dämmerung nicht mehr. So blickte ich dankbar zum Himmel und sprach:

›Herr, du erforschest mich und kennest mich. Ich sitze oder stehe auf, so weißt du es; du verstehst meine Gedanken von ferne. Ich gehe oder liege, so bist du um mich und siehst alle meine Wege.‹

Schwarzkopf räusperte sich, Springer hatte seine Arme im Genick verschränkt, und Hansen sah mich unverwandt an.

›Denn siehe, es ist kein Wort auf meiner Zunge, daß du, Herr, nicht alles wissest. Von allen Seiten umgibst du mich und hältst deine Hand über mir.‹

An dieser Stelle brach ich ab, faltete meine Hände, und bevor ich mit dem eigentlichen Gebet begann, sagte ich noch: ›Der Hüter Israels schläft noch schlummert nicht. Lieber Vater, im Namen Jesu danken wir dir für alle Bewahrungen, die wir in unserem Leben erfahren haben, für all deine Gnade und Hilfe bis zu diesem Augenblick. Von allen Seiten umgibst du uns, auch im russischen Urwald. Du hast deinen Engeln befohlen, daß sie über uns wachen in dieser Nacht.‹ Damit meine Kameraden auch mitbeten konnten, sagte ich dann noch das ›Vater unser‹.

Hansen und Springer beteten leise mit, soweit sie den Text kannten, nur Schwarzkopf biß sich auf die Lippen. Nach dem Amen drehte er sich auf die andere Seite und kehrte uns damit den Rücken zu. Es wurde auch kein Wort mehr gesprochen. Mücken umsummten uns, hin und wieder klatschte einer und hoffte, die Plagegeister verjagen zu können. Schwarzkopf fluchte noch einmal vor sich hin: ›Der Teufel soll euch holen, ihr verdammten Quälgeister!‹

Ich starrte in die Dunkelheit nach oben. Plötzlich hörte man ein kräftiges Rauschen. Tausende von Vögeln, wie mir schien, flogen über die Baumkronen. Langsam teilte sich die Wolkendecke, einzelne Sterne ließen sich blicken. Sicher würde sich auch noch der Mond zeigen. In der Ferne hörte man einen Nachtvogel rufen.

Ich selber dachte an die vergangenen 24 Stunden. Am Abend zuvor hatte ich um die gleiche Zeit etwa auf dem Feldbett unserer Unterkunftsbaracke gelegen und konnte keine Ruhe finden. Dann bin ich aufgestanden und habe dir, liebe Mutter, noch einen Brief geschrieben.« Eberhard blickt seiner Mutter direkt in die milden Augen.

Frau Nowak nickt und schickt sich an, aus einer größeren Ledermappe, die sie samt Fotoalben und Tagebüchern aus Deutschland mitgebracht hat, einen Brief, schon ziemlich zerschlissen, hervorzuholen.

»Hast Du etwa den Brief dabei?« fragt Ruth freudig erstaunt.

»Ja, ja, solche Briefe hat eine Mutter immer bei sich.« Sie hat ihn und nimmt ihn vorsichtig auseinander. »Darf ich ihn vorlesen, Eberhard?«

»Aber selbstverständlich, Mutter.«

»Liebe Mutter, es drängt mich sehr, noch schnell einige Zeilen an Dich zu schreiben. Ich möchte Dir insbesondere für all Deine Liebe und Fürsorge danken. Ob ich morgen nach einem wichtigen Feindflug zurückkommen werde, weiß ich nicht, alles liegt in Gottes Hand! Seiner Führung unterstehe ich. Mein ganzes Leben habe ich vertrauensvoll unter Jesu Willen gestellt. Meine Gedanken sind sehr oft bei Euch, liebe Mutter, hab Dank, herzlich Dank für Deine Geduld mit mir. Oft habe ich Dir Kummer und Sorgen bereitet, vergib mir bitte alle Schmerzen, die ich Dir zugefügt habe. In den letzten Tagen war mir oft das Dichterwort im Sinn: ›Wenn du noch eine Mutter hast, so danke Gott und sei zufrieden.‹ Es ist mir zum Herzensanliegen geworden, wie der weise König Salomo zu sprechen und zu handeln, der gesagt hat: ›Laß deinen Vater und deine Mutter sich freuen, und fröhlich sein, die dich geboren hat.‹ Es soll mir Richtschnur sein, wenn ich einst aus diesem grausamen Krieg heimkehren darf. – Ja, eine Mutter hat man nur einmal, und eine Mutter allein weiß, was Lieben heißt und Glücklichsein!

Nun ›Gute Nacht!‹ Mutter, und – so Gott will – auf ein fröhliches Wiedersehen! Wenn nicht hier auf Erden, so doch ganz gewiß im Himmel!
Es grüßt Dich herzlichst Dein Eberhard.«

»O ja, es gab ein Wiedersehen!« freut sich Ruth überglücklich. Maria küßt ihren Eberhard zärtlich auf die Wange. Man erhebt die Gläser, nickt sich freudig zu.

Eberhard besinnt sich und fährt dann fort in seinem Bericht:

»Mit einem prächtigen Morgenkonzert von Tausenden von Vögeln wurden wir am nächsten Morgen geweckt. Sanfte Nebelschwaden umhüllten den Wald. Ich beobachtete zwei Rabenkrähen, die auf den Ästen herumhüpften und ihr ›Terr-kerr‹ und ›arr-karr‹ krächzten, als würden sie sich miteinander unterhalten. Mir war so heimatlich zumute, als wäre ich in der Schorfheide bei Berlin und nicht tief in Rußland. Von Minute zu Minute wurde es heller. Ich zog die Fliegerkombination nochmal über meinen Kopf und knetete meine klammen Finger. Die ungewöhnliche Kühle und die Feuchtigkeit am frühen Morgen drangen durch Jacke, Hose und Unterwäsche. Mir liefen ein paar kühle Schauer über den Rücken, ich spürte die Gänsehaut, die sich über den ganzen Körper ausgebreitet hatte. Auch meine Nieren begannen vor Kälte zu schmerzen.

Hansen erwachte und lugte wie ein räudiger Fuchs aus seiner Verhüllung.

›Alles in Ordnung?‹ fragte er heiser. Ich nickte nur mit dem Kopf. Schwarzkopf schüttelte sich und keuchte: ›Sauelende Kälte ist das hier!‹

Nacheinander rappelten wir uns alle hoch, schlugen uns mit den Armen zur Erwärmung um den Brustkorb und machten ›Dauerlauf‹ am Platz, um die Beine gelenkig zu bekommen. Danach kramten wir aus unseren Knietaschen letzte Schokoladenstücke und Reste der Luftwaffensonderverpflegung hervor. Dann sahen wir uns Schwarzkopfs Bein an, das über Nacht sehr angeschwollen war, so daß er kaum auftreten konnte. Oberleutnant Hansen nahm mich ein wenig zur Seite und meinte: ›Hören Sie, Nowak, wir können Schwarzkopf hier unmöglich liegen lassen, auch sollten wir keine unnötig langen Wege vergeblich laufen, darum möchte ich Sie als Kundschafter losschicken, um die Gegend anzusehen und den besten Weg ausfindig zu machen. Sehen Sie zu, ob es einen Ausweg aus dieser Falle gibt.‹

›Ich will mein Bestes versuchen, Herr Oberleutnant.‹

Hansen zog mich noch ein wenig weiter weg und sagte im Flüsterton: ›Ich glaube kaum, daß wir lebend aus diesem Urwald herausfinden werden. Mich beschleicht das dumpfe Gefühl, daß ich unsere Heimat nicht mehr wiedersehen werde.‹

Und dann tat er etwas, was ich nie für möglich gehalten hätte, er faßte mich an beiden Händen und duzte mich: ›Eberhard, laß uns Brüder sein. Gib mir noch ein Wort Gottes für den Tag und bete mit uns! In den letzten Wochen habe ich dich sehr gut beobachtet und im stillen zu beten begonnen. Nun weiß ich auch, daß Gott mir alles, was in meinem Leben war, vergeben hat. Jetzt möchte ich dich nur noch um ein Gebet mit uns allen bitten.‹

Wir gingen beide zu den Kameraden zurück.

›Der Oberfähnrich wird uns ein Wort Gottes lesen‹, sagte Hansen kurz.

Schwarzkopf verzog seinen Mund zu einem verächtlichen Grinsen, Springer schloß seine Augen, ich selber kramte meine kleine Bibel aus der Seitentasche und begann zu lesen:

›So kommt denn und laßt uns miteinander rechten, spricht der Herr. Wenn eure Sünde gleich blutrot ist, soll sie doch schneeweiß werden; und wenn sie gleich ist wie Scharlach, soll sie doch wie Wolle werden.‹ Ich blätterte kurz in den Psalmen und las weiter: ›Schaffe in mir, Gott, ein reines Herz und gib mir einen neuen, gewissen Geist. Verwirf mich nicht von deinem Angesicht und nimm deinen heiligen Geist nicht von mir.‹

›Hört doch nur mit dem Blödsinn auf!‹ plärrte Schwarzkopf, dem sichtlich unwohl zumute war. Springer zupfte ihn am Ärmel und Hansen sagte kurz: ›Ruhe jetzt!‹ Ich las noch: ›Tröste mich wieder mit deiner Hilfe, und mit einem freudigen Geist rüste mich aus.‹

Kaum hatte ich ausgeredet, als Hansen auch schon zu beten begann: ›Gerechter Herrgott, ich danke dir, daß meine Sünden und Schuld vergeben sind. Was ich dir in den vergangenen Wochen im stillen bekannt habe, weißt du, ich danke dir für alle Barmherzigkeit! Behüte uns und zeig du uns den Ausweg, Amen.‹

Auch ich betete noch und segnete meine Kameraden.

Dann zog ich los. Der Boden war kalt und glitschig. Die Vögel hatten aufgehört zu singen, eine beängstigende Waldesstille umgab mich. In den Kronen der Bäume war nur ein leichtes Rauschen des Frühlingswindes zu vernehmen. Ich kam nur mühsam voran, und mußte mich wieder an dem Stand der Sonne orientieren, um die Richtung nicht zu verlieren. Bei jedem überwundenen Hügel erhoffte ich, freiere Sicht zu bekommen, wurde aber ebenso oft enttäuscht. Kleine Sümpfe versperrten mir oft genug den Weg, und sie zu umgehen, kostete mich viel Zeit und Kraft. Zu entscheiden, welches der bessere Weg war, glich immer einem Rätselraten. Unzählige Male mußte ich deswegen umkehren, weil ich bis zu den Knöcheln im Morast versank.

Ich mochte etwa eine gute Stunde unterwegs gewesen sein, als ich plötzlich in der Ferne Flugzeuggeräusche vernahm. Ich lauschte angestrengt – ja, unverkennbar – es waren die typischen Geräusche einer JU 88! In mir jubelte es: Sie suchen uns! Sicher hatten sie unsere letzte Funkmeldung mit der Standortangabe aufgenommen. Das Brummen kam immer näher! – Auf einmal sah ich den grünen ›Bussard‹ von Oberleutnant Kreier. Pistolenschüsse hallten durch den Wald. Eine Leuchtkugel stieg hinter mir empor. Die zurückgebliebenen Kameraden schossen noch ein weiteres Signal. Die Maschine kreiste mehrmals über dem Standort meiner Leute. Wieder und wieder überflog der Bussard das Waldstück. Aber hier gab es weit und breit keine geeignete Landestelle. Vielleicht hatte Oberleutnant Kreier auch versucht, eine Richtung anzugeben, wo er uns aufnehmen konnte. Ich eilte, so schnell ich nur konnte, zurück zu den dreien. Nach einer halben Stunde schwerster Schinderei fand ich mich in einem Moor, in das der Pfad mich gelenkt hatte.

Da krachte es plötzlich – MP-Salven knatterten durch den Wald!

Und dann schrie es in der Ferne: ›Stoi! – Stoi!‹

›Rukiwjersch!‹ schien eine ganze Meute zu brüllen. Waren das sowjetische Truppen oder Milizen, die durch den Suchaufklärer eben auf uns aufmerksam gemacht worden waren? Sofort machte ich eine Wendung um 180 Grad und lief, so schnell ich konnte, über alle Hindernisse in die entgegengesetzte Richtung. Oftmals mußte ich stehen bleiben und verschnaufen, dann lauschte ich mit angehaltenem Atem in dem unheimlich wirkenden Wald. Eine schaurige Angst überfiel mich. Völlig allein auf mich gestellt, irrte ich im feindlichen Urwald umher. Wohin sollte ich mich wenden? Wie konnte ich mich in den nächsten Tagen versorgen? Würde ich je wieder nach Deutschland kommen? Könnte ich in dieser Wildnis einen Ausweg finden?

Besonders anstrengend für mich war das Gehen im Wald. Ich war es nicht gewöhnt, so lange zu marschieren, auch waren meine klobigen Fliegerstiefel zu diesem Zweck völlig ungeeignet. Die Gegend wurde immer unwegsamer, und mit jedem Schritt versank ich knietief im Morast. Dann wieder versperrten mir umgestürzte Bäume oder riesige Felsbrocken den Weg, über die ich hinwegsteigen oder die ich umgehen mußte. Mir schien es, als hätte noch nie ein Mensch diesen Urwald betreten. Durch die vielen Hindernisse habe ich sicher die dreifache Wegstrecke zurücklegen müssen. Schweißgebadet erreichte ich eine kleine Anhöhe. Die Sonne hatte mir als Kompaß gedient. Ich hatte mich in westlicher Richtung bewegt. Auf dem Hügel stand eine ziemlich hohe Birke. Ich zog meine Stiefel aus und kletterte zur Spitze des Baumes hoch.

Von der Höhe konnte ich gerade an die dreihundert Meter weit sehen: Urwald, nichts als Urwald! Furchtbare Angst befiel mich aufs neue. Sollte ich hier unbemerkt umkommen oder irgendeiner Milizgruppe in die Hände fallen? Als ich dann wieder auf der Erde saß, nahm ich aus meiner Knietasche die kleine Bibel und las darin: ›Gott, höre mein Gebet und verbirg dich nicht vor meinem Flehen. Merke auf mich und erhöre mich, wie ich so kläglich zage und heule, daß der Feind so schreit und der Gottlose drängt; denn sie wollen mir eine Tücke beweisen und sind mir heftig gram. Mein Herz ängstigt sich in meinem Leibe, und des Todes Furcht ist auf mich gefallen. Furcht und Zittern ist mich angekommen, und Grauen hat mich überfallen. Ich sprach: O hätte ich Flügel wie Tauben, daß ich flöge und wo bliebe!‹

Als ich nach dem Gelesenen hochblickte, sah ich einen Fischreiher fliegen. Ich beneidete ihn um seine großen Schwingen. Auch die Krähen beneidete ich, die über den Baumkronen kreisten. Ja, das ganze lustige Vogelvolk war besser dran, als ich in meiner jetzigen, aussichtslosen Lage. Es kam mir so schizophren vor, die Hummeln summten um die Taubnesseln, weiße Falter tanzten über den Gräsern, nur ich saß erdgebunden und gefangen in einem unheimlich großen Wald und sah keinen Ausweg. Wieder schaute ich auf den aufgeschlagenen Text in meiner Bibel: ›Zähle die Tage meiner Flucht; sammle meine Tränen in deinen Krug, ohne Zweifel, du zählst sie. Dann werden sich meine Feinde müssen zurückkehren, wenn ich rufe, so werde ich inne, daß du mein Gott bist. Ich will rühmen Gottes Wort; ich will rühmen des Herrn Wort. Auf Gott hoffe ich und fürchte mich nicht; was können mir die Menschen tun?‹

Ich nahm meine Bibel hoch und küßte sie. Wie war ich froh, sie hier in meiner beängstigenden Einsamkeit zu haben. In der Nähe sah ich eine Wasserlache. Allerlei Vögel tranken dort an der bequemen Stelle, Finken, Meisen, Tauben und auch Spatzen.

Unwillkürlich fielen mir die Worte Jesu ein: ›Fürchtet euch nicht vor denen, die den Leib töten und die Seele nicht können töten, – kauft man nicht zwei Sperlinge um einen Pfennig? Dennoch fällt deren keiner auf die Erde ohne euren Vater. Nun aber sind eure Haare auf dem Haupte gezählt. Darum fürchtet euch nicht; ihr seid besser als viele Sperlinge.‹

In einer meiner Taschen hatte ich noch ein Stück Schokolade, das würde meine letzte ›Mahlzeit‹ sein. Ich dachte an all die Kameraden, mit denen ich zusammen gewesen war, auch die, die jetzt auf dem Feldflughafen auf uns warteten. Martini würde gewiß einen Brief schreiben. –

›O Vater im Himmel, mein Leben bleibt geborgen in deinem Willen! Führe du mich nach deinem Wohlgefallen!‹ betete ich. Da es mir in der dampfenden Schwüle unerträglich warm wurde, zog ich meine Fliegerkombination aus. Dann erhob ich mich und stolperte erneut los. Ich mußte doch irgendwo aus dem Wald herauskommen. Je höher die Sonne emporstieg, um so mehr belästigten mich die Mücken. Ich erinnerte mich an eine Broschüre mit dem Titel: ›Überleben im Urwald‹, die wir während unserer Ausbildung hatten lesen müssen. Jetzt mußte ich feststellen, daß das Thema ›Stechmücken‹ in der Broschüre auf jeden Fall zu kurz behandelt worden war. Jeder Ast, den ich auch nur kurz berührte, schien eine schwarze Wolke von diesen Viechern auszustoßen. Zu Hunderten oder Tausenden stürzten sich diese winzigen, bluthungrigen Biester auf mich. Nur ein Mittel half mir gegen diese Plage, und zwar ständig in Bewegung zu bleiben, zu laufen und mit den Armen zu schlagen. Wenn ich je das Wort Jesu richtig verstanden habe, dann hier: ›Betet ohne Unterlaß!‹. Nun, ich könnte nicht sagen, wieviel Stoßgebete ich zum Himmel geschickte habe, um von dieser Plage befreit zu werden, aber ich betete unentwegt.

Immer wieder geriet ich in Sumpfgebiete und versank dann bis zu den Knien im Morast. Um der Gefahr eines völligen Einsinkens zu begegnen, warf ich mich der Länge nach auf die moosbewachsene Oberfläche und verteilte somit mein Gewicht auf eine größere Bodenfläche. Dann kroch ich vorsichtig zurück, bis ich wieder festen Boden unter den Füßen gewann. Einmal jedoch schien es, als würde ich es trotz aller Vorsichtsmaßnahmen nicht mehr zurückschaffen. Da schrie ich aus Leibeskräften:

›O Herr, hilf! Hilf mir, allmächtiger Gott, ich versinke im Schlamm!‹

In höchster Not gewahrte ich Baumwurzeln, an denen ich mich festklammern konnte. Mit ihrer Hilfe gelang es mir, mich zu einem festen Stück Land vorzuarbeiten. Erschöpft fiel ich nieder und begann hemmungslos zu weinen. Plötzlich war es mir, als hörte ich eine Stimme klar und deutlich sagen: ›Fürchte dich nicht, du wirst nicht sterben.‹ Diese Worte kannte ich aus der Bibel, mir war aber nicht bewußt, zu wem sie gesagt worden waren.«

»Zu Gideon«, sagt Ruth, »der Engel des Herrn stärkte ihn.«

»Kannst du überhaupt noch reden, mein Junge?« fragte nun Frau Nowak.

»O ja, Mutter, es kommt mir wie eine Dankesschuld meinem Gott gegenüber vor, daß ich Euch das alles so genau erzählen muß, um ihn allein zu ehren!«

Ruth reicht jetzt erstmal zur Stärkung und Erfrischung die Obstschüssel herum, auf der Datteln, Feigen, Bananen und Orangen aufgehäuft sind. Maria lehnt sich noch inniger an ihren Mann, der solch schlimme Zeiten erlebt hatte. Ruth gießt auch noch Orangensaft in die Gläser, ehe sie sich wieder setzt, um weiter zuzuhören. In Jerusalem begannen schon die Lichter in den Wohnungen zu brennen.

Nachdem Eberhard sich erfrischt hat, fährt er munter fort: »Nach stundenlanger Schinderei fand ich dann endlich trockeneren Untergrund. Immer, wenn Hügel oder kleinere Bodenerhebungen vor mir auftauchten, versuchte ich, sie zu umgehen, um Kräfte zu sparen. Meine Schokolade hatte ich inzwischen verzehrt.

Manchmal verlor ich bei diesen Umgehungen die Orientierung und merkte, daß die Sonne plötzlich ganz woanders stand, als sie eigentlich stehen sollte. Wieder und wieder war ich dann gezwungen, meinen Kurs zu ändern.

Bei allem göttlichen Trost, den ich wohl durch das Wort hatte, überfiel mich dennoch von Zeit zu Zeit eine Hoffnungslosigkeit, jemals wieder auf ein menschliches Wesen zu stoßen, daß ich fast verzweifeln wollte. Sollte ich doch in dieser Wildnis elendiglich verhungern, unbemerkt von irgend jemand und ohne meinen Angehörigen einen letzten Abschiedsgruß hinterlassen zu haben? Doch wieder kamen mir Psalmworte in den Sinn: ›Die irre gingen in der Wüste, auf ungebahntem Wege, und fanden keine Stadt, in der sie wohnen konnten, die hungrig und durstig waren und deren Seele verschmachtete . . .‹

Ja, meine Seele wurde von Stunde zu Stunde verzagter, und wie oft wohl kam mir der Gedanke, daß es keinen Sinn habe, auf Rettung zu hoffen, deshalb einfach hinlegen und auf den Tod warten!

Aber dann hieß es wieder in mir: › . . . die zum Herrn riefen in ihrer Not, und er errettete sie aus ihren Ängsten und führte sie den richtigen Weg, daß sie kamen zu der Stadt, in der sie wohnen konnten: die sollen dem Herrn danken für seine Güte und für seine Wunder, die er an Menschenkindern tut.‹

Einerseits die totale Hoffnungslosigkeit von meiner menschlichen Seite aus gesehen – andererseits aber das Wort unseres Herrn, das mir wieder Mut eingab. Plötzlich erfaßte mich eine eigentümliche Idee. Ich stellte mir einen Weg vor, an dessen Ende ein Haus stehen würde, in dem Menschen wohnen, die noch nicht wußten, daß Krieg war und die ich finden würde. Solche Geschichte hatte ich sicher schon mal gelesen in früheren Jahren. Nun sah ich sie am Tisch sitzen, die mich als Gast hereinbaten und mir Essen vorsetzten: gebratenes Fleisch, Gemüse und Kartoffeln, zum Nachtisch sicher auch noch Obst. Der Großvater am Tisch holte seine alte Bibel, alle sprachen deutsch und waren froh, mich als Gast zu haben. –

Doch jäh wurde ich aus meinen Phantasien aufgeschreckt, als ich nämlich mal wieder im Sumpf zu versinken drohte. Ich warf mich bäuchlings hin und krabbelte wieder zurück. Kilometerweit mußte ich mich durch Brombeergestrüpp, Schlingpflanzen, dicht verwachsenes Unterholz und andere Hindernisse hindurchkämpfen.

Von meiner schönen Luftwaffenuniform war nichts mehr zu erkennen, was gefallen hätte. Der Dreck klebte vom Kragen bis zum untersten Ende der Hosenbeine.

Die Sonne war schon ziemlich weit am Horizont herumgewandert, es schien am späten Nachmittag zu sein, als ich hundemüde über halb vermoderte Baumstämme stolperte. Zum Glück kam ich auf meiner Odyssee immer wieder an Bäche mit reinem, klaren Wasser, aus denen ich trinken konnte.

›Nur nicht aufgeben! – Nimm dich zusammen!‹ so ermunterte

und trieb ich mich in Selbstgesprächen an. ›Auf keinen Fall weich werden!‹ – Ich ertappte mich nun ständig bei Selbstgesprächen.

So stolperte ich weiter – von Baum zu Baum, durch Bachläufe und über Erdhaufen hinweg, mal war ich auf Trockenem, mal geriet ich in feuchtes oder sogar Sumpfgebiet.

Auf einmal sah ich es silbrig schimmern, nicht weit von mir, sollte das ein Ausblick sein? Es beflügelte mich und gab mir neuen Mut, alle Kräfte zusammenzunehmen, um aus dieser Wildnis herauszufinden.

Buchstäblich mit letzter Kraft erreichte ich das Ufer eines Waldsees, der so silbrig geglitzert hatte. Kreuz und quer hingen umgestürzte Bäume zwischen hohem Schilf im Wasser. Es herrschte Totenstille. Ich konnte keine Bewegung wahrnehmen, kaum ein Lufthauch war zu spüren. Es war ein feindseliges Schweigen, das mich hier umgab. Ringsherum ein anscheinend undurchdringlicher Urwald, der mich umgab, ich fühlte mich wie in einer Naturfalle und dachte, daß mein Leben hier wohl sein Ende finden würde. Diese schaurige Stille nahm mir den letzten Mut. Ich ließ mich nieder auf einem vermoosten Baumstamm und dachte verzweifelt darüber nach, was ich noch tun könnte. In meiner totalen Hoffnungslosigkeit kam mir ein Wort in den Sinn, das ich öfter in den Predigten in meiner Berliner Heimat gehört hatte: ›Und der Herr sprach: Ich habe gesehen das Elend meines Volkes in Ägypten und habe ihr Geschrei gehört über die, so sie drängen; ich habe ihr Leid erkannt und bin herniedergefahren, daß ich es errette . . .‹

Sollte das auch mir gelten, dem verirrten deutschen Soldaten am Abgrund der Hoffnungslosigkeit? Mir war ja so elend, und Todesangst überfiel mich von neuem. Mir fielen auch die Worte ein, die ich in einer Osterpredigt in meiner Heimatgemeinde gehört hatte: ›Vor der Auferweckung muß man sterben, vor dem Sterben muß man leiden, in dem Leiden muß man die Todesangst erdulden.‹ – Sollte hier die Endstation meines Lebens sein? Ich wußte nicht aus noch ein. Müde, ja sehr müde erhob ich mich dennoch und setzte mich langsam in Bewegung. Ich trottete weiter am Seeufer entlang. Meine wundgelaufenen Füße brannten mir wie Feuer. Ob der Herr auch zu mir niederfahren würde? Ob er wohl mein grenzenloses Elend sah? –

Ich suchte nach einem etwas trockeneren Untergrund, denn ich wollte mir ein Nachtlager aufschlagen. Von den kleineren Fichten riß ich mir Äste ab und bereitete mir eine Lagerstatt. Da alle meine Wäschestücke sowie die Fliegerkombination bis auf den letzten Faden durchnäßt waren, zog ich mich aus, breitete sie über die Äste und deckte mich dann mit der Fliegerkombination zu. Ich fühlte die Kälte im Rücken, wie sie bis in die Kniekehlen, ja sogar die Beine hinunter wie nasses Gift herunterkroch. Ich lag wie erstarrt. Trotz völliger Erschöpfung konnte ich kein Auge zutun. So beobachtete ich, wie der Mond hinter grauem Gewölk zum Vorschein kam. Das milchige Licht der Nacht schien gespenstisch durch die hohen Baumkronen der Urwaldriesen. Das Schilfgras glitzerte silbern. – Irgendwann bin ich dann völlig entkräftet eingeschlafen.

Plötzlich erwachte ich, es war ein Uhr nachts, ich hatte vielleicht drei Stunden geschlafen. Es regnete, deshalb war ich wohl aufgewacht. Meine ohnehin schon nassen Kleidungsstücke wurde nun noch feuchter. In der Nähe schien ein Bach zu plätschern. Ich stand auf und zog mir meine Fliegerstiefel an. Dann trottete ich los über Wurzeln, Zweige und Steine, bis ich zum Ufer des Baches kam. Dort wusch ich mich mit eiskaltem Wasser von oben bis unten ab. Danach schlüpfte ich, so schnell ich nur konnte, in meine verschmutzten, nassen Lumpen. Jetzt schien es mir sogar, als würden sie mich wärmen. Zu meiner Lagerstatt ging ich nicht zurück, sondern quälte mich aufs neue durch das gnadenlose Gestrüpp und Unterholz des Waldes. Nur vorwärts! Es mußte doch einen Ausweg geben!

War es eine Täuschung? Auf einmal glaubte ich, zwischen niederen Tannen eine Hütte zu erkennen. Narrte mich der Wahnsinn oder konnten das schon Entkräftungserscheinungen durch den Hunger sein? Der Mond hatte sich kurzfristig hinter dunklen Wolken versteckt. Ich stolperte auf das zu, was mir eine Hütte zu sein schien. Tatsächlich, es war eine Blockhütte! Ich war außer mir vor Glück, eine menschliche Behausung entdeckt zu haben! Das bedeutete doch, daß es nicht mehr allzu weit sein konnte bis zum Waldesrand, aus dem ich mich verzweifelt versuchte, herauszubringen. Dann schossen mir andere Gedanken durch den Kopf: Ob da wohl jemand drin war? Vielleicht russische Soldaten? Würden die mich gleich erschießen? Oh, was sollte ich nur machen? Ich wagte nicht gleich, die Tür zu öffnen. Ich räusperte mich ziemlich laut, dann summte ich eine Melodie und schließlich rief ich laut: ›Hallo! – Hallo!‹

Es kam keine Antwort, alles blieb still. Es regnete unaufhörlich weiter. Deshalb ging ich auf die Tür zu und versuchte, sie zu öffnen. Sie quietschte entsetzlich. Ich hielt inne und lauschte. Ob nicht doch jemand darin war und mein Kommen registriert hatte? Aber es waren keinerlei Geräusche aus dem Innern zu hören. So trat ich beherzt ein.

Nachdem ich die Tür hinter mir geschlossen hatte, versuchte ich, mich an die Dunkelheit zu gewöhnen, um etwas in dem Raum zu erkennen. Es gab einen unteren und einen oberen Raum, wie ich bald feststellte. Im unteren lagen Bretter, Scherben von Geschirr, Papier und einige Konservenbüchsen herum. In der Mitte des Raumes stand eine Leiter, die hinauf in den oberen Raum führte. Meine Augen hatten sich an die Dunkelheit gewöhnt, ich stieg zaghaft Sprosse um Sprosse hinauf und zog die Leiter hinter mir hoch. Der winklige Dachraum war mit trockenen Sträuchern, Tannenzweigen und Laub gefüllt. Ich entkleidete mich und wühlte mir im trockenen Laub ein Lager zurecht. Immer wieder lauschte ich, ob nicht doch jemand auftauchen und mich entdecken würde. Wie ich da so lag, hörte ich den Regen auf das Dach fallen, der Wind brachte die Dachsparren und Balken zum Rasseln, und unten quietschte die Tür in ihren Angeln. Ich faltete meine Hände und begann zu beten: ›Lieber Vater im Himmel, du weißt alle Dinge. Du weißt, wo ich mich gerade befinde. Du kennst meine Gedanken und meine Hoffnungslosigkeit, die mich immer wieder befällt. Ich finde keinen Ausweg, aber ich danke dir für dieses bescheidene Lager, für das Dach über dem Kopf! Es ist mir ein überaus großes Geschenk. Ich danke dir für deinen Zuspruch in deinem Wort, daß mich deine heiligen Engelscharen auch hier umgeben, wenn ich sie auch nicht sehe. Behüte du mich auch weiterhin!‹

Ich fühlte mich zu Tode erschöpft und ausgehungert, aber ich lag im Augenblick beschützt und abgeschirmt unter diesem Dach. Wem mochte diese Hütte gehören? Wo eine Waldhütte war, mußten auch menschliche Siedlungen in der Nähe sein. Ich war zu ausgelaugt, um noch weiter denken zu können. So schloß ich meine Augen und gab mich dem Schlaf hin.«

Eberhard wendet sich seiner Mutter zu: »An dich, Mutter,

dachte ich, wie du so oft an meinem Kinderbett gesessen, deine Hand auf meinen Kopf gelegt und mir ein Abendlied gesungen und dann gebetet hast: ›Breit' aus die Flügel beide, o Jesu, meine Freude, und nimm dein Küchlein ein! Will Satan mich verschlingen, so laß die Engel singen: Dies Kind soll unverletzet sein!‹«

Frau Nowak ergreift die Hand ihres Sohnes, der einen Arm um die Schultern seiner Frau gelegt hält. Seinen Blick aber hat er liebevoll auf Ruth gerichtet, als er sagt: »Ein Weiser dieser Welt hat einmal gesagt: ›Eine Geliebte liebt man am meisten, seine Frau am besten und seine Mutter immer.‹«

»Ja, wenn eine Mutter ihren Sohn das Beten so fein gelehrt und ihn von frühester Jugend an mit dem Reichtum der Heiligen Schrift bekanntgemacht, dann mag das wohl gelten, was er sagte, denn die Mutterliebe reicht bis in die Ewigkeit.«

Auf den Straßen in der Stadt Jerusalem ist es still geworden. Die Festbeleuchtung an der wuchtigen Mauer und an den Stadttoren ist bereits erloschen. Ein kühler Westwind bewegt die staubigen Palmen in der Yaffo-Street. Blätter und Papierfetzen rascheln auf dem Pflaster, vom Winde fortbewegt.

Eberhard nimmt das Gespräch wieder auf, nachdem sich alle am Orangensaft gelabt haben. »In denke, Maria, jetzt bist du an der Reihe mit dem Bericht. Du kannst aus deiner Sicht schildern, wie es euch damals ergangen ist.«

Maria nickt und beginnt mit dunkler Stimme:

»Darf ich etwas weiter ausholen und von unserer Familie erzählen, wie wir in die Gegend gekommen sind?«

»Aber sicher, erzähl nur«, antwortet Ruth.

»Als der Krieg ausgebrochen war, wurden wir von den Sowjets umgesiedelt, denn sie hielten uns alle auch für Faschisten. Man nannte uns spöttischerweise ›Fritzen‹, denn das ist der Spitzname für die Deutschen in Rußland. Wir kamen in ein Dorf, in dem schon andere Volksdeutsche lebten. Alle Familien, die dort ansässig waren, mußten auf einer Kolchose arbeiten. Tagsüber standen wir mit unseren Feldgeräten, wie Hacken und Schaufeln, auf den Mais- und Kartoffelfeldern, um für das tägliche Brot zu arbeiten. Die Gläubigen im Ort hatte man besonders im Auge, man beobachtete sie auf Schritt und Tritt. Wir durften keine offiziellen Gottesdienste abhalten, deshalb trafen wir uns hier und da in den Wohnungen. Leider mußte die Anzahl der Gottesdienstbesucher gering gehalten werden, um kein Aufsehen zu erregen, aber sie wuchs in den damaligen Tagen zusehends. Was sollten wir machen? Wir mußten also einen Ort finden, an dem wir uns unbeobachtet versammeln konnten. Da erzählte einer etwas von einer Blockhütte im nahe gelegenen Wald. Es wurde beschlossen, die Hütte in Augenschein zu nehmen und für die Gottesdienste herzurichten. Die große Schwierigkeit bestand aber darin, alles heimlich und ohne jegliches Aufsehen durchzuführen. Wir mußten äußerst behutsam und verschwiegen vorgehen, denn unter den Volksdeutschen in Rußland gab es leider auch Verräter. Wir konnten uns auch nicht gemeinsam auf den Weg machen, sondern waren gezwungen, einzeln oder zu zweit unseren neuen Versammlungsort aufzusuchen.

Der Frühling in Rußland ist bekanntlich die Zeit der schlechten Wege. Die sogenannte Schlammperiode macht allen zu schaffen. Selbst auf dem Gang durchs Dorf versank man manchmal bis zu den Knöcheln oder noch tiefer im Schlamm. Unser Großvater hatte da einen guten Gedanken. Er hatte am Flußufer einige Boote entdeckt, die bis zum Rand mit Wasser gefüllt zwischen dem hohen Schilf lagen. Diese Boote mußten ausgeschöpft und so gut wie nur möglich repariert und verkittet werden.

An dem nächstfolgenden Sonntag schlichen wir uns schon kurz nach Mitternacht zum Fluß, und unsere Brüder ruderten uns in den großen Wald hinein. In Beuteln hatten wir Verpflegung mitgenommen, weil wir doch den ganzen Sonntag über in der Blockhütte bleiben wollten. Wir waren alle sehr glücklich, eine Unterkunft gefunden zu haben, wo wir völlig frei unseren Gott loben und preisen konnten. Es wurde in der Folgezeit immer wieder zu einer aufregenden Sache, wenn wir bei fahlem Mondenlicht über die glitzernden Wellen dahintrieben und erst nach etwa einer Stunde an der bekannten Stelle im Wald anlegten.

Schon mehrere Male hatten wir in der Hütte unsere Gottesdienste abgehalten, als eines Tages Hunderte von deutschen Kampfflugzeugen über unser Dorf hinwegbrausten. Die Volksdeutschen im Ort jubelten insgeheim und dachten, daß bald der Augenblick kommen würde, wo wir vom Joch der Zwangsherrschaft der Bolschewisten befreit werden würden. Am nächsten Tag flogen wieder viele deutsche Bomber über unser Dorf. Aus der Ferne hörten wir Maschinengewehrfeuer, offenbar fand im hohen Luftraum ein Kampf statt.

Eine Stunde später fuhren zwei LKWs mit Rotarmisten durch unser Dorf. Sie hatten im Wald das ausgebrannte Wrack eines deutschen Flugzeugs gefunden, aber die Besatzung nirgends entdecken können. Die Besatzung mußte geflohen sein, so wurde fieberhaft nach ihnen gesucht. Tags darauf erfuhren wir, daß man drei Männer gefangengenommen habe.

Einige Tage danach fuhren wir wieder zu unserem Gottesdienst. Mein Bruder Boris und ich waren im ersten Boot. Als wir im Wald an Land gingen, begann die Morgendämmerung. Die Landzunge, die wie eine kleine Insel in den Fluß hineinragte, war bewachsen von Schilf, hohem Farnkraut und sehr viel Weidengestrüpp. Viele Vögel lebten hier am Wasser, die bald ihr tausendstimmiges Konzert begannen.

Boris und ich waren die ersten, die sich durch das lockere Rohrdickicht in den Wald vorarbeiten mußten.

›Ich freue mich, ich freue mich schon riesig auf den schönen Gottesdienst!‹ versicherte er mir wiederholt. Vor kurzem erst hatten wir seinen 15. Geburtstag gefeiert. Er brauchte noch nicht zur Roten Armee.

Mir selber war gar nicht so freudig zumute, denn ich hatte ein seltsames Gefühl, eine unbewußte Ahnung, daß ich heute noch etwas Außergewöhnliches erleben würde.

Boris ging vor mir her. Leichtfüßig, wie es schien, sprang er über Wurzeln, Zweige und kleinere Baumstämme. Bald sahen wir auch die Blockhütte. Mir wurde ganz unheimlich zumute, ich wußte aber nicht warum. Bisher hatte ich beim Anblick unseres gemeinsamen Versammlungsortes immer eine große Freude empfunden, wenn wir ihn erreicht hatten. Heute jedoch liefen mir kalte Schauer den Rücken herunter.

›Maria, warum bleibst du dauernd stehen?‹ rief mein Bruder.

›Ach, laß uns doch warten, bis die anderen kommen‹, antwortete ich.

›Weshalb denn, du hattest doch sonst keine Furcht.‹

Wir standen vor der Hütte, Boris ging auf die Tür zu und öffnete sie vorsichtig. Nachdem er einen Schritt hineingegangen war, kam er sofort zurück und sagte:

›Du, Maria, die Leiter ist fort! – Irgend jemand ist in unserer

Hütte gewesen! Du hattest recht, das ist ja richtig unheimlich, wer kann das nur gewesen sein? Weshalb hat derjenige gerade die Leiter mitgenommen?‹

Ratlos und ein wenig ängstlich blieben wir vor der Hütte stehen, bis Großvater und die anderen ankamen.«

Maria blickte Eberhard an und meinte: »Jetzt kannst du weitererzählen«, und klopfte ihm leicht auf die Hand.

»Müssen wir nicht erstmal ins Bett? Ich bin nämlich schon sehr müde«, sagte Frau Nowak.

»Ach nein, bitte noch nicht«, antwortete Ruth, »es ist doch gerade so spannend.«

»Ist es recht, Mutter, daß ich noch ein bißchen weitererzähle?«

»Nun ja, mein Junge. So bald werden wir uns sowieso nicht mehr in Jerusalem treffen. Wenn das doch nur der Vater und Hans miterlebt hätten und jetzt bei uns sitzen könnten.«

Frau Nowak nickt Eberhard wehmütig zu, und dieser beginnt, zunächst mit geschlossenen Augen, sich der Situation zu erinnern und die aufregende Vergangenheit zu schildern.

»Als ich nach einem ohnmachtsähnlichen Schlaf erwachte, glaubte ich, ein menschliches Stimmengewirr vor der Hütte zu hören. Ich erhob mich vorsichtig und rückte an die Holzwand. Dort drückte ich mein rechtes Ohr an einen Schlitz zwischen zwei Holzbrettern, um besser hören zu können. Mit angehaltenem Atem lauschte ich den Stimmen. Zu meinem größten Erstaunen vernahm ich auch eine Kinderstimme. Dann glaubte ich, ich wär nicht recht bei Sinnen, denn die Leute sprachen Deutsch! Oder besser gesagt: gebrochenes Deutsch. Als es eine Weile still war, dachte ich an eine Sinnestäuschung meinerseits, an Phantasien aufgrund von Erschöpfung. War das vielleicht der Beginn eines fortschreitenden Wahnsinns? Nein, das durfte nicht sein! Ich wollte doch nicht verrückt werden und dachte bei mir, daß ich nicht so schnell aufgeben würde. Ich hielt mir die Ohren zu, um zu prüfen, ob ich dann auch noch Stimmen hören würde.

Plötzlich rief jemand in russischer Sprache: ›Wychodi!‹ Das hieß: Komm raus! Ich zuckte zusammen, mein Herz schlug so heftig, daß ich meinte, man würde es bis draußen vor der Hütte hören können. Ich wagte nicht, mich von der Stelle zu rühren.

Dann hörte ich jemanden in gebrochenem Deutsch sagen: ›Da scheint doch niemand in der Hütte zu sein. Vielleicht hat ein

Genosse eine Leiter gebraucht und hat sie mit nach Hause genommen.‹

›Aber wer sollte sich hierher verirren, viele Kilometer tief im Urwald? Und dann eine Holzleiter tragen durch dieses Dickicht?‹

›Was weiß ich, wir sollten nicht so ängstlich sein, denn unser Gott hat seinen Engeln befohlen, daß sie bei uns sind und uns behüten auf all unseren Wegen, das wißt ihr doch!‹

Daraufhin hörte ich, wie Männer und Frauen den unteren Raum betraten. Sie begannen erst einmal aufzuräumen, alles, was herumlag, aufzusammeln. Dabei unterhielten sie sich auch wieder in gebrochenem Deutsch. Ich wurde vor Freude darüber fast närrisch, sollte das möglich sein, hier – mitten in einem riesigen ›Urwald‹, weit im Hinterland von Rußland, eine deutsche Gemeinschaft oder Gemeinde? Was wollten die hier? Mußten sie sich aus irgendeinem Grund verstecken? Sollte ich mich bemerkbar machen oder mich weiterhin ganz still verhalten? Brachte ich sie in Gefahr, wenn ich mich ihnen offenbarte als deutscher Flieger der Luftwaffe? Wie würden sie reagieren, und würden sie mir überhaupt glauben, daß ich ein Soldat und kein Spitzel der GPU war? Fragen über Fragen schossen mir durch den Sinn.

Jetzt hörte ich, wie ein alter Mann mit erhobener Stimme die Leute anredete:

›Liebe Brüder und Schwestern, wir wollen mit dem Lied beginnen: Schönster Herr Jesu, Herrscher aller Enden, Gottes und Maria Sohn! Dich will ich lieben, dich will ich ehren, du meiner Seele Freud und Kron.‹

Voller Inbrunst sangen sie das Lied, die alten und die jungen Leute. Ich zog mich nun schnell und geräuschlos an. Jetzt oder nie! dachte ich und begann, die vierte Strophe mitzusingen, zunächst verhalten, dann aber immer lauter werdend: Nichts soll auf Erden mir lieber werden als du, o Jesus, Liebster mein! –

Ich bemerkte, wie einer nach dem anderen da unten aufhörte, das Lied zu Ende zu singen, bis nur noch meine Stimme zu hören war.

›Ruhe! – Da ist doch jemand!‹ rief einer. ›Hört doch, da ist ein Fremder!‹ sagte der Alte, der das Lied angestimmt hatte.

›Ja, Friede sei mit euch!‹ rief ich ganz laut. ›Ich bin ein Deutscher und liebe Jesus wie ihr.‹

Ein unterdrücktes Raunen war zu vernehmen, ehe der Wortführer entschlossen rief: ›Dann komm herunter! Du hast wahrscheinlich unsere Leiter zu dir hochgezogen, ja?‹

›Ich möchte schon kommen – doch eine Frage beantwortet mir zuvor: sind Kinder bei euch?‹

›Weshalb willst du das wissen?‹ fragte der Alte erstaunt.

›Weil das gefährlich sein könnte, denn Kinder können nicht so ohne weiteres schweigen, sondern verplappern sich zu schnell.‹

Unten wurde geflüstert und heftig debattiert. Dann sagte der Alte:

›Nein, es sind keine Kinder dabei, der Jüngste ist schon fünfzehn Jahre alt und kann schweigen.‹

›Dann will ich euch noch etwas erklären, ich bin ein deutscher Soldat, aber ohne Waffen. Ich habe mich im Wald verirrt, kann ich in Uniform vor euch erscheinen, ohne daß ihr böse werdet?‹

Jetzt hörte ich, wie sie sich da unten in Russisch und fast im Flüsterton miteinander unterhielten. Nach einer gewissen Zeit sagte der Wortführer:

›Es ist gut – komm herunter, so wie du bist. Wir sind deine Brüder in Christo, ein Bruder hilft dem anderen in der Not. Sei willkommen!‹

Ich schob die Leiter an die Luke und ließ sie langsam herunter, dabei sah ich die mir entgegenblickenden Gesichter. Es waren vorwiegend alte Frauen, nur vier Männer und drei junge Burschen konnte ich auf den ersten Blick erkennen. Wie hypnotisiert starrten sie mich alle an. Einige verzogen dann ihr Gesicht zu einem zaghaften Lächeln, wohl um mich zum Herunterkommen zu bewegen. Ganz vorn vor der Gruppe stand ein alter, bärtiger Mann, der eine Bibel oder ein Gesangbuch in der Hand hielt.

Völlig verdreckt und unrasiert stand ich dann in der Fliegerkombination der deutschen Luftwaffe vor ihnen.

›Christus ist auferstanden!‹ sagte der alte Mann und reichte mir die Hand zum Gruß.

›Er ist wahrhaftig auferstanden!‹ antwortete ich. Der Bärtige umarmte mich auf einmal und küßte mich ganz inniglich.

›Sei willkommen, Bruder in unserem Herrn Jesus Christus! – Wir kennen dich noch nicht, aber wir sind doch deine Brüder und Schwestern, und wir vertrauen dir in der Liebe Gottes.‹ Bei diesen Worten waren die Augen des Alten feucht geworden, und ich schämte mich meiner Tränen auch nicht.

›Du hast gewiß viele Strapazen hinter dir, Brüderchen, vor allen Dingen wirst du Hunger haben, ja? – Valentina, gib du unserem Bruder von unseren Gaben, die wir für das Liebesmahl mitgebracht haben.‹

Eine noch junge, kleine Frau mit blondem Haar, um das sie ein leuchtend rotes Tuch geschlungen hatte, brachte einen Korb. Die buntbestickte Bluse aus schwerem Leinen weckte in mir die Erinnerung an unvergeßliche Bilder altrussischer Beschreibungen von Leo Tolstoi. Ich sah die Reinheit und Schlichtheit russischer Christen vor mir. Diese Menschen strahlten einen himmlischen Frieden aus, dazu eine nicht zu beschreibende Freude und göttliche Zuverlässigkeit.

Valentina betrachtete mich mit klaren, dunklen Augen. Sie setzte sich vor mir auf den Boden, breitete ein gesticktes Tischtuch aus und holte Eßsachen hervor. Ich konnte es fast nicht glauben, mitten im unwegsamen Urwald ein gedeckter Tisch mit Brot, Speck, Wurst und Eiern! Gestern der Verzweiflung nahe, weil ich meinte, es gäbe keine Rettung mehr für mich – und heute? Einer der Brüder brachte ein Kanne mit heißem Tee und goß mir davon in einen Blechbecher ein. Inzwischen hatten sich alle irgendwo niedergesetzt, nur Valentina war noch beschäftigt und legte mir ein Messer auf einen Teller und reichte ihn mir, dazu stellte sie Salz, Zwiebeln und – nicht zu vergessen – Knoblauch neben das Brot. Dann setzte auch sie sich zu den anderen.

›Bete mit uns, lieber Bruder‹, sagte der Alte und alle falteten ihre Hände. Ich tat es ihnen gleich und sagte: ›Getreuer Herr und Heiland, lieber Herr Jesus Christus, ich danke dir für die unbegreiflichen Wunder und Führungen, die du in unserem Leben bewirkst. Mir ist es ein großes Wunder, daß ich diese Hütte gefunden und von meinen Brüdern und Schwestern hier so herzlich aufgenommen worden bin. Mein Verstand kann es noch nicht fassen, daß ich inmitten dieser Wildnis, dazu im feindlichen Land Glaubensgeschwister gefunden habe und mit ihnen hier vereint sein darf. Bitte, lieber Vater, segne diese Speisen und unsere Gemeinschaft im Namen Jesu, Amen.‹

Um mich nicht so allein essen zu lassen, holten alle von ihren mitgebrachten Lebensmitteln aus Taschen und Körben etwas hervor. Man reichte mir auch noch Kuchen und Maisplätzchen.

›Wir werden dich nicht fragen, woher du gekommen bist. Je

weniger wir wissen, desto besser, meine ich‹, sagte der Älteste. Nachdem wir uns alle miteinander gestärkt hatten und gesättigt waren, folgte eine Bibellesung, die ebenfalls der Alte vornahm. Er sagte:

›Liebe Geschwister, wir wollen uns heute an die Zeit der ersten Christen erinnern. Sie wurden zu einer unzertrennlichen Gemeinschaft, die alles miteinander teilte. Wir erfahren dies aus der Apostelgeschichte, aus der ich uns heute vorlesen möchte: ›Sie blieben aber beständig in der Apostel Lehre und in der Gemeinschaft und im Brotbrechen und im Gebet.

Es kam auch alle Seelen Furcht an, und geschahen viel Wunder und Zeichen durch die Apostel.

Alle aber, die gläubig waren geworden, waren beieinander und hielten alle Dinge gemein.

Ihre Güter und Habe verkauften sie und teilten sie aus unter alle, nach dem jedermann not war.

Und sie waren täglich und stets beieinander einmütig im Tempel und brachen das Brot hin und her in den Häusern, nahmen die Speise und lobten Gott mit Freuden und einfältigem Herzen und hatten Gnade bei dem ganzen Volk. Der Herr aber tat hinzu täglich, die da selig wurden, zu der Gemeinde.‹

Nach Gebet und Gesang kam der Älteste zur eigentlichen Predigt. In der Mittagszeit war der erste Gottesdienst zu Ende. Nun feierte die Gemeinde das heilige Abendmahl. Alles hierfür geschah mit einer abgeklärten Innigkeit und heiligen Würde, so jedenfalls empfand ich es. Man spürte es deutlich, in ihnen wohnt Christus tatsächlich und ist ihr auferstandener Herr und Heiland.

Nach dem Mahl begann der Älteste eine Unterhaltung, die nur meinen geistlichen Werdegang betraf. Er fragte danach, wann ich meine Wiedergeburt erlebt hätte, wie lange ich schon gläubig sei, ob ich getauft bin und anderes mehr.

›Wo taufen die Christen bei euch in Deutschland? In Flüssen, in Seen oder in Kirchen?‹

Hin und wieder bemerkte ich, wie mich die jüngeren der Gemeinde mit einer gewissen Scheu betrachteten, denn sicher war ich für sie auch einer der ›faschistischen Mörder und Feinde‹. Doch die Offenheit und geradezu familiäre Leutseligkeit der Älteren erweckte schließlich in ihnen auch Vertrauen, – später dann noch viel mehr, nicht wahr, Maria?« Eberhard drückt seine Frau innig an sich und gibt ihr einen Kuß wie in alten Zeiten.

»Um es kurz zu machen, Maria und Boris versorgten mich von diesem Tage an. Dreimal in der Woche kamen sie in meine ›Robinsonunterkunft‹ und brachten mir Verpflegung, Waschzeug und Kleidung, was ich brauchte. Vor allen Dingen aber brachten sie mir die neuesten Nachrichten. Die deutsche Armee war unaufhaltsam auf dem Vormarsch. Nach gut drei Wochen stand ich dann vor einem deutschen Offizier, der das Kommando über die Panzerspitze führte, die uns erreicht hatte. Es war die Frühjahrsoffensive, die die deutschen Armeen begonnen hatten und die bekanntlich später bis nach Stalingrad führen sollte.

Zum Glück wurden damals noch alle Volksdeutschen ›heim ins Reich‹ geführt.

Meine Kameraden Hansen, Springer und Schwarzkopf waren von deutschen Panzertruppen ebenfalls während dieser Zeit befreit worden. Auch bei ihnen kann man von einem Wunder sprechen, daß sie noch am Leben waren, denn die sowjetischen Soldaten haben damals mit Kriegsgefangenen und insbesondere mit deutschen Fliegern meist kurzen Prozeß gemacht. Die Furcht vor den deutschen Faschisten, die so rasant vordrangen, war so groß, daß sie kurzerhand die deutschen Soldaten niederschossen. Für sie bestand andererseits ja auch die große Gefahr, von den vorrückenden feindlichen Einheiten gefaßt und standrechtlich erschossen zu werden.

Maria und ich hatten uns innig angefreundet. So gaben wir uns damals bei unserem letzten Zusammentreffen das Versprechen, wenn wir diesen grausamen Krieg überleben würden und die Heimführung ihrer Familie ins Reich rechtzeitig erfolgt sein sollte, so bald wie möglich zu heiraten. Ich habe mich in der nachfolgenden Zeit bei allen möglichen Dienststellen für ihre Rückführung nach Deutschland eingesetzt und mit Nachdruck dazu verwandt.« Er neigt sich zu ihr und blickt sie glücklich an.

»Wie froh war ich, als sie schon im Herbst desselben Jahres nach Schleswig-Holstein umgesiedelt wurden. –

Wir vier Kameraden kamen wieder zusammen und wurden einem Sonderkommando zugeteilt, denn an der Südfront tat sich etwas. Die Truppen der sogenannten Brandenburger Division planten zu der Zeit ein besonderes Unternehmen, und zwar hinter der russischen Linie. Hitler wollte unbedingt das Öl des Kaukasus. Es war geplant, einen schnellen Vorstoß entlang des Kaspischen Meeres zu wagen, um die Ölfelder von Baku in Besitz zu nehmen.

Andere Verbände sollten im Eilmarsch bis nach Astrachan vorstoßen, um den Hauptarm der Wolga abzusperren. Zu diesem Zweck sollten wir Sonderflüge für die Brandenburger Division durchführen, denn es mußten Sonderkommandos hinter den russischen Linien abgesetzt werden.

Dieses Unternehmen brauchte in der Vorbereitung größtmögliche Geheimhaltung, deshalb wurden wir ab sofort unter eine totale Nachrichtensperre gestellt.«

Eberhard wandte sich an seine Mutter: »Meine Briefe habt ihr damals ja nicht erhalten, Mutter, das war schlimm für euch. Aber gleich nach meiner Befreiung hatte ich euch ausführlich von der wunderbaren Führung und Errettung durch Gottes Gnade berichtet. Nur, die deutsche Feldpostzensur hat damals wohl alle meine Briefe verschwinden lassen, eben wegen des Geheimauftrags. Dadurch habt ihr auch meine neue Feldpostnummer und unseren Standort nicht erfahren können. Ihr mußtet bis Anfang des nächsten Jahres auf ein Lebenszeichen von mir warten, obwohl ich meinerseits immer regelmäßig an Euch Briefe geschrieben hatte. Bei der neuen Einheit, der wir zugeteilt worden waren, wurde ich auf Höhenflugtauglichkeit untersucht, ich galt zwar schon als ›alter Luftbildhase‹. Meine Weitsichtigkeit beeindruckte den Augenarzt keinesfalls, der Hals-Nasen-Ohrenarzt sowie der Internist waren mit meinem Gesundheitszustand überaus zufrieden. In einer Druckkammer wurde ich auf Herz und Nieren geprüft. Bei der simulierten 4000-Meter-Höhe mußte ich die Atemmaske anlegen, und bei 8000 Metern für kurze Zeit wieder abnehmen, um einen kurzen Meldetext niederzuschreiben: ›Planquadrat – Dora – Emil – starke Gewitterfront vor uns, Kurs 90° – übersteige Gipfelhöhe bei 10000 Meter, um bessere Sicht zu erhalten.‹ – Dann stieg die Nadel bis auf 15000 Meter. Ich dachte schon damals, wir wollen doch nicht den Mond erobern?

Ein Major fragte mich seinerzeit: ›Sagen Sie, Nowak, sollten Sie nicht längst Leutnant sein?‹ – ›Ich habe meinen Offizierslehrgang noch nicht absolviert.‹

›Dann werden Sie das in den nächsten Wochen nachholen‹,

sagte er kurz, aber freundlich. ›Wie sind Ihre Erfahrungen bei Luftbildplänen?‹

›Ich habe alle Luftbildarbeiten von der Festpunktvermessung bis zu den Entzerrungsarbeiten und die Anfertigung eines einwandfreien Auswertungsberichtes wiederholt durchgeführt.‹

›Das ist ja fabelhaft‹, freute sich der Major, ›dann werden Sie unsere neuen Spezialluftbildgeräte kennenlernen, den Offizierslehrgang absolvieren und – fertig ist der Leutnant der Fernaufklärer mit exakter Höhenlichtbilderfahrung für den Auftrag Geheime Reichssache!‹

Während des besonderen Offizierslehrgangs durfte ich nicht schreiben und hatte auch keine Möglichkeit, irgendeine Nachricht an Euch herauszuschmuggeln. Außerdem glaubte ich ja fest, Ihr hättet meine anderen Briefe, nach der Befreiung aus dem russischen Hinterland, längst erhalten.«

Frau Nowak läßt einen tiefen Seufzer hören, ehe sie antwortet: »Wenn du wüßtest, wie wir uns alle um dich gesorgt haben! Täglich schauten wir damals über die Gärten hinweg zur Landstraße, ob der Postbote im Anmarsch sei, um uns eine erlösende Nachricht zu bringen. In meinem ganzen Leben hatte ich noch nicht so intensiv und anhaltend gebetet, wie in jenen Tagen. Es war für uns wirklich eine furchtbare Zeit der Ungewißheit, denn Hans lag vor Stalingrad, Ruth war wie vom Erdboden verschwunden, und über dein Schicksal wußten wir genauso wenig. Vater schlief in der Zeit sehr schlecht, träumte lebhaft und schrie des öfteren nachts auf. Der Appetit ließ nach, er aß nur noch wenig, und bei Tisch herrschte meist eine bedrückende Stille. Ich konnte das manchmal kaum noch ertragen.«

»Ja, Mutter, das kann ich mir gut vorstellen, aber wie ich schon erzählte, wegen dieses geheimen Auftrags durfte ich nicht schreiben. Es war ja so, daß die deutsche Wehrmachtsführung glaubte, vor Einbruch des Winters das militärische Ziel Astrachan, die Ölfelder von Baku und das Kaspische Meer erreicht zu haben. Außerdem war geplant, Moskau zu umgehen und einzunehmen. Aber dann! – Dann kam die große Wende! *STALINGRAD*! –

Hätte ich nur gewußt, daß Hans mit dem roten Ausflugschein am Feldflughafen von Gumrak stand, hätte ich damals meinen Flugzeugführer gebeten, dort zu landen, um Hans herauszuholen.«

»Warst du auch mal in Stalingrad?« fragt Ruth.

»Nein, ich nicht, aber wir wurden während der Schlacht um Stalingrad schnellstens zur Heeresgruppe Manstein verlegt, um an den Versorgungsflügen teilzunehmen.«

»Aber du bist doch in keiner Transportmaschine mitgeflogen?«

»Damals wurden alle erdenklichen Maschinen zur Versorgung der 6. Armee herangezogen. Wir transportierten ebenfalls Nahrungsmittel in die Stadt und erfüllten darüber hinaus auch noch unsere Aufklärungsaufträge«, erklärte Eberhard. »Es herrschte ein heilloses Durcheinander. Am ersten Weihnachtstag flogen wir unseren ersten Einsatz über dem Kessel. Die Russen hatten die Schlechtwetterlage meisterhaft zu nutzen verstanden, als Mitte November im Wolga-Don-Gebiet Temperaturen um Null Grad herrschten, wodurch die schlimmen Wetterturbulenzen einsetzten. Dichter Nebel wechselte mit Eisregen und Schnee, das Glatteis am Boden und die völlig vereisten Maschinen verhinderten unseren Einsatz. Es war wie im ersten Rußlandwinter, die Luftwaffe war zur Untätigkeit verdammt, während die Russen am Boden ihre Großoffensive starten konnten.«

»Hast du denn keine Verbindung mit Hans aufnehmen können?« fragt Ruth.

»Verbindung aufnehmen? – Zu dieser Zeit, wo denkst du hin, wo selbst die deutsche Führung ihre Truppen aus allen Winkeln zusammenraffen mußte, um Schlimmstes zu verhindern und man Hals über Kopf die Flugzeuge aus allen Himmelsrichtungen zusammenwürfelte? Die Heeresleitung wußte in jenen Tagen oft genug nicht, wo welche Truppenteile lagen oder aufgerieben waren. Es herrschte wirklich ein großes Chaos.«

»O Kinder«, mischt sich jetzt Frau Nowak erneut ein, »ich denke, wir beschließen erst einmal diesen Tag und verschieben die Berichterstattung auf einen anderen. Es fällt mir schwer, meine Gedanken zusammenzuhalten und alles in mich aufzunehmen. Laßt es genug sein für heute.«

»Du hast recht, Mutter, es ist einfach zuviel, was es zu erzählen gäbe.«

So trennte man sich und begab sich zur wohlverdienten Ruhe.

Am nächsten Morgen waren alle recht munter auf den Beinen und beschlossen beim Kaffeetrinken, einen ausgedehnten Stadtbummel durch Jerusalem zu machen. Ruth sprühte vor Freude, ihrem Besuch vieles zeigen zu können, was ihr bedeutsam geworden war im Lande ihrer Vorfahren. Hier hatte sie sich auch intensiv mit der Geschichte ihres Volkes beschäftigt.

Durch das Jaffator, vorbei an der Davids-Zitadelle, die über die westlichen Zugänge wacht, gelangten sie in die Basargassen. Seit Jahrhunderten schon strömten über diese Pflastersteine die Völker der Welt, um Jerusalems Altstadt zu besuchen. Wenn Steine schreiben könnten . . .! Auf ihrem Weg kamen sie schließlich auch zur Klagemauer. Andächtig blieben sie vor den riesigen, rechteckigen Steinen mit den glattgemeißelten Rändern stehen. Sie erinnert an den herodianischen Baustil. Fromme, jüdische Männer, mit Gebetsmänteln umhängt und den Gebetsriemen am Arm, beten hier voller Inbrunst. Etwas abseits erblicken sie einen alten Juden mit großem, schwarzem Hut. Ganz versunken scheint er den Text der alten Gebete seiner Urahnen zu lesen. Die Sonnenhitze prallt auf die uralten Steine, während der Greis seine Gebete murmelt. Die majestätisch anmutenden Ausmaße der fast unzerstörbar erscheinenden Steinquader stehen in eigenartigem Kontrast zu den kleinen, vergänglichen jüdischen Betern, die hier Tag für Tag innig flehen und sehnsüchtig auf ihren Messias warten.

Die vier Besucher steigen hinauf zum Tempelplatz. Die goldene Kuppel der Omar-Moschee überragt im lichten Glanz das ganze Gelände, auf dem einst das höchste Heiligtum des Volkes Israel stand. Neben dem Felsendom verblaßt die El Aksa-Moschee direkt mit ihrer bescheidenen, blauen Kuppel. Auch hier herrscht buntes Treiben auf dem weitläufigen Vorplatz, es ist ein Kommen und Gehen, denn Jerusalem hat jeden Tag seine zahlreichen Besucher. Unter großem Palmengewedel und orientalischem Klagegeschrei findet gerade eine Feier zum Begräbnis eines Moslem statt.

»Der Felsendom ist ein künstlerisches Meisterwerk«, schwärmt Ruth, »und wohl heute das schönste Wahrzeichen dieser Stadt.«

»Aus menschlicher Sicht gewiß, aber für uns Christen ist das ›heiligste Wahrzeichen‹ der Hügel Golgatha und wird es bleiben. Auf ihm wurde die göttliche Wahrheit ans Kreuz geschlagen, denk daran! Dieser Felsendom aber wird, wenn Jesus Christus als Messias erscheint, für immer verschwinden und nie wieder neu erstehen«, sagte Eberhard sehr bestimmt. »Der Prophet Sacharja hat niedergeschrieben: ›Siehe, es kommt ein Tag des Herrn, da wird man Beute in deiner Mitte austeilen. Ich versammle alle Völker gegen Jerusalem zum Krieg. Die Stadt wird eingenommen, die Häuser werden geplündert und die Frauen geschändet. Die Hälfte der Stadt wird verschleppt, aber der Rest des Volkes wird nicht von der Stadt getrennt. Der Herr zieht aus gegen die Völker und streitet wie früher, als er kämpfte am Tage der Schlacht. Seine Füße treten an jenem Tag auf den Ölberg, der östlich von Jerusalem liegt. Der Ölberg wird sich spalten von der Mitte aus nach Ost und West. Es wird ein sehr großes Tal entstehen; die eine Hälfte des Berges wird nach Norden und die andere Hälfte nach Süden auseinanderbrechen.‹ Soweit die Worte des Propheten Sacharja, liebe Ruth, und ich meine, bei diesem Beben werden alle Götter- und Götzenbilder, jeder religiöse Mummenschanz mit allen Bildnissen, Weihrauchgefäßen und Skulpturen menschlichen Ursprungs vernichtet werden! Der Herr wird reinigen und nochmals reinigen und nichts Unreines mehr in den Mauern der Heiligen Stadt belassen, denn Gott wohnt nicht in Tempeln, die von Händen gemacht sind!«

Nach dieser »Tempelpredigt« von Eberhard schlendern die vier weiter zum Teich Bethesda. Im Anschluß daran müssen sie sich erneut durch die feilschenden Händler und Käufer der Basargassen drängen, bis sie zum Damaskus-Tor gelangen. Am Abend, als sie endlich wieder zu Hause in trauter Runde beim Abendessen sitzen, sind sie froh und glücklich über den Verlauf des Tages. Sie gehen relativ früh ins Bett, denn das viele Herumlaufen hat ihre Beine mächtig strapaziert. Ruth allerdings kann nicht sogleich einschlafen, deshalb nimmt sie sich das Manuskript über Eberhards Erlebnisse während des Rußlandfeldzuges vor, um darin zu lesen:

Es war ein schauderhaftes Wetter. Immer wieder erreichten uns die Befehle zum Einsatz, doch über der weiten Donsteppe ging ein Schneeschauer nach dem anderen nieder. Unsere Lage war trostlos. Anfang Dezember setzte klirrender Frost ein, das hieß, daß unsere Motoren nicht mehr ansprangen. Es gab auch viel zu wenig Wärmegeräte, so daß es Stunden dauerte, bis man die vereisten Maschinen abgetaut hatte. Viel kostbare Zeit, die für die Versorgung der 6. Armee in Stalingrad dringend nötig gewesen wäre, ging dadurch verloren. Jeder Motorenwechsel war eine

Qual. Gefährlich sank die Einsatzbereitschaft der Transportmaschinen, der Aufklärer, Kampf- und Jagdflugzeuge. Alterfahrene Flieger, die schon manche Transportschlacht mitgemacht hatten, saßen wie gelähmt zusammen mit den unerfahrenen Männern in ihren Unterkünften herum. Völlig veraltete Flugzeuge standen neben nagelneuen JU 52-Maschinen.

Aber was nützte es, wenn man nicht starten konnte. Besatzungen und Bodenpersonal erhielten zusätzlich Winterkleidung wie Pelzmäntel, Filzstiefel, Unterwäsche aus Angorawolle, Schals und Pelzhandschuhe.

Bei extrem starker Kälte verliert jedes Öl seine Geschmeidigkeit, es wird zäh und dickflüssig. Der nötige Schmierfilm an den Kugellagern reißt, und Metall reibt auf Metall, was unweigerlich zur Folge hat, daß die Lager »gefressen« werden. Es geht also darum, den Schmierstoff auch bei größter Kälte schmierfähig zu halten. Bei einem Kaltstartverfahren erreicht man dies dadurch, daß man dem Schmierstoff einfach etwas Benzin beimischt, je nach Außentemperatur ein bißchen mehr oder weniger.

Retter über Stalingrad

So war es auch am 25. Dezember 1942. Dichte Nebelschwaden ziehen wie graue Wintergeister über den völlig vereisten Feldflughafen. Die eisige Kälte umgibt die Männer vom Bodenpersonal. Die Besatzung der »Diebischen Elster« stapft und schlittert, einer dicht hinter dem anderen, auf einem schmalen Trampelpfad zum sogenannten Rollfeld.

Noch leuchten unzählige Sterne am eiskalten Winterhimmel. Nur schemenhaft kann man in der Nähe die kleinen, russischen Bauernkaten erkennen. Kein Lärm stört die frostige Stille. Kein Wort kommt über die Lippen der Männer, die zu ihrer Maschine eilen. Nase und Mund hat jeder von ihnen mit einem dicken Schal umwickelt. In ihren pelzgefütterten Kombinationen und der Vermummung am Kopf sehen sie wie Mitglieder einer Nordpolexpedition aus. Von hinten sieht die Pelzhaubenverkleidung aus, als hätten die Männer große Wasserköpfe.

Noch plumper und ungelenker wirken die Männer vom Bodenpersonal. Stumm und starr scheinen sie ihre Handgriffe auszuführen, ohne jeden ermunternden Zuruf wie sonst, kein freundliches Wort hört man. Mit eisigen Pranken hält »Väterchen Frost« Menschen und Material fest im Griff. Trotz der dicken Gummisohlen kommt Leutnant Hansen ins Rutschen und fast zu Fall, hätte ihn Schwarzkopf nicht in letzter Sekunde aufgefangen.

»Danke, Schwarzkopf! Beinahe hätte ich hier schon eine ›Bruchlandung‹ fabriziert, ohne gestartet zu sein.«

Sie haben die Halle erreicht, in der ihre Maschine steht. Bordschütze Springer stößt die kleine Seitentür auf, in die sie eintreten wollen. Ein Schwall »warmer Luft« schlägt ihnen entgegen. Da Eberhard noch nicht ganz heran ist, lassen sie die Tür offen, aber sofort brüllen die Männer des Bodenpersonals wie im Chor: »Tür zu! – Macht doch bloß die Tür zu!«

»Wie sieht's aus?« fragt Hansen den langen Ferdinand.

»Juten Morgen, Herr Leutnant! Det is ne saumäßige Kälte. Man meint, der Verstand friert einem ein. Wir wärmen nun schon drei Stunden vor, aber stellen Sie sich vor, die Öltemperatur hat erst vor wenigen Augenblicken die Null-Grad-Marke erreicht.

Junge, Junge, wenn det der Göring wüßte, wie seine stolzen Vögel hier verrecken.«

»Na, na – nun mal ganz ruhig, mein Lieber! Der Reichsmarschall hat das sicher alles einkalkuliert.«

»Na hoffentlich jeht det mit Stalingrad man jut!«, der erste Wart schneuzt sich umständlich die Nase. »Bei det Wetter jagt man doch bekanntlich keenen Hund vor de Tür, und da wolln Se als Rosinenbomber für die unterernährte Gardearmee von Großdeutschland starten? Junge, Junge, wenn det bloß jut jeht, kann ick da nur sagen«, murmelt der ergraute Mann.

»Der Nebel wird sich in circa zwei Stunden aufgelöst haben, hat der Geschwadermetereologe heute früh gemeldet.«

»Ja, der hat wohl ooch vom Weihnachtsmann jeträumt! Menschenskinder, det hab ick ja ganz vajessen, Herr Leutnant, ick wünsch Ihnen een schönet Weihnachtsfest! Alles Gute beim Feuerzauber über dem Gabentisch von Stalingrad!«

»Fröhliche Weihnachten!« ruft Leutnant Hansen durch die Halle. Alle rufen sich Feiertagswünsche, gewürzt mit deftigem Galgenhumor, zu.

Vor der »Diebischen Elster« steht ein unförmiges Vorwärmeaggregat, dessen Motor ruhig und gleichmäßig dröhnt. Die Triebwerke müssen auf die notwendige Temperatur gebracht werden.

»Wie lange wird das noch dauern, bis der Vogel aufgetaut ist?« will Hansen wissen.

Der erste Wart klettert auf eine Leiter, schiebt die Motorabdekkung zurück und betastet die Zylinder. »Eine Stunde mindestens noch, Herr Leutnant. Bei dieser Kälte schafft det Aggregat es einfach nicht schneller. Sie müssen bedenken, det wa draußen minus 35° C haben, und hier in der Bretterbude sind et noch immer minus 18° C! Da jefriert einem ja det Blut in de Adern, Herr Leutnant.«

»Wir dürfen aber auf keinen Fall noch eine Stunde warten, Herr Leutnant«, sagt Eberhard, »denn wir werden unseren Auftrag bei dieser Luftüberlegenheit des Feindes nur durchführen können, wenn wir im ersten Morgengrauen in der Luft hängen!«

»Das stimmt, Nowak, wir werden noch fünfzehn Minuten warten, dann bleibt uns wohl nichts anderes übrig, als einen Kaltstart zu wagen.«

Nowak schaut den fieberhaft arbeitenden Männern vom Bodenpersonal zu. In ihren ölverschmierten Arbeitsanzügen stehen sie stundenlang an den Maschinen, eingehüllt in penetranten Benzingestank. Ihr unauffälliger Dienst wurde in keinem Wehrmachtsbericht lobend erwähnt, sie bekamen keine »Eisernen Kreuze« für besondere Verdienste im Kampf ums Vaterland, dafür aber hatten sie Ölflecken auf den Stellen ihrer Anzüge, wo andere ihre Orden anzuheften pflegten. Für sie waren die Maschinen zwar totes Material, das sie zu betreuen hatten, aber von ihnen hing es ab, ob dieses Material in der Lage war, ganze Lasten menschlicher Schicksale sicher und unbeschadet durch die Luft zu tragen und eine glückliche Heimkehr zu gewährleisten. Unwillkürlich fiel ihm da etwas ein, was Jesus seinen Jüngern einmal erklärt hatte: »Ihr wißt, daß die, welche als Herrscher der Völker gelten, sich als Herrn gegen sie benehmen und daß ihre Großen sie vergewaltigen. Bei euch aber darf es nicht so sein, sondern wer unter euch groß werden möchte, muß euer Diener sein, und wer unter euch der erste sein möchte, muß der Knecht aller sein; denn auch der Menschensohn ist nicht dazu gekommen, um sich bedienen zu lassen, sondern um selbst zu dienen und sein Leben als Lösegeld für viele hinzugeben.«

Ja, diese Männer waren unscheinbare Dienstmänner, die im Verborgenen für die Sicherheit der Besatzungsmitglieder gewissenhaft arbeiteten. Was wäre ein Fernaufklärer ohne den Werkmeister, den Waffenwart, den Mechaniker, den Tankwart, den Fallschirmwart und den Funkmechaniker?

Schwarzkopf und Springer trampeln um den Vorwärmeapparat, sie schlagen mit ihren Armen kräftig gegen ihre Körper, um den Blutkreislauf in Schwung zu halten. Zwei Männer des Bodenpersonals pumpen den Treibstoff mit der Hand aus Fässern in die Tanks des Fernaufklärers. Die Pumpe quietscht und rasselt. Es hört sich an, als wäre alles durch die Kälte brüchig.

Eberhard läßt seine Gedanken in die Heimat schweifen. Dort werden sie am heutigen ersten Weihnachtsfeiertag in die Gemeinde zum Festgottesdienst gehen. Beim Glanz von Kerzen und in allgemein festlicher Stimmung wird der Prediger der Gemeinde sicher die Worte aus der Heiligen Schrift zitieren: »Es begab sich aber zu der Zeit, daß ein Gebot von dem Kaiser Augustus ausging, daß alle Welt geschätzet würde . . .« O ja, es war nicht Menschenzeit, sondern Gottes Zeit – nicht Chronos sondern Kairos – eine Zeit der Heimsuchung Gottes.

In der elterlichen Wohnung hingen gewiß wieder Tannenzweige, die Wände im Treppenhaus waren mit Strohblumen und -sternen geschmückt, Mutter dekorierte den Tisch im Wohnzimmer mit Zweigen und Kerzen immer so schön. Dazu stand sicher das wertvolle Meißner Porzellan auf dem Tisch, die fein geschliffenen alten Weingläser, und in der Mitte des Tisches stand der Leuchter aus Zinn. In den Jahren seiner Kindheit erklang dann das Apostelglöckchen und der Lichterbaum erstrahlte, wenn Vater die Losung las: »Und als die Zeit erfüllet war, sandte Gott seinen Sohn . . .«

Das war für ihn jetzt wie ein Traum aus einer anderen Welt.

»Es ist höchste Zeit, Nowak, wir müssen starten!« Mit diesen Worten riß Hansen ihn aus seinen Gedanken. »Wir müssen alles auf eine Karte setzen, sonst hängen uns die feindlichen Jäger im Genick!«

Eberhard nickt nur kurz. Schwarzkopf deklamiert: »Und setzet ihr nicht euer Leben ein, nie wird euch das Leben gewonnen sein! – Also vorwärts!«

»Herrschaften, alles fertig?« ruft Hansen dem Bodenpersonal zu. Wie ein Rudel wildgewordener Wölfe rennen die Männer um die Maschine herum. Beim Öffnen der Tore quillt dichter Dampf aus der Halle hervor. Ein Schlepper zieht die Maschine ins Freie.

Schwarzkopf ruft noch einmal über das Feldtelefon beim Wetterfrosch an: »Hallo, fröhliche Weihnachten! – Wie sieht's aus, bekommen wir Festtagswetter?«

»Zunächst ja, gegen Mittag könnte es sich eintrüben. Seht zu, daß ihr euren Vogel jetzt schnellstens unter den Himmel bekommt! Die Männer im Kessel warten schon sehnsüchtig auf euch!«

»Engel sind wir zwar keine, aber wir wollen ihnen das Beste bringen, was sie heute gebrauchen. Noch keinen Frieden, aber Balsam für den Magen! – Adieu, mein Herr.«

Schwarzkopf läßt den Hörer auf die Gabel fallen. Er stürmt zum Tor hinaus, aber vor der Halle kommt auch er ins Rutschen und fällt der Länge nach hin.

»Nur langsam, nicht so hektisch!« ermahnt er sich im stillen.

Ferdinand, der erste Wart, steht auf einer der Tragflächen und gießt behutsam Benzin ins Motorenöl. Springer besteigt gerade über die Bodenlafette die »Elster«. Hansen sitzt schon drin, er bewegt die Ruder und prüft alle Instrumente eingehend. Schwarzkopf hat jetzt auch die Maschine bestiegen und gurtet sich an.

Die Eigenverständigungsanlage ist eingeschaltet. Eberhard überlegt und weiß nicht recht, ob er es wagen soll? Er gibt sich innerlich einen Ruck und beginnt dann laut und vernehmlich zu beten: »Großer Gott und Vater! Du hast Jesus Christus, deinen geliebten Sohn, in diese Welt gesandt, in dieses heillose Durcheinander der Weltgeschichte. Du hast allen Menschen, die guten Willens sind, Frieden und Freude angeboten, und wer da will, darf kommen und von dir nehmen. Wir wollen uns jetzt unter deinen besonderen Schutz stellen und dich bitten, steh uns bei! Wir möchten den Kameraden helfen, die im Kessel eingeschlossen sind, sei uns gnädig dabei und laß es gelingen. Hilf uns auch, daß wir unbeschadet zurückkehren, Amen!«

Es ist wie ein Wunder, keiner hat ihn unterbrochen! Selbst Schwarzkopf nicht und Leutnant Hansen hat ein »Amen« hinzugefügt.

Von ihm war es keine Ironie mehr, am Tonfall konnte man es merken, wie aufrichtig er es jetzt meinte.

Von unten wird die Einstiegsluke verriegelt, man hört das metallische Klicken. Die weißgestrichene Maschine ist noch immer umgeben von den Männern des Bodenpersonals, den dienstbaren Geistern. Seitlich vor jedem Motor steht einer von ihnen mit einem Feuerlöschgerät in der Hand, denn ein Kaltstart, wie er nun geplant ist, mit der Benzin-Ölmischung, könnte ins Auge gehen. Nur allzu leicht kann dabei ein Feuer entstehen und in Sekundenschnelle die Maschine in Brand setzen.

Eberhard betet im stillen weiter, denn sie wissen, was passieren kann. Während des ersten Startversuchs beginnt sich die linke Luftschraube knatternd zu drehen, bleibt aber nach nur wenigen Umdrehungen schon wieder stehen. Beim nächsten Versuch rotiert der Propeller bockend drei-, viermal, ehe er erneut stehenbleibt.

Hansen betätigt nochmal den Anlasser, der Propeller dreht sich wieder, dann – ein ohrenbetäubender Knall zerschmettert den Männern fast die Trommelfelle, weißblauer Rauch dringt durch alle Ritzen der Maschine. Die Männer des Bodenpersonals dukken sich rasch unter die Flügel. Wie gebannt schauen sie alle auf die Luftschraube, wird sie weiterlaufen? Hansen gibt vorsichtig Gas. Der Motor bockt noch einige Male, ehe der Propeller auf Touren kommt, so, als gelte es, die alte »Mühle« in die Luft emporzureißen. Das Triebwerk knattert entsetzlich.

»Na, das hätten wir!« stöhnt Hansen, »jetzt kommt noch Nummer zwei!«

Es scheint, als hätte der zweite Motor bereits gemerkt, daß es keinen Zweck hat, lange zu streiken, er beginnt ohne Widerstand zu arbeiten, und mit kraftvollem Donnern setzt sich die Luftschraube in Bewegung.

»Es lohnt sich zu beten«, stellt Hansen trocken fest. In der Kanzel verspürt man sofort den Luftzug der Ventilatoren.

Eberhard legt sich Kartenbrett und Meldeblock zurecht. Er blickt auf den Überdeckungsregler und das Bildgerät. Schwarzkopf hat das Funkgerät eingeschaltet. Ein mächtiges Rauschen dringt in die Kopfhörer. Umgehend stellt er den Regler ein und ruft der Bodenstelle zu: »Auf geht's, wir starten, allen ein frohes Weihnachtsfest!«

Hansen fragt die Besatzungsmitglieder über die Eigenverständigungsanlage:

»Alle Gefechtsstationen klar?«

»Alles klar!« tönt es zurück.

»Dann in Gottes Namen vorwärts!«

Das Geräusch der Motoren ist gleichmäßig. Langsam dringt erwärmte Luft durch die Düsen.

Von den Männern des Bodenpersonals ist keiner mehr zu sehen. In Windeseile verschwinden die vermummten Heinzelmänner in der Halle. Nur der lange Ferdinand steht noch wie ein Standbild im grausigen Eiswind.

Am fernen Horizont hellt sich der Himmel langsam auf. Hansen schaut noch einmal auf die Öltemperaturanzeige, dann hebt er seine Hand. Für Ferdinand heißt das: Bremsklötze fort! Gleich danach winkt er zurück: Start frei! Hansen gibt Gas. Die Maschine holpert zunächst über den ungleichmäßig festgefahrenen Schnee zu den abgeblendeten Lichtern der Startbahn.

»Zum Himmel hoch führt uns der Weg, um den Elenden von Stalingrad den letzten Fraß zum Weihnachtsfest zu bringen«, höhnt Schwarzkopf. Keiner reagiert. Der Funker räuspert sich verlegen: »Na gut, dann schalte ich auf Senden!« – »Bahnhof von ›Diebische Elster‹, bitte kommen!«

»›Diebische Elster‹ von Bahnhof verstanden!«

»Bitte Christbaum drücken! (Platzbefeuerung einschalten!)«

»Start frei! – Alles Gute!«

»Viktor – Ende!«

»Viktor – Ende!«

»Anschnallen!« ruft Hansen. Die Startbahnbefeuerung leuchtet auf, immer schneller rotieren die Luftschrauben, immer schneller eilt die Lichtbahn an ihnen vorüber.

Die Motoren brüllen, holpernd und stoßend rollt die »Elster« über das schneebedeckte Flugfeld, die Lichter rechts und links bilden helle Ketten. Da ist auch schon der bekannte, leichte Hopser – und schon haben die Räder keine Bodenberührung mehr.

»Fahrgestell einklappen!« befiehlt Hansen.

»Alles in Ordnung?«

»Alles in Ordnung!« ruft Eberhard zurück.

Die JU 88 gewinnt stetig an Höhe. Am Erdboden scheint noch tiefe Nacht zu sein. Die Häuser der Städte und Dörfer, die Kirchen und Straßen sind nur sehr undeutlich auszumachen. Hier und da flammt ein Licht auf, die Sterne am Himmel beginnen zu verblassen.

Gewiß waren damals die Felder von Bethlehem nicht weiß verschneit, aber aus dieser oberen Perspektive hatten die Engel Gottes die Menschen, die Felder, Wälder und Ortschaften gesehen. Eberhard kam die vertraute Geschichte aus dem Lukasevangelium in den Sinn: »Und es waren Hirten in derselben Gegend auf dem Felde bei den Hürden, die hüteten des Nachts ihre Herde. Und siehe, des Herrn Engel trat zu ihnen, und die Klarheit des Herrn leuchtete um sie; und sie fürchteten sich sehr.«

O ja, viel Furcht und Zittern, ja panische Angst verbreiteten herannahende feindliche Flugzeuge bei denen, die jetzt auf Erden wohnten. An die Klarheit des Herrn dachte wohl kaum jemand. Würde doch endlich ein Friedensengel vom Himmel verkündigen: »Fürchtet euch nicht! Siehe, ich verkündige euch große Freude, die allem Volk widerfahren wird; denn euch ist heute der Heiland geboren, welcher ist Christus, der Herr, in der Stadt Davids.«

Im Osten zeigt sich das erste Licht des nahenden Tages. Über einem rosaroten Schimmer dehnt sich der Horizont kalt und prachtvoll aus. Hin und wieder tauchen unter ihnen Lichter auf, die aber sogleich wieder verschwinden, wenn man dort die Geräusche des unbekannten Flugzeugs wahrnimmt.

»Fürchtet euch nicht!« denkt Eberhard bei sich, »wir bringen ja keine scharfen Bomben, sondern nur harmlose Verpflegungsbomben für unsere eingeschlossenen Kameraden in Stalingrad. Ansonsten haben wir Fotoapparate bei uns.«

Wie glücklich ist Eberhard gewesen, als sein Weihnachtswunsch damals in Erfüllung ging vor fünf Jahren. Auf dem Gabentisch hatte er den heißersehnten Fotoapparat entdeckt. Er liebte die Natur, er beobachtete und belauschte sie in ihrer ganzen Schönheit. Er war immer wieder aufs neue vom Zauber der geheimnisvollen Vielfalt in der Schöpfung fasziniert. Wenn seine Freunde sich über Automodelle und Pferdestärken unterhielten, dann dachte er an Wald und Flur. Spielten seine Freunde auf Wiesen oder Straßen Fußball mit ziemlicher Lautstärke, sehr zum Leidwesen älterer Leute, ging Eberhard lieber in den Wald und machte dort seine Studien.

Da gab es so viele Kleintiere zu beobachten, Mäuse und Maulwürfe, in den Tümpeln quakten Frösche, da flatterten Schmetterlinge in ihrer farbenprächtigen Art und vieles mehr. Hinter dem Wald floß träge das Wasser des Mühlbaches, auch dort wimmelte es von allerlei Getier wie Mistkäfern und Totengräbern, Schnecken und Regenwürmern, von trägen, stacheligen Raupen, die sich an den üppig wachsenden Pflanzen dick und rund fraßen. Voller Aufmerksamkeit hatte er den blau schillernden Eisvogel beobachtet, wie er pfeilschnell den Bach auf- und abflog. Selbst die unscheinbaren Wasserwanzen, die fidelen Mücken über den stillen Gewässern erregten sein Interesse. Damals war sein größter Wunsch, einmal Förster zu sein. Wie oft hatte er sich bäuchlings ins Gras gelegt und sich die kleine Welt am Erdboden angesehen, die grauen Grashüpfer, die roten Marienkäfer und die vielen anderen kleineren und größeren Insekten, die er nicht mit Namen kannte. Ihn faszinierte das unermüdliche Gekrabbele, das leise Piepsen und Geknistere zwischen den Halmen der Gräser. Was hatte der Schöpfer nicht alles geschaffen, die vielen kleinen Welten neben den großen und größten; von früh bis spät und sogar noch in der Nacht war vieles in Bewegung, war Leben, Kampf und Tod.

Über alles liebte er das Volk der Ameisen. Ihm machte es unbeschreiblich große Freude, sie zu fotografieren, wie sie gar emsig mit ihren spindeldürren Füßchen über »Stock und Stein« ihre Beute heranschleppten, sich gegenseitig halfen, die Lasten zu tragen, bis sie auf dem »Berg der Versammlung« angekommen. Dann mußte er immer wieder an die Bibelworte denken, die er schon im Kindergottesdienst gehört hatte: »Geh hin zur Ameise, du Fauler, sieh an ihr Tun und lerne von ihr! Wenn sie auch keinen Fürsten noch Hauptmann noch Herrn hat, so bereitet sie doch ihr Brot im Sommer und sammelt ihre Speise in der Ernte. Wie lange liegst du, Fauler? Wann willst du aufstehen von deinem Schlaf?«

Wohin man auch schaute, überall gab es Kampf ums Dasein. Alle Welten, die der Insekten, der Fische und der Vögel, der großen Tiere ob im Wald oder auf Steppen, sie alle lagen in stetem Kampf miteinander.

»Ja, Kampf ist überall, ohne Kampf kein Leben! Und wollen wir weiterleben, so müssen wir auch auf weitere Kämpfe gefaßt sein«, soll Bismarck einst zu den Rektoren deutscher Universitäten gesagt haben. Daran erinnerte sich Eberhard, daß er dies im Geschichtsunterricht gehört hatte. Und wie hieß die Weihnachtsbotschaft? »Friede auf Erden und den Menschen ein Wohlgefallen!«

Wieder war es Weihnachten geworden. Jetzt hatte Eberhard bedeutend stärkere Kameras zur Hand. Einige Reihenbildkameras hingen im Rumpf des Flugzeugs. Sie dienten dazu, die aus der großen Höhe »ameisenhaft« klein erscheinende, feindliche Welt tausende von Metern unter ihnen abzulichten, damit dann nach ihnen die Bomberverbände Tod und Verderben bringen konnten.

Dem Menschen wird doch jede Errungenschaft und Entdekkung zum Fluch!, dachte Eberhard bei sich. Alle guten Erfindungen, die dem Menschen gelangen, wurden ihm wiederum zum tödlichen Verderben.

Die Motoren hatten längst die volle Betriebstemperatur erreicht. Eberhard blickte in die Tiefe, in der er hier und da kleine Lichter aufblitzen sah, die ebenso schnell wieder verloschen. Man wußte da unten sehr gut, daß Licht sie verraten würde, und wer konnte wissen, ob Freund oder Feind im Anflug, ob Bomber oder nur harmlose »Rosinenbomber« nach Stalingrad unterwegs waren?

Bis zur Front war es für die JU 88 ein Katzensprung. Je näher sie der Kampflinie kamen, um so höher stieg die Spannung in ihnen. Es konnte nur noch wenige Minuten dauern, bis die Maschine über der Frontlinie westlich des Don hing. Von da ab allerdings war es noch ein weiter Flug bis zum Kessel der eingeschlossenen 6. Armee.

Eberhard suchte angestrengt die weite, weiße Ebene mit seinem Doppelfernglas ab. »Achtung! An Alle! Wir nähern uns der Front. Schaut Euch nur die ›Festbeleuchtung‹ an! Die ›Genossen‹ da unten feiern offenbar Weihnachten unter freiem Himmel. Ist das denn menschenmöglich, die Bahnhöfe sind ja von Scheinwerfern hell angestrahlt! Die Fahrzeuge bewegen sich mit aufgeblendeten Lichtern über die Landstraßen. Fühlt der Iwan sich denn so sicher?«

»Das kann er!« ruft Hansen zurück. »Die wissen doch genau, daß wir alle mit der Versorgung der eigenen Kameraden beschäftigt sind und keine taktischen Aufgaben nebenbei erfüllen können.«

Franz Springer meldet sich aus der Bodenwanne: »Dort unten zucken ja schon Feuerstöße aus Maschinengewehren! Und zur linken Seite rauschen ganze Strahlenbündel von Leuchtspurmunition der leichten Flak zum Gegner hinüber.«

Eberhard sieht die seltsam anmutenden, tausende von Leuchtkreisen über der weißen Schneedecke dahintanzen.

»Da unten liegen sich Deutsche und Russen offenbar nur wenige Meter voneinander entfernt gegenüber. Wir können Gott danken, daß wir bei den eisigen Temperaturen da unten hier in unserem Vogel hocken!« wirft Hansen ein.

»Kurs 120° Halte dich nördlich der Donschleife«, bittet Nowak seinen Kameraden.

»Verstanden, halte Kurs 120°«, dabei nickt Hansen wohlwollend.

Plötzlich brüllt Springer: »Flak hat abgefeuert!« Augenblicklich läßt Hansen die »Elster« nach links abrutschen. Die ersten Salven explodieren rechts neben der Maschine. Dumpfe Schläge hört man gegen Rumpf und Flächen trommeln.

»Erneut Feuer! Mehrere Batterien!« schreit Springer. Und augenblicklich wird die Maschine vom Druck explodierender Granaten mächtig geschüttelt.

»Das sind keine Anfänger«, ruft Schwarzkopf. »Die ›sowjetischen Genossen‹ da unten bescheren uns Christbaumschmuck und Wunderkerzen, die in anderer Form sehr schön sind, aber auf diesen Feuerzauber möchten wir lieber verzichten!«

Eberhard zeichnete die erkannten Flakbatterien mit taktischen Zeichen in seine Karte ein. So plötzlich, wie sie gekommen, ist die »Begrüßungszeremonie« der Sowjets auch wieder vorbei. Die Front ist überflogen und liegt nun hinter ihnen. Die Sonne steigt empor, weit, weit hinter der Wolga, wie es scheint. Welch ein herrlicher Anblick, denkt Eberhard, und unter ihnen der mörderische Kampf zweier Nationen. Lichtbogen auf Lichtbogen formt sich am klaren Horizont, ein Bild unvorstellbaren Friedens. Unter ihnen, noch in düstere Schatten gehüllt, sieht man das schneebedeckte Band des Don. Über der Stadt Stalingrad jedoch stehen Rauchwolken, die bis an den Himmel reichen. Für sie heißt es, das dazwischenliegende Feindgebiet heil zu überfliegen.

Sie beobachten, daß auf Bahnhöfen innerhalb dieser Zone ein starker Ladebetrieb herrscht. Eberhard zählt zwanzig Panzer vom Typ T 34, die gerade ausgeladen werden. Dreißig Schützenpanzer schieben sich bereits über eine stark verschneite Landstraße.

»Dort unten herrscht ja ein Betrieb, man könnte meinen, die wollten alle zum Fackelzug anläßlich der Machtübernahme am Brandenburger Tor. Alles wird mit Scheinwerfern angestrahlt!« ruft Springer. Und gleich danach: »Flak hat abgefeuert!«

Leutnant Hansen reagiert prompt: Rechtskurve – Gas zulegen, die »Elster« etwas in den Himmel hinaufziehen, dann die berühmte Linkskurve, Abschwung nach rechts und absolut schnelles Abfallen in eine Rechtskurve. Diesen »Feuertango« unter Flakbeschuß beherrscht der Chef meisterhaft. Auch Eberhard erkennt deutlich die Abschüsse einer schweren Batterie, die hinter einer langgezogenen Kaserne steht. Schnell zeichnet er seine Beobachtungen in die Karte ein.

Wieder tönt es aus der FT-Haube: »Sprengwolken dicht hinter uns!«

Springer paßt auf wie ein Luchs, denkt Hansen, er setzt den »Flakwalzer« weiter fort: Kurze Linkskurve, lange Rechtskurve –

Abschwung und wieder der Sonne entgegen. Mehrere Varianten hatte sich der Flugzeugführer ausgedacht, es darf keine Bewegung vorhersehbar sein!

Weit im Norden, am Rande eines großen Waldgebietes stehen starke Truppenverbände. Das Flakfeuer verstärkt sich von Sekunde zu Sekunde. Neben der Maschine hört man wieder das eigenartige Bellen. Der Fernaufklärer erzittert wiederholt. Sprengwolke neben Sprengwolke türmt sich auf. Immer dichter, immer näher kommen die Explosionen.

Da! – ein greller Blitz direkt vor der Kanzel. Eberhard hält sich die Hände vors Gesicht. »O Gott! – Allmächtiger, hilf!« stöhnt er.

Die »Elster« ächzt in allen Fugen. Solch ein konzentriertes Flakfeuer, was jetzt über sie hereinbricht, haben die Männer selbst bei den Flügen über England nicht erlebt.

Hansen versucht verbissen, aus dem Hexenkessel durch ständiges Kurven herauszukommen. Sie sind eingehüllt von unzähligen Sprengwolken jeglichen Kalibers. Jetzt erkennt Eberhard auch den Grund dieses enormen Abwehrgefechtes. Ein großer Verschiebebahnhof liegt unter ihnen, gespickt voll mit Güterzügen, auf denen Panzer, schwere Artillerie, Nachschub- und sonstige Versorgungsgüter auf ihren Transport warten. Ein gepanzerter Flakzug ist zum Schutz dieses wichtigen Bahnhofs eingesetzt.

»Kurs 120° bitte einschwenken, ich muß unbedingt die große Truppenkonzentration am Waldesrand ablichten!« ruft Eberhard.

Die Schneefelder unter ihnen leuchten hell im ersten Morgenlicht. Die Sonnenstrahlen dringen mit Macht in die Täler vor. Für die hochwertigen optischen Geräte reicht das Licht zum Fotografieren gut aus.

»Kurs 120° einschwenken!« wiederholt Eberhard.

»Sind Sie lebensmüde, Oberfähnrich?« brüllt Hansen zurück. Er schwenkt aber trotzdem gehorsam auf 120° ein.

»Richtung und Höhe halten! – Ich lasse die Reihenbildkamera laufen«, kommandiert Eberhard. Hastig zieht er den Hebel, die Elektromotoren summen, und meterweise läuft der Film an der Optik vorbei.

Vieles, was jetzt in der Turbulenz des Fluges verborgen bleibt, wird später im Luftbild sichtbar und erkannt werden. Unter den scharfen Augen der Vergrößerungsgläser können dann die Lichtbildauswerter so manche Schlittenspur im Wald, ja selbst die

Trampelpfade hin zu irgendeinem Gefechtsstand des Feindes ausmachen. Deshalb kommt es auf die Ruhe des Fluges an, um eine bestmögliche Bildqualität zu erreichen.

»Achtung! – Flakstellung nördlich des Waldes!« warnt Springer. »Flak hat abgefeuert!« ruft er sogleich hinterher.

Doch diesmal liegen die Explosionswolken weit entfernt von ihnen.

Schwarzkopf vernimmt auf einmal im Kopfhörer ein Pfeifen, Knacken und Zischen. Quakend hört er von der Bodenfunkstelle irgendeiner Befehlsstelle der Armee:

»Sofort Verbindung aufnehmen mit den Funkern des Heeres.«

»Elster an Tiger, bitte kommen! – Elster an Tiger, bitte kommen!«

Der Stab des Heeres erbat: »Bitte neueste Frontnachrichten durchgeben!«

Blitzschnell hatte Schwarzkopf die Anfrage an Nowak durchgegeben.

»Ich schalte auf Senden!« ruft er ihm zu.

»Achtung! – Elster an alle: ›starke Truppenkonzentration an A und B – zirka zweihundert Panzer und andere Kettenfahrzeuge – Ausladung schwerster Artillerie erkannt – weiter, nicht auszumachende Nachschubgüter – Ladearbeiten im Verschiebebahnhof W – starker Fahrzeugverkehr in Richtung West – Südwest abfließender Verkehr – Truppentransporte mit schweren Waffen Bahnlinie K-H – Fahrtrichtung Nord – marschierende Kolonnen vor Brükkenübergang Z – ›Elster‹ – Ende!«

»Danke, Elster, wir haben verstanden! – Ende!« ruft ein unbekannter Generalstabsoffizier.

Eberhard kriecht aus der Kanzel auf seinen Sitz und schnallt sich fest. Aus der Tasche nimmt er seine Sonnenbrille, ehe er seine Eintragung vom Meldeblock auf die Karte überträgt.

»Mich wundert, daß uns noch keine sowjetischen Jagdflugzeuge in die Quere gekommen sind.«

»An alle! – Verstärkte Aufmerksamkeit auf Feindjäger!« ruft Hansen der Besatzung zu. Die Sonne warf jetzt knallhart ihre Strahlenbündel in die Kanzel, die Nacht war endgültig gewichen, das Land unter ihnen funkelte in makellosem Weiß. Es war eine unvorstellbare, weiße Pracht.

Eberhard blickte auf seine Kompaßuhr. »Wir fliegen ja noch

keine halbe Stunde, Leute! Mir kommt es vor, als wären wir schon eine Ewigkeit in der Luft!«

Schon beim Lehrgeschwader während der Ausbildung war es den angehenden Offizieren von Aufklärern eingebleut worden: »Zu Ihren vordringlichsten Aufgaben gehören nicht die abenteuerlichen Luftkämpfe, nicht die Erfolgsmeldungen über Feindfliegerabschüsse, auch keine Gefechtsberichte über abgeworfene Bomben, nein, meine Herren, Sie haben Ihren Erfolg darin zu suchen, dem Gegner erfolgreich in die gute Stube zu schauen, ihn quasi bei frischer Tat zu ertappen. Nicht töten, sondern wiederkommen und Luftaufnahmen mitbringen, sowie über Funk militärische Bewegungen des Feindes erläutern. Aus Ihren Berichten und Aufnahmen entspinnen sich unsichtbare Fäden für die oberste Heeresführung. Ihre Meldungen sind entscheidend für jede Kompanie, jede Batterie, jedes Bataillon, jedes Regiment und jede Division. Deshalb bleibt es für die Besatzung eines Aufklärungsflugzeugs wichtig, daß jeder auf seinem Posten seine Aufgabe zum gemeinen Nutzen erfüllt.«

Während Eberhard das Bildgerät bediente und mit dem Fernglas weiter entfernte Ziele auszumachen versuchte, mußten Funker und Bordschütze den Himmel nach allen Richtungen hin absuchen, um von keinem feindlichen Jäger überrascht zu werden. Es kam auf das Zusammenspiel aller an, um das Aufklärungsflugzeug unbeschadet und erfolgreich zum Heimatflughafen zurückzubringen.

Die Besatzung der »Elster« ergänzte sich hierin in vorbildlicher Weise. Uwe Hansen, der Flugzeugführer, ist vor dem Krieg Elektrotechniker gewesen. Er mußte besonnen und vorsichtig berechnen, ehe er seine Entscheidungen traf. Als Segelflieger hatte er sich von den nervenaufreibenden Ziselierarbeiten im Forschungslabor der Firma Siemens erholt. Er wäre kaum ein guter Jagdflieger geworden, aber er wurde zum besten Aufklärungsflieger der Gruppe.

Ernst Schwarzkopf, der Funker der Mannschaft, arbeitete im zivilen Beruf als Steuermann auf einem Lotsenboot im Hamburger Hafen. Mit unerschütterlicher Ruhe und umsichtigen Mut mußte er bei starkem Seegang große Ozeanriesen durch die Fahrrinne schleppen. Seine Kaltblütigkeit half der Besatzung und der Maschine in kritischen Situationen über Feindgebiet enorm, auch wenn es manchmal so aussah, als würden ihm alle Gäule durchgehen.

Franz Springer, Stellwerksleiter bei der Reichsbahn, war als Bordschütze durch sein geschultes Auge unersetzlich. Er konnte schnell und entschlossen reagieren und selbst bei schlechtesten Lichtverhältnissen aus 4000 Metern Höhe noch relativ gut den Feind und die Gefahren erkennen. Er entdeckte Bahnhöfe, Schienenstränge, Güterzüge und Nachschublager wie ein Fuchs die Nester von Wühlmäusen.

Eberhard war ja sofort nach dem Abitur zur Wehrmacht eingezogen worden. Sein durch das Fotografieren geschultes Auge sowie seine Kenntnisse auf diesem Gebiet nutzte er, um als Bildbeobachter in einer Aufklärungsstaffel mitzuwirken.

Die Anfänge seines Hobbys hatten ihn Geduld und Nerven gekostet, denn es war nicht einfach, kleine Tiere auf den Film zu bannen. Er hatte zwar das Glück, bei einem guten Bekannten seines Vaters, der in einem Försterhaus in der Nähe der Schorfheide bei Berlin wohnte, seine Ferien verbringen zu dürfen. Mit seiner Kamera in der Hand übte Eberhard damals, die kleinen Geheimnisse der Natur zu erkennen und aufzunehmen. Anfangs war es ein fast aussichtsloses Unterfangen gewesen, denn die Heuschrecken konnten sehr schnell und mächtig weit springen. Die Frösche waren ebenfalls scheußlich flink. Die Blindschleichen verbargen sich blitzschnell im Gras, und eine Eidechse war längst verschwunden, noch ehe er den Auslöseknopf der Kamera betätigt hatte. Wenn er eine kleine Feldmaus an einem Weizenhalm entdeckt hatte, war sie so schnell verschwunden, daß er den Fotoapparat gar nicht erst in Stellung bringen konnte. Interessant war es stets gewesen, wenn er mit dem Förster einen dichten Schirm aus Fichtenzweigen um den Hochstand gebaut und von dort aus im letzten Abendschein die Raubvögel am Himmel kreisen gesehen hatte. Wie hatte ihn das Bild fasziniert, wenn über dem Waldrand ein Habicht seine stillen, engen Kreise zog, und wenn er, nachdem er seine Beute erspäht, sich quasi in der Luft aufbäumte und plötzlich wie ein Stein in die Tiefe stürzte, um sich seine Beute zu holen, dann hatte Eberhard vor Erregung kaum an sich halten können. Schraubte sich der Raubvogel danach mit kraftvollen Flügelschlägen in die Höhe, so erinnerte er sich an den Vers, den er in der Schule gelernt hatte:

»Doch ist es jedem eingeboren,
daß sein Gefühl hinauf und vorwärts dringt,
wenn über uns, im hohen Raum verloren,
ihr schmetternd Lied die Lerche singt;
wenn über schroffen Fichtenhöhen der Adler
ausgebreitet schwebt und über Flächen, über Seen
der Kranich nach der Heimat strebt.«

Sie waren im Moment nicht auf dem Weg zur Heimat, nein, es galt, deutsche Kameraden zu finden, die irgendwo in einem Schneeloch oder Eisbunker sich zu Tode froren und hungerten.

Eberhard wußte nicht, daß sein Bruder Hans dort unten im Inferno der Stadt lag. »Wir müssen bald unsere Last loswerden«, mahnte Hansen. »Achthundert Kilogramm Verpflegung machen die Maschine langsam und schwerfälliger, als sie sonst ist. Falls sowjetische Jäger auftauchen, kommt es auf Schnelligkeit an.«

Die Männer schwiegen, sie wußten sehr genau, wie recht Hansen hatte. Es hieß, die Augen offenzuhalten, denn jeden Augenblick konnte es zur Feindberührung kommen.

Eberhard starrte unentwegt in die Tiefe. Weit ausholend lenkte Hansen die Maschine nach Norden. In leichtem Gleitflug näherten sie sich den eingeschlossenen deutschen Truppen. Eberhard nahm das Doppelfernglas zur Hand. Von unten winkten Soldaten in weißen Schneehemden zu ihnen herauf. Leuchtkugeln stiegen hoch.

»Erkennungssignal abschießen!« rief Hansen, Springer drückte ab.

Der Flugzeugführer steuerte die Maschine noch weiter nach unten. Im Tiefflug raste die JU 88 über die verschneiten Felder. – Die Soldaten winkten. Hansen ließ das Flugzeug mit den Flügeln wackeln. Beim erneuten Anflug sprangen noch mehr Soldaten aus ihren Erdhöhlen. In aller Eile hatten einige von ihnen im Schnee ein Hakenkreuz getrampelt.

»Es sind unsere!« ruft Eberhard.

»Springer, alles fertig zum Abwurf?«

»Rosinen- und Schokoladenbomben zum Abwurf bereit!« antwortet Springer.

Noch einmal steigt von unten ein grünes Erkennungssignal empor.

Für einen günstigen Abwurf muß die Maschine in einer Höhe von 250 Metern fliegen, damit die Fallschirme sich noch öffnen können, bevor die Verpflegungsbomben auf dem Schnee oder Eis aufschlagen und alles auseinanderplatzt.

Hansen nahm das Gas weg und schwebte langsam auf den Menschenhaufen zu.

»Fertig!« rief Hansen.

»Fertig!« antwortete Springer vernehmlich.

Etwa 300 Meter vor dem Ziel ein lautes »Jetzt!« und die Maschine machte einen erleichterten Hopser. Beim Weiterflug kann Springer noch zwei weiße Fallschirme aufgehen sehen. Dann sieht er, wie sich die Meute auf die »Weihnachtsgaben vom Himmel« herstürzt.

Hansen zieht die Maschine rum; die da unten führen währenddessen einen munteren Indianertanz vor Freude auf. Sie winken mit allem, was sie haben.

»Die wertvolle Kampfverpflegung muß ihnen ja wie ein Geschenk des Himmels vorkommen!« erklärt Hansen seinen Kameraden durch die Eigenverständigungsanlage.

»Zirka zwei Kilometer voraus weitere Truppen, Herr Leutnant!« rief Eberhard auf einmal. Die JU 88 donnerte gerade über tief verschneite Bauernhäuser hinweg. Deutsche Soldaten der Infanterie winken ihnen entgegen, ein Offizier schießt das Erkennungssignal.

Wieder lassen sie zwei riesige Behälter mit Nahrungsmitteln zur Erde fallen. Sicher hatten diese armen Kreaturen da unten seit Wochen schon nicht mehr ausreichend Nahrung erhalten. Wie sie da zusammenliefen, aus welchen Erdlöchern sie hervorkrochen, wie sie ihre Hände dem Himmel entgegenstreckten und unverwandt hinaufstarrten, es war ein erbarmungswürdiger Anblick für die Männer in der Maschine.

Eberhard mußte an das Wort der Bibel denken, in dem es hieß: »Der Herr schaut vom Himmel auf die Menschenkinder, daß er sehe, ob jemand klug sei und nach Gott frage. Aber sie sind alle abgewichen und allesamt verdorben; da ist keiner, der Gutes tut, auch nicht einer.«

Weshalb fragen die Menschen in guten Tagen nicht nach Gott?

Er sieht wieder deutsche Landser, die zu ihnen hinaufwinken.

Ihre Maschine nähert sich der Stadt. Dichte Rauchwolken haben das Innenviertel eingehüllt. Ausgebrannte Ruinen starren hinauf in den Winterhimmel. Wo sonst Menschen gewohnt und gearbeitet haben, wo sie schliefen und fröhliche Feste gefeiert, lag jetzt eine ausgestorbene Steinwüste.

Heftiges Abwehrfeuer einer Flak setzte ein, die Wolga kam näher. Sowjetische Panzer und Fahrzeuge aller Art standen jenseits des Flusses in Bereitschaft. Eberhard konnte viele Artilleriestellungen erkennen und zeichnete sie schnell in die Gefechtskarte ein.

»Verbindung zur 6. Armee aufnehmen!« ruft Eberhard dem Funker zu, der sogleich an den Tasten des Funkgeräts herumfingert.

»Diebische Elster an Wolga-Don, bitte kommen!«

»Hier Wolga-Don, ich höre Sie klar und deutlich.«

»Hier ›Diebische Elster‹ – starke Panzerverbände Nord-Ost K-F und S-H, wollen nach Süd-West vorstoßen – stehen drei Kilometer bei G-H – weitere starke sowjetische Verbände an der Bahnlinie O-T.

Abschnürung der nördlichen Verbände kann nur eine Sache von Stunden sein. Südlich Traktorenwerk – gepanzerte Stoßkeile gegen Mittelabschnitt, zirka dreißig Panzer Typ T 34 – Ende.«

»›Diebische Elster‹ – habe verstanden – macht's gut – grüß' die Heimat vom Abgrund der Hölle!«

»Diese armen Hunde«, keucht Hansen, »ist das nicht ein zum Himmel schreiender Skandal! – Tausende müssen krepieren für nichts und wieder nichts!«

Der Leutnant ist außer sich und schäumt vor Wut. Eberhard würgt es in der Kehle. Die Motoren brummen ihr eintöniges Lied.

»Wir müssen noch den Rest der Notverpflegung abwerfen!« meldet Springer.

»Südlich der Bahnlinie bleiben! – Über den eigenen Verbänden abgleiten!« befiehlt Eberhard. Mit dem Fernglas hat er wieder deutsche Truppen erspäht. Die JU 88 fliegt über ein zerstörtes Dorf, aus dem Hunderte, ja Tausende Soldaten heraufwinken. Die letzten Verpflegungsbehälter sausen zur Erde.

»Tadellos!« jauchzt Springer, »die Rosinenbomben sind den Männern direkt vor die Füße gefallen.«

»Heimatkurs!« sagt Eberhard. Die Besatzung der »Elster«

atmet auf, den gefährlichen Luftraum über der verratenen 6. Armee verlassen zu können.

Die Maschine gewinnt in gleichmäßigem Steigflug nun beträchtlich an Höhe. Hansen beobachtet seine Instrumente. Er weiß, wann er die erste und die zweite Frontlinie erreichen kann, er will das feindliche Gebiet unbedingt in der für einen Fernaufklärer nötigen Sicherheitshöhe von 8000 Metern überfliegen. Die Außentemperatur beginnt zu sinken, in der Maschine wird es merklich kühler. Sie müssen die Sauerstoffmasken wieder anlegen, um Atemluft aus den Flaschen zu tanken. Die Masken mit den langen Schläuchen, die zu den Sauerstofflaschen führen, geben ihren Gesichtern ein tierhaftes Aussehen.

Gleichmäßig summen die Motoren dem Feldflughafen entgegen.

Treibjagd durch Berlin

Die Glocken der Kirchen von Jerusalem schlugen schon die zweite Stunde des neuen Tages, als Ruth das Manuskript endlich zur Seite legte. Sie löschte das Licht der Nachttischlampe und schloß ihre brennenden, ermüdeten Augen.

Nach einem erquickenden, kurzen Tiefschlaf erwachte sie bereits wieder um 6 Uhr morgens. Es war auch Zeit für sie, das Frühstück für ihre Gäste vorzubereiten. Schnell war sie mit ihrer Morgentoilette fertig. Danach richtete sie ein ausgiebiges, israelisches Frühstück her mit Quark und Früchten, Weißbrot, Konfitüren, Käse und Fisch. An diesem Tage standen weitere Besichtigungen von Sehenswürdigkeiten des jungen Staates Israel auf dem Plan.

Der Touristenrummel, der sie bald umgab, ließ keine innere Besinnung oder göttliche Andacht aufkommen, deshalb entfernten sich die vier sehr bald aus der Stadtmitte und stiegen den Ölberg hinauf. Abseits vom Getümmel, auf dem Weg vorbei an den Gräbern vornehmer Juden, genießen sie das schöne Panorama der Heiligen Stadt. Das steinerne Band der alten Stadtmauer flimmert weißlich im intensiven Sonnenlicht. Diese große, gewaltige Mauer scheint nur mühsam all die Kirchen, Moscheen, alte und neue Häuser zusammenhalten zu können. Weithin leuchtet die Kuppel des Felsendomes, die Türme der Kirchen und der Minaretts ragen hoch hinaus.

»Dort unten«, erklärt Ruth ihnen, »im Kidrontal, befindet sich die Gihonquelle mit dem Tunnel des Hiskia, das Wasser fließt bis zum Teich Siloah. Im Kidrontal findet man das Grab des Absalom mit dem merkwürdigen, tütenförmigen Dach und das Grab des Zacharias mit der pyramidenförmigen Spitze. Beide Gräber sind von hier aus nicht zu sehen.«

Ruth wendet sich und sagt: »Neben der Kirche der Nationen, dort am Garten Gethsemane, leuchten die sieben goldenen Zwiebeltürme der Maria-Magdalena-Kirche hervor. Im Jahre 1888 ließ Zar Alexander III. diese Kirche zum Andenken an seine Mutter im russischen Baustil des 17. Jahrhunderts errichten. Die Kirche mit dem angrenzenden Kloster gehört der weißrussischen, orthodoxen Kirche an. Wenn sie nachts angestrahlt ist, meint man, vor der Kremlmauer in Moskau zu stehen.«

»Man sollte die Kirche im Dorf lassen«, meinte Eberhard. »Dr. Martin Luther hatte recht, als er sagte: ›Die rechte, wahre Kirche ist ein ganz kleines Häuflein, hat kein oder nur wenig Ansehen, sie liegt unter dem Kreuz. Aber die falsche Kirche ist prächtig, blüht auf und hat ein großes Ansehen – wie einst Sodom und Gomorrha.‹ Vom Weihrauch, den Bildern und Kerzenständern, dem Gold und Silber der sogenannten heiligen Reliquien kann einem in der Tat schlecht werden. Mir wäre wohler, wenn wir uns mehr abseits hielten.«

»O ja, Eberhard, ich weiß einen Ort der Einkehr, wo wir mehr Ruhe haben, am Gartengrab, das die Protestanten als die echte Grabstelle Jesu ansehen. Dort kann man sich das wirkliche Golgatha besser im Geiste vorstellen.«

So wandern die vier zum Gartengrab. In dem schönen Garten, unter schattigen Bäumen, haben sich einige Gruppen versammelt, um das heilige Abendmahl zu feiern. Es sind Holländer, Amerikaner und Schweden. Es werden in verschiedenen Sprachen die bekannten Worte aus der Heiligen Schrift vorgelesen:

»Der Herr Jesus in der Nacht, da er verraten ward, nahm das Brot, dankte und brach's und sprach: Nehmet, esset, das ist mein Leib, der für euch gegeben wird; solches tut zu meinem Gedächtnis.«

Eberhard setzt sich mit den drei Frauen etwas abseits nieder. Sie denken gemeinsam an das Leiden und Sterben des Sohnes Gottes und seine Auferstehung. Zuletzt liest Eberhard noch die Begebenheit von Gethsemane: »Da kam Jesus mit ihnen zu einem Hofe, der hieß Gethsemane, und sprach zu seinen Jüngern: Setzet euch hier, bis daß ich dorthin gehe und bete.

Und er nahm zu sich Petrus und die zwei Söhne des Zebedäus und fing an zu trauern und zu zagen.

Da sprach Jesus zu ihnen: Meine Seele ist betrübt bis an den Tod; bleibet hier und wachet mit mir!

Und er ging hin ein wenig, fiel nieder auf sein Angesicht und betete und sprach: Mein Vater, ist's möglich, so gehe dieser Kelch an mir vorüber; doch nicht wie ich will, sondern wie du willst!

Und er kam zu seinen Jüngern und fand sie schlafend und sprach zu Petrus: Könnet ihr denn nicht *eine* Stunde mit mir wachen?

Wachet und betet, daß ihr nicht in Anfechtung fallet! Der Geist ist willig; aber das Fleisch ist schwach.

Zum andern Mal ging er wieder hin, betete und sprach: Mein Vater, ist's nicht möglich, daß dieser Kelch an mir vorübergehe, ich trinke ihn denn, so geschehe dein Wille! Und er kam und fand sie abermals schlafend, und ihre Augen waren voll Schlafs. Und er ließ sie und ging abermals hin und betete zum dritten Mal und redete dieselben Worte.

Da kam er zu seinen Jüngern und sprach zu ihnen: Ach, wollt ihr nun schlafen und ruhen? Siehe, die Stunde ist da, daß des Menschen Sohn in der Sünder Hände überantwortet wird. Stehet auf, laßt uns gehen! Siehe, er ist da, der mich verrät!«

Verstaubt und ziemlich ermüdet kamen die vier am frühen Nachmittag heim. Nach dem Essen und einem erholsamen Nachmittagsschlaf saßen sie am Abend wieder beieinander, um die leichte Nachtkühle des seichten Ostwindes über Jerusalem zu genießen.

»Liebe Ruth, magst du uns hier noch einmal erzählen, wie es dir nach deinem Verschwinden aus unserer Wohnung ergangen ist? Eberhard hat ja manches noch nicht erfahren, was du mir schon in Deutschland erzählt hast.«

»Ach Mutter, vielleicht möchte Ruth gar nicht mehr an diese unglückselige Zeit erinnert werden«, gibt Eberhard zu bedenken und nickt ihr verständnisvoll zu.

»Nein, nein, Eberhard, ich finde es ganz gut, wenn man von Zeit zu Zeit mal darüber spricht. Mir ist danach immer, als würde ein Alptraum weichen und die Tage der Vergangenheit mehr und mehr von ihrer Bitterkeit verlieren.«

Sie holt tief Luft, um dann möglichst sachlich zu erzählen.

»Nach der Razzia durch die Partei- und die Luftschutzfunktionäre hetzte ich damals in Windeseile zur S-Bahnstation Blankenburg und fuhr durch die Stadt. In Friedenau hatte damals eine Schulfreundin von mir gewohnt. Sie fiel mir ein, aber ob sie dort noch sein würde, wußte ich natürlich nicht. – Leider war sie verzogen. Da stand ich nun und wußte nicht, wohin.

Ich mußte wohl einen sehr hilflosen Eindruck gemacht haben, als mich plötzlich eine Diakonisse ansprach: ›Verzeihen Sie, kann ich Ihnen irgendwie helfen? Sie sehen so traurig aus.‹

Mir kamen die Tränen. Die Unbekannte legte ihren Arm um

meine Schultern und sagte dann: ›Kommen Sie nur mit mir, ich wohne ganz in der Nähe.‹ Wie ein gehorsames Kind ging ich mit der Fremden. Sie stellte keine weiteren Fragen, sondern sagte nur: ›Wissen Sie, Gott im Himmel kennt Ihre Not, und unser himmlischer Vater hat immer einen Ausweg.‹ Ich nickte wohl, konnte mich aber innerlich nicht beruhigen. In der Wohnung der evangelischen Schwester war alles sehr einfach und sauber. Über dem Sofa hing ein Wandspruch: ›Rufe mich an in der Not, so will ich dich erretten, so sollst du mich preisen.‹

Sogleich kam mir eure Wohnung in den Sinn, und ich mußte daran denken, wie ich diesen Spruch damals zuerst über dem Schreibtisch von Vater hängen gesehen hatte. Schwester Eva, so hieß die Diakonisse, nahm mir meinen Mantel und mein Gepäck ab.

›Ich muß Ihnen erst etwas sagen‹, begann ich, aber Schwester Eva legte mir ihren Zeigefinger auf die Lippen und flüsterte: ›Als ich heute früh meine Morgenandacht hielt, las ich folgende Worte: ›. . . denn ich bin hungrig gewesen, und ihr habt mich gespeist. Ich bin durstig gewesen, und ihr habt mich getränkt. Ich bin ein Gast gewesen, und ihr habt mich beherbergt‹. Das tue ich jetzt bei Ihnen!‹

›Ja, aber . . .‹, sagte ich und wollte ihr erzählen, wen sie da aufgenommen habe. Aber sie schnitt mir das Wort ab und meinte: ›Man soll nicht alles wissen. Der Herr hat mir vor einigen Tagen in einem Traum einiges offenbart, das genügt wohl. Für einige Tage sind Sie mein Gast, und alles andere wird sich finden.‹

Ich kam aus dem Staunen nicht heraus, sollte es wirklich solche direkten Verbindungen zu dem ewigen Gott geben?«

Ruth blickt in die Runde. Frau Nowak, ihr Sohn und Maria, die Schwiegertochter, hören mit größter Aufmerksamkeit zu.

»So blieb ich also einige Tage in der kleinen Wohnung, besorgte, so gut ich es konnte, den Haushalt und vermied jeglichen Kontakt mit der Außenwelt. Zum Glück hatte Schwester Eva kein Telefon, sonst wäre ich bestimmt in Versuchung gekommen . . .«, sie blickt hinüber zu ihrer deutschen Mama, »euch anzurufen! Ich konnte mir doch lebhaft vorstellen, was für Sorgen ihr euch um mich machen würdet. Eines Tages sagte Schwester Eva: ›Ich habe eine Stelle für dich in der Wäscherei unseres Diakonissenheims. Möchtest du sie annehmen?‹

›Aber ich habe doch keine ordnungsgemäßen Papiere‹, antwortete ich.

›Das wird sich finden, die Oberin weiß über alles Bescheid. Du bekommst dort ein Einzelzimmer und arbeitest tagsüber mit einer Frau zusammen, die taubstumm ist. Für dich ist nur wichtig, mit keiner Krankenschwester, keiner sonstigen Angestellten, auch keiner Patientin Kontakt aufzunehmen. Dein kleines Zimmer ist keine zwanzig Meter von deinem Arbeitsplatz entfernt.‹

Ich war heilfroh über dieses Angebot und willigte ein.

Der taubstummen Mitarbeiterin wurde ich als Fräulein Ruth vorgestellt. Da sie sprach- und hörbehindert war, kam außer den betrieblichen Angelegenheiten kein privater Kontakt zustande. Wenn sie Anstalten machte, etwas mit großer Gestik anzudeuten, krähte sie förmlich: ›Uuut‹, dann legte ich schnell einen Finger auf den Mund und bedeutete ihr, sie solle ruhig sein. Ein besonderes Problem bestand allerdings, und zwar der Fliegeralarm, denn ich konnte nicht in den Luftschutzkeller gehen, sonst hätte man mich als Fremde entdeckt und auch angesprochen. Da unser Arbeitsbereich parterre lag, durfte ich dort bleiben und der Taubstummen behilflich sein, die sich von eh und je geweigert hatte, in den Luftschutzkeller zu gehen. Schwester Eva besuchte mich oft, wenn sie Dienstschluß hatte, brachte mir die neuesten Nachrichten, denn ich war ja quasi von der Außenwelt abgeschnitten. Sie las mir auch aus der Bibel vor, denn sie war davon überzeugt, daß Hitler der Bösewicht war, von dem der Apostel Paulus schon geschrieben hatte.«

Ruth nahm ihre Bibel zur Hand, die neben der Menorah lag, blätterte kurz darin und las dann ihren deutschen Gästen die besagte Bibelstelle aus dem Brief des Apostels Paulus an die Thessalonicher vor:

»›Lasset euch von niemand verführen in keinerlei Weise; denn er kommt nicht, es sei denn, daß zuvor der Abfall komme und offenbart werde der Mensch der Sünde, der Sohn des Verderbens, der da ist der Widersacher und sich überhebt über alles, was Gott oder Gottesdienst heißt, so daß er sich setzt in den Tempel Gottes und vorgibt, er sei Gott. Erinnert ihr euch nicht daran, daß ich euch solches sagte, da ich noch bei euch war? Und ihr wisset, was ihn noch aufhält, bis er offenbart werde zu seiner Zeit. Denn es regt sich bereits das Geheimnis des Frevels, nur daß, der es jetzt aufhält, erst muß hinweggetan werden; und alsdann wird der Frevler offenbart werden, welchen der Herr umbringen wird mit dem Hauch seines Mundes und wird ihm ein Ende machen durch seine Erscheinung, wenn er kommt. Denn der Frevler wird auftreten in der Macht des Satans mit allerlei lügenhaften Kräften und Zeichen und Wundern und mit allerlei Verführung zur Ungerechtigkeit bei denen, die verloren werden, weil sie die Liebe zur Wahrheit nicht haben angenommen zu ihrer Rettung. Darum sendet ihnen Gott auch kräftige Irrtümer, daß sie glauben der Lüge, auf daß gerichtet werden alle, die der Wahrheit nicht geglaubt haben, sondern haben Lust an der Ungerechtigkeit.‹

Schwester Eva meinte zu diesem Text, die Deutschen wären auf die lügenhaften Kräfte, Zeichen und Wunder dieses Hitler hereingefallen, weil sie die Liebe zur Wahrheit so wenig beachtet, und darum habe ihnen Gott kräftige Irrtümer gesandt, daß sie an Hitler glaubten, als wäre er der Messias für Deutschland. Hitler sei der Widersacher Gottes und wolle das Volk Gottes, nämlich die Israeliten, vernichten und sich selbst zum Gott erheben. Wiederholt wies Schwester Eva auf besondere Stellen im Text der Bibel hin, vor allen Dingen aus den Propheten und bat mich, die Bibelstellen, die sie angekreuzt hatte, mehrmals zu lesen.

Wenn wir miteinander sprachen, so geschah es stets im Flüsterton, denn es sollte niemand Stimmen hören, wenn er an den unteren Räumen vorbeiging. So war ich dort für Monate relativ sicher und geborgen.

Eines Tages jedoch stürmte Schwester Eva in mein Zimmer und sagte ganz außer sich, daß die Frau Oberin aufgrund einer Anzeige verhaftet worden sei, weil sie angeblich in ihrer Wohnung Juden versteckt habe. Ich müsse noch heute nacht das Krankenhaus verlassen. Sie nannte mir eine Adresse, einen Möbelfabrikanten, der in Berlin-Pankow wohne und Martini heiße. Der könne mir weiterhelfen. Sie würde mich dorthin begleiten, damit ich nicht etwa durch eine Paßkontrolle in Schwierigkeiten gerate.

Eine Welt brach für mich zusammen, mir wurde so schlecht, ich dachte, ich müsse umfallen. Schwester Eva half mir beim Zusammenpacken meiner wenigen Habseligkeiten. Während ich hemmungslos weinte, sprach sie mir immer wieder Mut zu. ›Sieh, Ruth, als David vor seinen Feinden auf der Flucht war, vertraute er seinem Gott, ja, er dichtete sogar Psalmen in der Zeit. Ich werde dich stets in meine Gebete einschließen, und ich glaube fest, daß Gott seinen Engeln befohlen hat, dich zu behüten auf all deinen Wegen! Du wirst diesen grausamen Krieg überleben und wieder frei sein und eines Tages glücklich werden.‹

In der Dunkelheit schlichen wir uns aus dem Krankenhaus, gingen zur nächsten S-Bahn-Station und fuhren bis Friedrichstraße. Als ich den Fernbahnhof sah, mußte ich sofort an Hans denken und an den letzten Abschied. Wo mochte er jetzt wohl sein? dachte ich. Hatte er mich noch lieb? Lebte er überhaupt noch?«

»Schwester Eva hatte uns damals ja über deinen Verbleib telefonisch unterrichtet. Wir haben uns so sehr über ihren Anruf gefreut«, wirft Frau Nowak ein.

Ruth streicht sich eine leicht ergraute Haarsträhne aus der Stirn.

»Herr Martini war an dem Abend sehr lieb zu mir, aber er konnte mich unmöglich beherbergen, da er schon alle Winkel seines Hauses mit Juden gefüllt hatte und auch nur männlichen Juden Unterschlupf gewähren konnte. Er gab uns aber eine andere Adresse, und zwar die von einer Familie Hartmann. Der Mann wäre Kohlenhändler und habe erst am Morgen mit ihm über die letzten furchtbaren Ausschreitungen gesprochen, er würde mir sicher irgendwie helfen können. Nach einem kurzen, gemeinsamen Gebet gingen wir wieder zur S-Bahn. Schwester Eva brachte mich auch noch bis zur Familie Hartmann. Schwester Eva flüsterte mir zu: ›Vertraue Gott, denn er hat seinen Engeln befohlen, über dir zu wachen! Denk immer daran, daß er dich behütet auf all deinen Wegen!‹ Sie wischte sich ein paar Tränen aus den Augenwinkeln. Sie verabschiedete sich kurz, denn sie mußte schnellstens zurück und hatte ja schon viel Zeit für mich geopfert.

Ich klingelte an der Wohnungstür und hörte Stimmen im Flur.

Die Tür öffnete sich, ein großer Mann stand vor mir. ›Sie wünschen?‹ fragte er. Ich entschuldigte mich, daß ich zu so später Stunde noch bei ihm störte und sagte noch, daß Herr Martini mich zu ihm geschickt habe. ›Er hat gemeint, Sie würden mir helfen können‹, sagte ich zaghaft und hielt dabei krampfhaft meine Tasche fest, weil ich mich sehr fürchtete.

›Bitte, kommen Sie doch herein, bleiben Sie nicht draußen

stehen, Fräulein . . .? Wie war doch Ihr Name, wenn ich fragen darf?‹

›Engelmann, Ruth Engelmann‹, dabei war mir recht mulmig zumute, daß ich schon wieder in eine fremde Wohnung eindrang. Frau Hartmann, eine bieder aussehende Hausfrau im mittleren Alter, kam aus der Küche.

›Sieh, Mutter, Herr Martini schickt uns eine liebe Bekannte‹, erklärte er wie selbstverständlich.

›Legen Sie doch bitte ab und treten Sie näher‹, forderte er mich auf. Die Tür verschloß er sorgsam.

›Ich bin schon seit einigen Monaten auf der Flucht‹, nahm ich das Gespräch wieder auf. ›Man wollte mich ja eigentlich bei Herrn Martini unterbringen, aber dort erfuhr ich, daß er nur Männer aufnehmen kann. Deshalb hat er mich an Sie verwiesen.‹

›Schon gut, kommen Sie nur in die Küche‹, sagte Frau Hartmann und nahm mich am Arm, um mich an den Tisch zu geleiten. Ohne zu fragen, stellte sie gleich einen dritten Teller dazu und legte ein weiteres Besteck daneben. Ich fühlte mich ziemlich erschöpft und nahm auf der Küchenbank Platz. Während der Mahlzeit erzählte ich ihnen so nach und nach aus meiner Vergangenheit, von der Verhaftung meiner Eltern, dem Beginn meiner Flucht.

›Nun weiß ich nicht mehr, wohin und hatte so fest gehofft, bei Herrn Martini unterzukommen. Ich möchte Sie ja nicht in Gefahr bringen, aber vielleicht ginge es wenigstens für eine Nacht?‹

›Für eine Nacht? Aber, aber, mein liebes Kind, wohin wollen Sie danach? Nein, nein, vorerst bleiben Sie mal bei uns‹, sagte Herr Hartmann entschieden. ›Auf dem Boden können wir Sie nicht unterbringen, denn in diesem Haus wohnen nicht nur anständige Leute, aber bei uns in der Wohnung haben wir Platz, denn ich bin Kohlenhändler und habe meine Lagerräume darunter. Eine Lösung werden wir schon finden.‹

Frau Hartmann blickte mich liebevoll von der Seite an und sagte: ›Essen Sie sich nur richtig satt! Fühlen Sie sich bei uns wie zu Hause.‹

Meine innere Spannung begann zu weichen, nur in den Knien fühlte ich noch ein leichtes Zittern.

›Wenn aus irgendeinem Grund aber eine Hauskontrolle kommt, was machen Sie dann?‹ fragte ich ängstlich.

›Es wird schon keine kommen‹, erwiderte Frau Hartmann, ›und außerdem werden wir Sie gut verstecken. Ruhen Sie sich erstmal im Wohnzimmer ein bißchen aus, inzwischen wollen wir für Sie den Unterschlupf einigermaßen wohnlich und vor allen Dingen sicher – ich meine gestaposicher – machen.‹

Ihr Mann ging sogleich ans Werk, während Frau Hartmann mir die anderen Räume der Wohnung kurz zeigte, damit ich im Bilde war. Von ihrem Schlafzimmer aus führte eine Tür in eine danebenliegende Abstellkammer. Berliner Wohnhäuser waren vielfach so gebaut, daß gewisse Nebenräume von der Straße her nicht erkennbar waren. Niemand im Haus wußte, daß es direkt unter der Treppe des Hausflures, der zu den anderen Wohnungen führte, noch einen kleinen Raum gab. Diese Kammer befand sich nämlich nur im Erdgeschoß. Da Herr Hartmann dieses Haus von seinem Vater geerbt und keine andere Familie diese Erdgeschoßwohnung je bewohnt hatte, sie sich auch nicht erinnern konnten, diesen Raum je einem Fremden gezeigt zu haben, wurde er jetzt zu einem idealen Versteck. Herr Hartmann hatte die Tür zwischen dem Schlafzimmer und dem Nebenraum ausgehoben und den schweren Schlafzimmerschrank davorgewuchtet. Die Rückwand des Schrankes ließ sich durch einen geübten Griff leicht zur Seite schieben. Ein Riegel war an der Außenwand so angebracht, daß er nur vom Nebenraum her geöffnet werden konnte. Es war mir also möglich, jederzeit aus meinem Versteck zu verschwinden. Kein Fremder konnte ahnen, daß sich hinter dem Kleiderschrank ein Durchlaß zu einem Nebenraum befand.

›Wir können alles nur in Gottes Hände legen und ihm allein vertrauen!‹ sagte Frau Hartmann.

Ich bemerkte schnell, daß diese Hartmanns auch täglich in der Bibel lasen und nach den Geboten Gottes lebten. Noch am selben Abend hatte Herr Hartmann, als wir am Küchentisch saßen, den Tagesspruch aus dem Losungsbuch vorgelesen: ›Aber wie ein Vogel dahinfliegt, der aus dem Nest vertrieben wird, so werden sein die Töchter Moabs an den Furten des Anon. Sammelt Rat, haltet Gericht, mache deinen Schatten des Mittags wie die Nacht; verbirg die Verjagten, und melde die Flüchtlinge nicht!‹

›Mutter!‹ rief damals Herr Hartmann, ›hast du das gehört? Das ist die Antwort für uns heute: Verbirg die Verjagten und melde die Flüchtlinge nicht! – Mein Gott, kann der Schöpfer denn noch eindeutiger zu uns reden? Ist das nicht sein Wort zur rechten Zeit? Da können wir doch sagen, daß er uns immer Antwort gibt! Ja, hör nur, es geht ja noch weiter: Laß meine Verjagten bei dir herbergen . . .‹

Herr Hartmann faltete seine Hände und betete: ›Allmächtiger, gnädiger Gott, wir danken dir aus tiefstem Herzen für diese eindeutigen Worte, du hast sie uns zur rechten Stunde vorgelegt. Du selbst hast uns Fräulein Engelmann ins Haus geschickt, du hast sie bisher bewahrt unter deinen allmächtigen Flügeln. Deutlicher konntest du gar nicht zu uns reden. Wir wollen sie bei uns beherbergen, solange du keine andere Weisung erteilst. O Vater im Himmel, erbarme dich über alle Flüchtlinge in der Stadt, ja in ganz Deutschland, die nicht ein noch aus wissen und irgendwo umherirren. Dein ist das Reich und die Kraft und die Herrlichkeit, Amen.‹

›Ja, Fräulein Engelmann, das ist unser Gott! Diese Worte hat der Prophet Jesaja schon damals niederschreiben müssen, damit wir heute eine Antwort vom Schöpfer bekommen konnten und wir nun wissen, wie wir uns in dieser Situation verhalten sollen.‹ Er las dann noch einmal die Worte mit Nachdruck: ›Verbirg die Verjagten, melde die Flüchtlinge nicht – laß meine Verjagten bei dir herbergen . . .‹

›Sehen Sie, so treu ist unser Vater im Himmel! Da wollen wir nun auch gehorsam sein und im übrigen . . .‹, er tippte mit der rechten Hand an seine Brust: ›Wenn wir das herrliche Gotteswort heute nicht gelesen hätten, ich meine, dieses hier, dann wären Sie aber trotzdem bei uns geblieben. Ich hoffe, es gefällt Ihnen hier.‹

Mir schien alles wie ein Traum. Ich konnte einfach nur noch sagen: ›Danke, vielen Dank. Sie sind so lieb zu mir, wie soll ich das nur alles wieder gutmachen? Das Schlimme für mich ist, daß ich kein Geld und keine Lebensmittelkarten habe‹, fügte ich hinzu.

Herr Hartmann ergriff meine Linke und antwortete: ›Nun mal ganz ruhig! Wer hat Ihnen gesagt, daß Sie uns etwas schuldig seien? – Wir sind schuldig, wenn wir ihnen in dieser Zeit nicht helfen! Das ist meine Meinung, denn alle Deutschen müßten sich für das, was in unserem Vaterland gerade jetzt passiert, bei den Angehörigen Ihres Volkes tausendmal entschuldigen! Ich schäme mich, ein Deutscher zu sein, denn diese abgrundtiefe Verirrung und die unsagbar große Schuld, die unsere Leute auf sich laden, bedrücken mich zutiefst. Nein, nein, Fräulein Engelmann, nicht Sie, sondern wir sind Ihnen was schuldig! – Nur vorsichtig müssen Sie sein. Kommen Sie tagsüber bitte nur bis in unser Schlafzimmer, denn in der Küche oder im Wohnzimmer halten sich oftmals irgendwelche Besucher auf, Freunde, Bekannte oder – manchmal auch der Steuerberater. Bei Fliegeralarm müssen Sie zwar in Ihrem kleinen Gehäuse bleiben, aber dort sind Sie genauso sicher wie im Keller. Ich hoffe nur, Sie fürchten sich darin nicht, oder?‹

›Nein – nein‹, versicherte ich ihm, ›ich danke Ihnen noch einmal für Ihre Liebe. Ich würde mich aber sehr gern erkenntlich zeigen und Ihnen gewisse Arbeiten im Haushalt abnehmen, vielleicht Wäsche bügeln oder nähen und stopfen, was ich ja im Diakonissenkrankenhaus gelernt habe.‹

Frau Hartmann legte ihren Arm um meine Schultern und meinte überlegend: ›Das wäre gar nicht schlecht, Fräulein Engelmann, ich schneidere nämlich für den Privatgebrauch und manchmal auch für die Nachbarschaft. Aber noch eine Frage, wenn ich neugierig sein darf? Natürlich brauchen Sie uns auch keine Antwort zu geben, aber wir wüßten gern, wo sich Ihre Eltern befinden oder haben Sie vielleicht noch andere Verwandte hier in Berlin?‹

›Meine Eltern wurden vor einiger Zeit verhaftet und in einem Lastwagen mitgenommen. Wohin, weiß ich nicht. Seitdem habe ich nichts mehr von ihnen gehört. Meine anderen Verwandten sind ebenfalls alle fortgeschafft worden, ich glaube, daß ich wohl die noch einzige Überlebende bin.‹

Von draußen hörte man plötzlich ein dumpfes Klopfen, fast wie ein Gestampfe. Ich fuhr erschrocken zusammen: ›Was ist denn das?‹

›Haben Sie nur keine Angst, das sind die Pferde im Stall. Seit wir keinen Lastwagen mehr fahren dürfen, haben wir unseren Betrieb wieder auf Pferde umgestellt. Wir müssen ja täglich Kohlen fahren. Das Stampfen werden Sie nun öfter hören, auch in der Nacht, darum müssen Sie nicht erschrecken.‹

Gedämpft hörte man von der Straße die Geräusche fahrender Autos und Straßenbahnen. ›So, und nun mache ich Ihnen noch eine Wärmflasche fürs Bett, denn die Betten sind lange Zeit nicht benutzt, sie haben auf dem Dachboden gelegen. Mein Mann wird Ihnen außerdem noch ein kleines Heizöfchen reinstellen, damit

Sie nicht frieren müssen. Die unbenutzte Kammer ist wohl etwas klamm und feucht. Aber mit der Zeit wird es austrocknen. Tagsüber können Sie sich jedoch jederzeit in unserem Schlafzimmer aufhalten. Falls Sie noch was auf dem Herzen haben, Sie dürfen uns alles sagen.‹

›Ja, da hätte ich eine Bitte. Da ich nun schon monatelang unterwegs bin, möchte ich darum bitten, daß Sie Herrn Nowak anrufen und ihm sagen, wo ich mich befinde und daß es mir gut ginge. Falls Post für mich da wäre . . .‹ mir fuhr ein Stich durchs Herz, bestimmt war ich auch rot im Gesicht, denn soeben hatte ich behauptet, in Berlin keine Verwandten mehr zu haben, und nun fragte ich nach Post. Von wem sollte ich denn Post bekommen? – Hartmanns aber schienen es offensichtlich nicht zu bemerken.

›Ich denke, das machen wir anders, Fräulein Engelmann‹, sagte Herr Hartmann. ›Mit dem Anrufen ist das so eine Sache, denn die Spitzel hören heutzutage überall mit. Doch ich werde in nächster Zeit einmal nach Blankenburg hinausfahren und die Familie Nowak aufsuchen, um ihr persönlich von allem zu berichten. Vielleicht kann ich schon den kommenden Samstag hinfahren, bis dahin werden sich die guten Leute noch gedulden müssen.‹

›Nun kommen sie, Fräulein Engelmann, es ist ja schon ziemlich spät. Hoffentlich gibt es heute mal keinen Fliegeralarm. Sie sind bestimmt sehr müde. Wenn Sie nachts mal raus müssen, ich habe Ihnen einen Eimer hingestellt.‹ Frau Hartmann ging mir in die Kammer voraus, in der ein Feldbett stand, ein kleiner Tisch und ein Stuhl. ›Ihre Sachen können Sie hier hinter diesen Vorhang hängen, dort ist eine Wäscheleine aufgespannt. Einen Schrank können wir Ihnen leider nicht bieten bei dieser Enge. Das Fenster ist auch nur winzig und sieht einem Stallfenster ähnlich, aber für frische Luft ist dadurch gesorgt, glaube ich. Wenn Ihnen irgend etwas fehlen sollte, was Sie unbedingt brauchen, sagen Sie es nur, wir werden uns bemühen. Wir werden auch jeden Tag für Sie beten. So, und nun wünsche ich Ihnen eine gute Nachtruhe, Fräulein Engelmann.‹

Frau Hartmann gab mir unversehens einen Gutenachtkuß auf die Stirn, ehe sie durch die Geheimtür des Schlafzimmers verschwand.

Zunächst begutachtete ich erstmal diese Geheimtür. Die Sperrholzwand des Schrankes war so hergerichtet, daß sich das dünne

Holz von innen hochbiegen ließ, wenn die Tür zur Kammer geöffnet war. Hatte man die Tür geschlossen, konnte man die Sperrholzwand nicht wegbiegen, man mußte dazu erst den Schrank von der Wand abrücken. Für mich war es ein ideales Versteck. Außerdem war an der Rückseite ein kleiner Riegel angebracht, eine zusätzliche Sicherung, die mich sehr beruhigte. Das kleine Fenster lag an einem Luftschacht neben dem Stall und den Lagerräumen. Niemand konnte dieses Fenster sehen. Um es zu entdecken, hätte man aufs Dach steigen und von dort oben in den schmalen Schacht hinunterschauen müssen. Ich war ja so dankbar für diesen Unterschlupf, doch als ich mich auf das Bett setzte, überkam mich nochmals das heulende Elend, und ich weinte hemmungslos. Ich kam mir vor wie eine Ratte, die sich im Dunkeln verstecken muß, heimatlos, von allen, mir lieb gewordenen Menschen immer wieder getrennt. Ich fühlte mich trotz der Liebe und Opferbereitschaft meiner neuen Wirtsleute so maßlos einsam, gejagt und verlassen. Ich saß da wie eine Strafgefangene, die sich zum erstenmal mit einer Gefängniszelle vertraut machen muß. Nachdem ich mich schließlich beruhigt hatte, packte ich noch meine wenigen Habseligkeiten aus und las in meiner kleinen Taschenbibel: ›Wende dich, Herr, und errette meine Seele; hilf mir um deiner Güte willen! Denn im Tode gedenkt man dein nicht, wer will dir bei den Toten danken?‹

Immer wieder mußte ich auch daran denken, ob Vater und Mutter wohl noch am Leben waren? Ob sie noch danken und überhaupt noch an den Gott Abrahams, Jakobs und Isaaks denken konnten? – Ich lag auf meinem neuen Bett und fühlte mich so elend. Auch Hartmanns waren dabei, ins Bett zu gehen. Durch die dünne Schrankwand hörte ich noch, wie sie sich über das Problem mit den Juden unterhielten. Herr Hartmann berichtete seiner Frau, was er unterwegs erfuhr. ›Großer Gott, es ist nicht auszudenken, wieviel Unrecht in unserem Land geschieht, was allein in Berlin so alles passiert! Heute habe ich wieder etwas Entsetzliches gehört, als ich bei Martinis die Kohlen ablieferte.‹

›Und was hast du gehört?‹ fragte Frau Hartmann.

›Na ja, was passiert, wenn sie einen erwischen.‹

›Was geschieht, wenn sie wen oder was erwischen?‹

›Was uns auch passiert, wenn wir den Mund nicht halten!‹ entgegnete Herr Hartmann ganz erschöpft.

›Ja, was denn, Mann, du läßt dir aber jedes Wort aus der Nase ziehen.‹

›So, willst du es wirklich wissen? Sie werden ebenfalls alle vergast!‹

›Was sagst du? Vergast? – Aber das können die doch nicht machen!‹

›Ja, ja, wie sie es mit den Juden machen, diesen armen Kreaturen, die sie einfach in Gaskammern sperren und mir nichts, dir nichts vergasen, so machen sie es mit deren Helfern auch!‹

›Aber Erich, das kann ich einfach nicht glauben! Ist das nicht nur feindliche Propaganda? Das tun doch unsere Deutschen nicht!‹

Nach einer kurzen Zeit des Schweigens fragte sie ihren Mann: ›Warum unternehmen wir denn nichts, wenn das so ist?‹

›Aber, ich bitte dich, was sollen wir denn unternehmen? Das wäre fast so, als wollte ein Kanarienvogel versuchen, aus seinem Käfig auszubrechen. Wir sind von eisernen Stäben eines antichristlichen Systems umgeben, quasi vom teuflischen Ungeist aus der Hölle in eine politische Zwangsjacke gesteckt! – Wir können nur eins: beten – beten und nochmals beten!‹

›Großer Gott, wenn das einst die Menschheit zu erfahren bekommt, was in unserem christlichen Land möglich ist‹, seufzte sie vernehmlich.

›Das ist noch nicht das Schlimmste, finde ich, aber ich frage mich doch täglich, was man gegen dieses himmelschreiende Unrecht wirklich tun kann! – Heute nachmittag, als ich zu Martinis kam, das heißt, als ich überraschend in die Werkstatt eintrat, huschte dort eine ganze Meute junger Leute und auch einige ältere in die Schränke, die dort im Lager herumstanden.‹

›In was für Schränke denn?‹

›Nun, Martinis kaufen noch gut erhaltene Möbel von Juden, denen sie sowieso weggenommen würden, natürlich zu Schleuderpreisen, denn die Juden sind ja froh, wenn sie überhaupt noch etwas dafür bekommen.‹

›Ist das nicht gefährlich?‹

›Viel gefährlicher ist es, wenn man Juden in seiner Werkstatt oder in seinem Geschäft versteckt. Die da in die Schränke hineinhuschten, das waren alles so arme Kreaturen, die untertauchen mußten. Man nennt sie U-Boote. Martini meint, hier in

Berlin gäbe es noch ein paar Tausend solcher jüdischen U-Boote. Sie nennen sich übrigens selber so, verstehst du? – Mancher meinte schon, wenn der Hitler so viele U-Boote im Atlantik hätte, wie hier in der Stadt versteckt seien, dann würden die Alliierten wohl keinen Geleitzug mehr durch den Ozean schleusen können.‹

›Und wie ernährt denn Martini diese armen Menschen?‹

›Oh, er hat da einige Leute an der Hand, Bekannte, Verwandte, was weiß ich, vielleicht auch Kunden, die ihn zusätzlich mit Lebensmitteln versorgen. Woher die das haben, weiß ich auch nicht.‹

›Davon habe ich ja noch gar nichts gewußt!‹

›Sei froh drum, Frauchen, je weniger man weiß, um so besser für einen‹, entgegnete Hartmann.

›Ja, meinst du, wir könnten uns auch an einer solchen Hilfsaktion beteiligen?‹

Ihr Mann antwortete nach kurzer Pause recht langsam: ›Das tue ich schon seit geraumer Zeit, meine Liebe, ich liefere nämlich nicht nur Kohlen und Holz, sondern – auch Eßsachen.‹

Danach wurde es still im Schlafzimmer der Hartmanns. Ich konnte noch nicht gleich einschlafen, zuviel beschäftigte mich in Gedanken. –

Da ich bald darauf ein leises Schnarchen zu hören glaubte, schlich ich mich zur Schranktür und schloß den Riegel. Dann legte ich mich endgültig ins Bett. Ich betete noch einmal inständig zum Herrn, daß er mich auch weiterhin beschützen und den Hartmanns kein Leid geschehen möge. –

Die Zeit verging, Tag für Tag, Woche um Woche. Am Tag hatte ich durch Frau Hartmann so manche nützliche Beschäftigung, ich nähte und besserte aus, stopfte und bügelte. Abends saßen wir oft beieinander, um die sogenannten Feindsender zu hören. Wir wollten informiert sein und hören, wie es wirklich an den Fronten aussah. Daraus konnte man vielleicht ablesen, wie lange noch das Schreckensregime der Nazis dauern würde. Die Katastrophe von Stalingrad, der Untergang des deutschen Afrika-Korps und andere Entwicklungen deuteten darauf hin, daß die deutschen Armeen einem Zusammenbruch entgegengingen. Die Luftangriffe nahmen an Häufigkeit zu, Nacht für Nacht heulten die Sirenen, es wurde auch für die Bevölkerung im Lande immer schwerer. Herr Hartmann zitierte eines der vielen, auf diese Zeit umgedichteten Werke deutscher Klassiker:

›Wer nie sein Brot auf Marken aß,
wer nie die flakdurchtobten Nächte
im kalten Keller frierend saß,
der kennt euch nicht, ihr Achsenmächte.‹

Bald kam die Weihnachtszeit. In der einfachen Wohnung des Kohlenhändlers Hartmann spürte man etwas von dem Hauch des herannahenden Festes. Es roch nach allerlei Süßigkeiten, auch wenn die Zeiten härter geworden waren. Auf einen Baum hatten die beiden verzichtet, denn Herr Hartmann meinte: ›Die Zeiten sind zu ernst, um sich mit solchen Äußerlichkeiten abzugeben.‹

Überall in der großen ›Reichshauptstadt‹ tuschelte man über die größte Katastrophe in der deutschen Kriegsgeschichte, ja, man sprach von dem größten Verbrechen an der Menschheit seit Schöpfungsbeginn.

›Das größte Verbrechen an der Menschheit ist der Geist des Satans!‹ sagte Hartmann eines Tages ganz außer sich. ›Alles ist Verbrechen, ob in Stalingrad oder in den Konzentrationslagern, ob in Nordafrika oder bei den Strafkompanien, ob durch die Terrorbomber oder die Gestapo, eins wie das andere ist vom Geist der Dämonie beseelt. Das Schlimme ist, daß die sogenannten U-Boote von Zeit zu Zeit an die Oberfläche kommen müssen, weil ihnen sonst die Luft ausgeht. So leben sie in ständiger Furcht vor der Gestapo und ihren Spitzeln.‹

›Warum nur greift Gott nicht ein?‹ wollte Frau Hartmann wissen.

›Weil Gott nichts gegen sein eigenes Wort unternehmen kann.‹

›Das verstehe ich nicht, wieso?‹ Frau Hartmann sah ihren Mann herausfordernd an.

›Komm, das lese ich dir gleich vor.‹

Er holte aus einer Schublade seine schon stark abgegriffene Bibel hervor. Etwas umständlich blätterte er mit seinen dicken, grauen Fingern im Alten Testament. ›Was ich dir jetzt vorlese, hat Gott an sein Volk Israel gerichtet. Hier, hör also gut zu: Der Herr wird dich schlagen mit Darre, Fieber, Hitze, Brand, Dürre, giftiger Luft und Gelbsucht und wird dich verfolgen, bis er dich umbringe.‹

Er holte tief Luft und sah mich mitleidsvoll an.

›Stand da mit giftiger Luft?‹ fragte Frau Hartmann.

›Jawohl, hier steht es schwarz auf weiß: mit giftiger Luft!‹

›Meinst du etwa, daß Gott die Gaskammern gemeint hat?‹

›Das weiß ich nicht, aber hier steht es so geschrieben. Weiter: Der Herr wird dich vor deinen Feinden schlagen; durch einen Weg wirst du zu ihnen ausziehen, durch sieben Wege wirst du vor ihnen fliehen und wirst zerstreut werden unter alle Reiche auf Erden.‹ Er rückte seine Brille zurecht.

›Kannte man denn damals schon alle Reiche der Erde?‹ fragte ihn seine Frau.

›Sicher nicht, und nicht einmal alle Erdteile, denn Amerika und Australien waren ja noch nicht entdeckt, und doch ist es so gekommen, wie Gott es vorausgesagt hat: ›Dein Leichnam wird eine Speise sein allen Vögeln des Himmels und allen Tieren auf Erden, und niemand wird sein, der sie scheucht.‹

›Das ist ja schrecklich! Und das steht in der Bibel?‹ rief Frau Hartmann entsetzt.

›Ja, und noch viel mehr, denn höre: Dazu wirst du unter denselben Völkern kein bleibend Wesen haben, und deine Fußsohlen werden keine Ruhe haben. Denn der Herr wird dir daselbst ein bebendes Herz geben und verschmachtete Augen und eine verdorrte Seele, daß dein Leben wird vor dir schweben. Nacht und Tag wirst du dich fürchten und deines Lebens nicht sicher sein.‹

Vom Hofe her hörte man wieder das Schlagen der Pferdehufe, und immer, wenn ich dieses Geräusch vernahm, erschrak ich. Frau Hartmann legte ihre Hand auf meine und sagte: ›Nur keine Angst, wir sind hier sicher und geborgen.‹ Dann blickte sie ihren Mann an und forderte ihn auf, weiter vorzulesen.

›Des Morgens wirst du sagen: Ach, daß es Abend wäre! Des Abends wirst du sagen: Ach, daß es Morgen wäre! Vor der Furcht deines Herzens, die dich schrecken wird und vor dem, was du mit deinen Augen sehen wirst.‹

›Man könnte meinen, Mose hätte das erst gestern geschrieben‹, sagte ich und war selbst erschrocken über den Inhalt unserer Thora. Wenn wir auch oft aus den Büchern des Mose gelesen hatten, so konnte ich mich an diese grauenhaften Bibelstellen überhaupt nicht erinnern.

Unvergeßlich wird mir das Weihnachtsfest bei den Hartmanns bleiben. Auch als Jüdin konnte ich mich von jeher kaum der Faszination dieses Festes entziehen. Frau Hartmann hatte am Morgen des Heiligen Abends schöne Blumen besorgt und Tannenzweige, die sie auf Tischen und an den Wänden plazierte, damit es so richtig heimelig werden sollte. Sie gab sich große Mühe, mich von meiner tiefen Traurigkeit abzulenken.

Der ›Heilige Abend‹ blieb ein stiller Tag, draußen fiel unentwegt leichter Schnee. Im Hof lag bereits eine dicke Schneedecke. Als ich aus dem Fenster sah, hörte ich festliche Musik von irgendwoher durch das Gemäuer dringen. Offenbar hatte man in einer benachbarten Wohnung mit der Weihnachtsfeier begonnen.

›Ruth, mein liebes Kind, wir wünschen dir gesegnete Weihnachtsfeiertage trotz aller düsteren Umstände. Wir glauben, daß unser Gott auch dein Herz trösten wird. Unser größter Wunsch ist ja, daß es bald Frieden geben möge und wir alle diese schlimme Zeit lebend überstehen.‹

›Danke, Frau Hartmann, vielen, vielen Dank für all ihre Liebe und Hilfe. Ich wünsche von Herzen, der liebe Gott möge Sie belohnen für ihre Gastfreundschaft, für das tägliche Brot, ach, einfach für alles!‹ sagte ich gerührt.

Frau Hartmann führte mich wie eine Tochter ins sogenannte Weihnachtszimmer. Ihr Mann wartete schon im guten Anzug neben dem Gabentisch. Etwas unbeholfen, aber doch mit großer Herzlichkeit hielt er mir seine Hände entgegen und sagte: ›Also, Ruth, du bist ja gewissermaßen unser geistliches Adoptivkind, wir wünschen dir zum Fest den himmlischen Beistand und göttlichen Trost in dieser Zeit.‹ Er nahm mich kurz in den Arm und strich mir väterlich übers Haar. Dann lenkte er mich zu den Geschenken. ›Es ist ja nicht viel und nichts Besonderes, aber eine kleine Freude wollten wir dir doch machen.

Sieh mal, hier liegen deine Geschenke.‹

Ich traute meinen Augen nicht, es war alles so liebevoll zubereitet, ich wußte gar nicht, was ich sagen sollte.

›Aber nicht doch, das war doch nicht nötig! – Wie soll ich das nur alles wiedergutmachen‹, stotterte ich verlegen.

›Na, na, was heißt hier: wiedergutmachen? Wie wenig ist das

doch angesichts der Tatsache, daß unser Gott seinen eigenen Sohn in die Welt gesandt hat! Im Grunde ist es doch sehr armselig, was wir uns in dieser Kriegszeit schenken können, ich wünschte, es wäre qualitativ besser. Ich hoffe trotzdem, daß dir der Schal und die Hausschuhe, die mein Mann besorgt hat, gefallen werden. Das Kleid habe ich gekauft, wenn es nur richtig sitzt.‹

Frau Hartmann war wie eine Mutter zu mir. Ich mußte an meine Eltern denken und an das letzte Weihnachtsfest, das ich bei euch in Blankenburg erlebt hatte. Dann kamen mir alle Verfolgten und Flüchtlinge im Land in den Sinn und ich konnte meine Tränen nicht mehr zurückhalten, ich weinte und stammelte immer wieder: ›O danke, vielen, vielen Dank!‹ Ich habe Frau Hartmann fast zerdrückt vor Dankbarkeit.

Zaghaft nahm ich das neue Kleid in die Hände und hielt es mir vorm Spiegel an. ›Sehr fein, das steht dir wirklich gut!‹ meinte Herr Hartmann, der ganz natürlich zum du übergegangen war.

›Aber wann soll ich es denn anziehen? Und für wen sollte ich mich noch hübsch machen?‹

›Aber Ruth, Gott ist der Herr und kann alles wenden, auch wenn es für uns zum Verzweifeln aussieht. Eines Tages hat das Versteckspielen sicher ein Ende, und dann beginnt ein neuer Lebensabschnitt, von dem du jetzt noch keine Vorstellungen hast‹, sagte Frau Hartmann.

Ihr Mann ergänzte: ›Alles geht vorbei, die Nazis, der Krieg, die Verfolgung und alles Elend, was wir jetzt durchmachen müssen, du wirst es erleben!‹

›Ich kann das nicht glauben, daß das mal zu Ende sein soll‹, warf ich kläglich ein.

›Aber Ruth, du bist doch noch so jung, und hier bei uns bist du wirklich sicher und gut aufgehoben.‹

›Es sieht aber alles so unabänderlich aus, daß ich es mir einfach nicht vorstellen kann.‹

›Was ist unabänderlich? – Liebe Ruth, dem Schöpfer des Weltalls ist kein Ding unmöglich!‹ erwiderte Herr Hartmann, und seine Frau fügte hinzu: ›Einmal wird diese Schreckenszeit vorüber sein, das steht fest. Danach können wir das Leben in Freiheit richtig genießen, daran glaube ich!‹

›Jetzt wollen wir erst einmal ein Wort Gottes lesen‹, sagte Herr

Hartmann. Wir setzten uns, während er seine Bibel zur Hand nahm.

Herr Hartmann stand am Tisch, er kam mir vor wie ein Prophet. Seine wuchtige Gestalt, seine Haltung und die männliche Stimme waren für mich beeindruckend, als er las: ›Wenn der Herr die Gefangenen Zions erlösen wird, so werden wir sein wie die Träumenden –‹, er machte eine kurze Pause, um die Worte wirken zu lassen und sah uns fest in die Augen, › dann wird unser Mund voll Lachens und unsere Zunge voll Rühmens sein. Dann wird man sagen unter den Heiden: Der Herr hat Großes an ihnen getan. – Der Herr hat Großes an uns getan, des sind wir fröhlich . . .‹ Er blickte mich wieder an und sagte: ›Ja, mein liebes Kind, so wird es sein.‹

Ich war wie versteinert: ›Nein, nein, ich bin ein armes, verfolgtes Judenmädchen. Auch mich wird man noch finden und ausrotten, es wird wohl keiner von uns übrig bleiben! Ich kann es nicht glauben, was Sie vorgelesen haben, das erscheint mir unvorstellbar!‹

›Nein, nein, mein gutes Kind, es wird alles gut werden für dich!‹ Frau Hartmann nahm mich erneut in den Arm, als mir die Tränen kamen. Ich mußte weinen, es war zuviel für mich.

›Sei still, mein Kind, weine nicht! Denk daran: der im Himmel wohnt, ist stärker als sie!‹

›Hätte er dann nicht schon längst eingegriffen? Worauf noch warten? Das verstehe ich einfach nicht.‹ Ich weinte hemmungslos und hatte die Beherrschung völlig verloren.

›Nicht weinen, Kindchen, nicht weinen‹, bat Frau Hartmann und streichelte mich unentwegt.

›Sie haben Vati und Mutti umgebracht, sie werden auch mich noch umbringen. Wenn Hitler die ganze Welt erobert hat, findet er sicher jeden Juden und jedes Versteck.‹

Herr Hartmann, der recht hilflos danebengestanden hatte, sagte dann zu mir: ›Mein liebes Kind, es steht geschrieben: Aber der im Himmel wohnt, lachet ihrer. Und der Herr spottet ihrer.‹ Er schlug nochmals seine Bibel auf und las: ›Herr, bringe wieder unsere Gefangenen, wie du die Bäche wiederbringst im Mittaglande.‹ Und jetzt gibt Gott noch eine besondere Versicherung für alle Verfolgten und Leidenden: ›Die mit Tränen säen, werden mit Freuden ernten. Sie gehen hin und weinen und tragen edlen

Samen und kommen mit Freuden und bringen ihre Garben. – Wie das alles vor sich gehen wird, weiß wohl kein Mensch, aber es hat sich bisher immer alles erfüllt, was Gott zugesagt hatte.‹

›Nun wollen wir alles Böse vergessen und uns an den Tisch setzen.‹ Frau Hartmann nahm mir mein nasses Taschentuch aus der Hand und gab mir ein neues.

›Ich bitte vielmals um Entschuldigung, aber es hat mich einfach übermannt, seien Sie mir bitte nicht böse!‹ bat ich.

›Ja, ja, das verstehen wir sehr gut, liebe Ruth, aber wir wollen nicht dabei das Essen vergessen. Ich hoffe nur, daß es euch gut schmeckt.‹

Ich wurde an das Weihnachtsfest in Blankenburg erinnert, als Hans neben mir saß und ich so unendlich glücklich war. Wie lange lag das nun schon zurück? Es schien mir auf einmal so unwirklich. Damals hatte sich in mir ein nie gekannter Hunger nach Leben und Liebe geregt, und jetzt? Nun sah alles so trostlos und hoffnungslos aus. Ob Hans wohl noch am Leben war? Hatte man ihn vielleicht schon gefangengenommen? Mußte er in einem Straflager oder sibirischen Bergwerk arbeiten, wurde er vielleicht geplagt oder sogar gefoltert? Nicht auszudenken, was dieser grausame Krieg alles verschuldete. Er hatte diesen Krieg bestimmt nicht gewollt, und doch mußte er mit die Suppe auslöffeln, die andere eingebrockt hatten.

Es schien, als hätte Frau Hartmann meine Gedanken erraten, denn sie sagte: ›Heute möchte ich, daß auch du deinen Kummer vergißt und an nichts denkst, was uns bedrückt! Iß nur, Ruth, iß tüchtig, es ist von allem genügend da.‹

Aber wie sollte ich das alles vergessen und meine Ängste überwinden?

In der nachfolgenden Zeit sah es so aus, als würde alles gut gehen, mein Versteck schien ›gestaposicher‹ zu sein. Aber man kann sich das nicht so vorstellen, wenn man das nicht selbst erlebt hat: Tag für Tag, Woche um Woche, ja Monat für Monat in einem winzigen Raum eingesperrt zu sein, der auch kein Fenster mit schöner Aussicht auf Gärten oder sonstwas hat, man bekommt einfach einen ›Gefangenenkoller‹, in gewisser Weise Platzangst!

Eines Tages fragte ich dann Frau Hartmann, ob ich für einige Zeit ein bißchen in der Stadt spazierengehen dürfe. Ich erklärte ihr meine große psychische Belastung durch die momentanen

Umstände, daß ich unbedingt mal raus müsse, um andere Eindrücke zu bekommen.

Sie sagte zu mir: ›Liebes Kind, das verstehe ich sehr gut, aber ich muß dich warnen: Wer sich in Gefahr begibt, kommt darin um! Willst du es dir nicht noch einmal überlegen? Wie verhängnisvoll könnte es werden, wenn jemand aus der Nachbarschaft dich beobachtet, der uns vielleicht schon lange beargwöhnt?‹

›Ja, ja, ich weiß – ich habe mir das auch hundertmal durch den Kopf gehen lassen, aber ich muß hinaus, sonst werde ich noch verrückt!‹

›Nun gut, wir wollen aber zuvor noch beten, daß der Herr dich behüten möge.‹

Sie faltete ihre Hände und befahl mich Gottes Schutz an.

Ich hatte mich seelisch darauf vorbereitet – ich wollte einfach vergessen, daß ich eine Jüdin bin. Ich dachte an die alten Zeiten, als ich noch unbeschwert durch die Straßen von Berlin schlendern konnte und auf vielen gesellschaftlichen Festen tanzte, ins Kino ging, die Oper besuchte und mir so manche Kunstausstellung angesehen habe. Ich hatte mir vorgenommen, mich ganz natürlich als Mensch unter Menschen zu bewegen, nicht daran zu denken, daß ich als Jüdin von den Ariern und Christen, den Nazis oder Kommunisten als Ausgestoßene angesehen wurde. Seit geraumer Zeit hatte ich den Judenstern nicht mehr, nur meine Kennkarte und die nähte ich in den Saum meines Rockes ein.

Hartmanns ermahnten mich nochmals, nicht in solche Gegenden zu fahren, wo wir mal gewohnt haben und wo ich zur Schule gegangen bin. Sie wünschten mir Gottes Beistand in allen Situationen, die eintreten konnten. Sie wollten die ganze Zeit über im stillen im Gebet für mich bleiben.

Angezogen hatte ich das Kleid, das ich von Hartmanns zu Weihnachten bekommen hatte. Es war aus dunkelblauer Seide mit leicht gebauschten Ärmeln, gelber Schulterpasse und grauem Mieder. Ich war so stolz und meinte, das eleganteste Mädchen auf der Straße zu sein. Als ich aus dem Haus ging, hatte ich das Gefühl, auf Rosen zu schweben. Es war ein so herrliches und unbeschreiblich schönes Gefühl, so ganz frei zu sein und die frische Luft unbegrenzt einatmen zu können. Rein äußerlich schien sich kaum etwas verändert zu haben, wenigstens nicht in der Gegend, in der ich nun seit Monaten meinen Unterschlupf hatte. Interessiert studierte ich auch den Veranstaltungskalender an einer Litfaßsäule. Als ich den Namen von Kammersänger Heinrich Schlusnus entdeckte, konnte ich nicht widerstehen. Ich war erinnert an den herrlichen Schallplattenvortrag in der Weihnachtszeit damals mit Hans, und mit klopfendem Herzen kaufte ich mir für den Abend eine Eintrittskarte. Frau Hartmann schaute mich sehr besorgt an, als ich am selben Abend noch einmal das Haus verließ. Es war eine prickelnde Atmosphäre, als ich den Konzertsaal betrat. Ein schaurig-süßer Hauch aus der Vergangenheit erfaßte mich. Viele Männer saßen in ihren Uniformen in den Reihen. Auf dem Programm dieses Abends standen Lieder von Schubert, Beethoven und Johannes Brahms. Die vier ernsten Gesänge erfaßten mich, insbesondere das ›Hohe Lied der Liebe‹.

›Wenn ich mit Menschen- und Engelszungen redete und hätte der Liebe nicht, so wäre ich ein tönend Erz oder eine klingende Schelle.‹

Ich dachte an Hartmanns und an euch, Mutter, ihr hattet diese Liebe, die alles wagte. Weiter hieß es: ›Und wenn ich alle meine Habe den Armen gäbe und ließe meinen Leib brennen und hätte der Liebe nicht, so wäre mirs nichts nütze.‹ Ja aber, dachte ich, sollte es das geben, daß die, die jetzt alles wagten, um anderen zu helfen, einmal nicht dafür belohnt wurden? Warum? Ich mußte weinen, die Worte waren so beeindruckend, daß ich nicht anders konnte. Ich höre die Worte noch heute, wie sie von Schlusnus gesungen worden waren.

›Wir sehen jetzt durch einen Spiegel in einem dunklen Wort; dann aber von Angesicht zu Angesicht. Jetzt erkenne ich's stückweise; dann aber werde ich's erkennen, gleichwie ich erkannt bin.‹

Ob ich das wohl je begreifen könnte? – Hier umfing mich ein ganz anderes Deutschland – ein Land der Religion, der Kultur, der künstlerischen Toleranz, wie mir schien, und der großen Philosophen.

Ich glaube, der Sänger hatte absichtlich zum Programmschluß das Lied gewählt: ›Wer nie sein Brot mit Tränen aß; wer nie die kummervollen Nächte auf seinem Bette weinend saß, der kennt euch nicht, ihr himmlischen Mächte.‹

Heinrich Schlusnus schrie es förmlich in den Saal: ›Ihr führt ins Leben uns hinein. Ihr laßt den Armen schuldig werden, dann überlaßt ihr ihn der Pein, denn alle Schuld rächt sich auf Erden.‹«

Endlich wagt es Frau Nowak, den langen Bericht zu unterbrechen: »Ja, ja, so ist es, alle Schuld rächt sich auf Erden! – Solch einen Niedergang wie 1945 hatte Deutschland auch noch nie erlebt. ›Unsere Verfolger waren schneller denn die Adler unter dem Himmel . . .‹ Ganze Städte waren in Schutt und Asche versunken.«

Nur das monotone Surren des Ventilators und das eintönige Ticken der Uhr waren im Raum zu vernehmen. Maria, Eberhard und Frau Nowak tranken etwas Fruchtsaft, doch Ruth fuhr mit ihrem Lebensbericht fort:

»Meine Ausflüge in die Stadt, die ich von da an öfter mal unternahm, behagten Frau Hartmann überhaupt nicht. Immer stand sie Ängste aus, daß ich verhaftet werden könnte. Ich aber meinte, die Straße sei der sicherste Ort und die beste Möglichkeit, im Strom der Passanten unterzutauchen. Außerdem war für mich die Musik beinahe genauso wichtig wie Essen und Trinken. Meine Seele mußte atmen, mein künstlerisches Herz konnte nicht vollständig unterdrückt werden. Ich mied natürlich die Gegend des Regierungsviertels oder andere große Straßen, wo öfter Ausweiskontrollen von der Gestapo durchgeführt wurden. Am liebsten wäre ich zu euch nach Blankenburg rausgefahren, aber das konnte ich unter keinen Umständen wagen. Am meisten beschäftigte mich die Frage, ob von meinem Hans eine Nachricht eingetroffen sei.«

»Ach ja, die Hoffnung läßt nicht zuschanden werden! Immer, wenn der Briefträger kam, dachte ich auch, daß vielleicht endlich eine Nachricht von ihm kommen würde. Die Liebe hofft, daß auch Unmögliches möglich wird.« Frau Nowak nickte Ruth aufmunternd zu, doch weiter zu berichten.

»Doch dann kam ein verhängnisvoller Tag. Ich wollte mir gerade eine Eintrittskarte für die Oper ›Fidelio‹ kaufen, da beobachtete ich einen Mann im Ledermantel, der mir irgendwie bekannt vorkam. Wo hatte ich ihn denn schon einmal gesehen? Er stand am Straßenrand und blickte finster in meine Richtung. Es war ein schwüler Tag, über der Stadt zogen sich drohend die Gewitterwolken zusammen. Mir war so unheimlich zumute, daß ich mich langsam aus der wartenden Menge herausmogelte und mit beschleunigten Schritten fortlief. Nach einer gewissen Entfernung wagte ich, mich kurz umzusehen, als ich eine Straße überqueren mußte. Der Unheimliche folgte mir tatsächlich. Ich zwang mich innerlich zur Ruhe und dachte: nur nicht zu schnell laufen! Mit eisernem Willen normalisierte ich meine Schritte. Inzwischen hatte das Donnergrollen über der Stadt zugenommen und plötzlich brach ein Regenguß über uns herein. Da konnte ich losrennen, so schnell es mir möglich war. Ich sprang die Treppen zu einer U-Bahnstation hinunter, doch bald bemerkte ich, daß der Mann mich nicht aus den Augen verloren hatte.

Ich betete: ›Himmlischer Vater, hilf mir jetzt!‹ Durch den Lautsprecher hörte ich noch: ›Alles einsteigen, zurücktreten von der Bahnsteigkante und Türen schließen!‹ als ich in wilder Hast auf ein Trittbrett sprang und mit größter Anstrengung die Tür aufhielt, um mich hineinzuzwängen.

›Zurückbleiben! Bitte, bleiben Sie zurück!‹ rief jemand aufgeregt, aber ich hatte es geschafft. Die Fahrgäste im Abteil schauten mich vorwurfsvoll an, es hätte ja sonstwas passieren können!

›Na, Frollein, det is ja nochmal jutjegangen! Det dürfen Se nich machen, det kann Sie dat Leben kosten!‹ sagte ein Mann, der mir am nächsten saß.

Am Bahnhof Zoo, der nächsten Station, sprang ich aus dem Zug, rannte die Treppen hinunter zu einem anderen Bahnsteig und fuhr in Richtung Halensee.

›Mein Gott, wie siehst du denn aus?‹ rief Frau Hartmann, als ich außer Atem und völlig erschöpft vor ihr stand. Sie machte ein besorgtes Gesicht, als ich ihr von der dramatischen Verfolgungsjagd erzählte.

›Wenn der Mann dich dort an der Theaterkasse schon überwachte, dann kann es sein, daß er auch weiß, wo du dich aufhältst. – Mir ist so bang zumute, weil du sagtest, du habest ihn schon irgendwo einmal gesehen, er wäre dir nicht unbekannt.‹

›Ja, mein Gott, jetzt fällt es mir ein‹, sagte ich, ›damals bei der überraschenden Hausdurchsuchung in Blankenburg, als der Ortsgruppenleiter mit noch einem Herrn mein Versteck in der Bodenkammer gefunden hatte, da habe ich ihn zum erstenmal gesehen.‹

Um Mitternacht pochte jemand heftig an der Haustür. Wie vom Blitz getroffen fuhr ich hoch.

Herr Hartmann rief: ›Wer ist denn da?‹ Mehrere Fäuste

hämmerten gegen die Tür, daß es bis zu mir in die Kammer hallte. ›Sofort öffnen! Geheime Staatspolizei!‹ Ich hörte, daß Herr Hartmann betete: ›Herr Jesus Christus, hilf uns! Bewahre uns, Herr, vor der Hand der Gottlosen!‹

Dann ging er zur Haustür und drehte den Schlüssel um. Die Tür wurde mit solcher Wucht aufgestoßen, daß sie an die Hauswand flog.

›Wo ist die Judenhure?‹ schrie einer der Männer.

›Hier ist keine Judenhure!‹ rief Frau Hartmann erregt.

›Halt dein Maul, du Judensau!‹ antwortete ein anderer. – ›Hier bei euch ist sie versteckt!

›Vorwärts! – Jeder durchsucht ein Zimmer!‹

›Ich verbitte mir diese Sprache!‹, schrie Herr Hartmann, ›haben Sie überhaupt einen Durchsuchungsbefehl?‹

Ich hörte Schläge klatschen: ›Darüber kannst du später in der Zentrale nachdenken, wo wir dich gleich hinbringen werden!‹

Ich hörte einen dumpfen Fall, wahrscheinlich hatte man ihn zu Boden geworfen.

›Wo ist die Judensau?‹ hörte ich erneut einen rufen. ›Ihr habt sie bei euch versteckt? Wir wissen es!‹

Ich hörte, wie jemand die Tür zum Kleiderschrank aufriß und heftig in den Sachen herumwühlte. Immer wieder hörte ich die Stiefel der Männer durch die Zimmer klotzen, begleitet von gottlosem Herumbrüllen und Fluchen.

›Sie ist hier versteckt, wir müssen sie finden! Ich habe sie tagelang beobachtet, wie sie das Haus verlassen und nach Stunden wieder betreten hat.‹

Auf einmal klang es wie das Rascheln von Mäusen, dann ein verdächtiges Knacken in der Sperrholzwand des Schrankes, ich fiel an mein Bett nieder und betete herzinniglich, ohne einen Ton über meine Lippen kommen zu lassen: ›O Herr, hilf uns aus der Not! Allmächtiger Gott und Vater, schlage deine Feinde mit Blindheit, damit sie mich nicht finden! Hilf auch Hartmanns, bitte!‹

Endlich entfernten sich die Schritte. Im Flur hörte ich noch jemand sagen: ›Wir kommen wieder! Diese Judenhure entgeht uns nicht, daß Sie es nur wissen!‹

Danach wurde es still. Mein Herz pochte wie wild, ich schnappte krampfhaft nach Luft. Es war nicht auszudenken, wenn sie mich doch noch finden würden. Nach geraumer Zeit klopfte Herr Hartmann das verabredete Zeichen an die Rückwand des Kleiderschrankes. Bleich und verstört standen die Eheleute vor mir.

›Gott sei Dank, es ist vorbei – aber sie wollen wiederkommen. Ich habe eben mit meiner Frau gesprochen, wir müssen dich vorher hier herauslotsen. Mir ist ein Glaubensbruder eingefallen, der in Frohnau in einer Kleingartenkolonie eine Gartenlaube hat, in der du vielleicht für die nächste Zeit unterkommen kannst. Ich werde mich mit ihm in Verbindung setzen und auskundschaften, was wir tun können.‹

›Oh, es tut mir ja so leid, daß ihr meinetwegen jetzt solchen Ärger habt und vielleicht noch mehr Aufregung erleben werdet.‹ Ich war völlig verzweifelt. ›Ich bitte euch herzlich um Vergebung, daß ich an diesem Unglück schuld bin!‹

›Aber Ruth, du weißt doch, unser Herr und Heiland hat sein Leben geopfert für alle Menschen, da ist es nur unsere Dankesschuld, wenn wir in Not geratenen Menschen nach Kräften helfen, auch, wenn wir dadurch in Verfolgung geraten. – Haben sie mich verfolgt, werden sie auch euch verfolgen, hatte Jesus zu seinen Jüngern gesagt.‹

Kein Wort des Vorwurfs kam über ihre Lippen, obwohl ich es durch meine Unvorsichtigkeit verschuldet hatte.

Am nächsten Tag blieb alles ruhig. Herr Hartmann konnte seinen Glaubensbruder verständigen. In den frühen Morgenstunden des nächsten Tages verließ ich, nachdem Herr Hartmann sich versichert hatte, daß kein Gestapo-Spitzel zu sehen war, mein Versteck und fuhr in Richtung Frohnau.«

Ruth macht eine Pause, denn vom vielen Reden ist ihr Mund ganz ausgetrocknet. Sie erfrischt sich mit einem Glas Grapefruitsaft und streicht ihr langes Haar von der Schulter.

Neu erfrischt berichtet sie dann weiter, denn die schwere Vergangenheit scheint sie mit Macht ergriffen zu haben. Die unvergeßlichen Bilder ihrer jahrelangen, aufregenden Flucht vor den Verfolgern und Mördern ihres Volkes drängen sich aus dem Unterbewußtsein in die Gegenwart.

Als Feuer und Schwefel vom Himmel fielen

»Es wurde Rettung in höchster Not! So schnell wie nur möglich hatte ich mein Quartier wechseln müssen, denn Hartmanns standen auf der schwarzen Liste der Gestapo und wußten nur zu gut, daß diese Männer in Kürze zurückkommen würden, um meiner habhaft zu werden.

Mit der Berliner Stadtbahn fuhr ich also nach Frohnau. Zu Fuß ging ich durch die schönen Vorortstraßen mit den prächtigen Gärten und den hübschen Villen, die es in dieser Gegend gab. Nur das Nötigste hatte ich mitgenommen, um nicht unnötig aufzufallen. Der Stadtteil war begrenzt von einem herrlichen Rasenstreifen, an den der Wald sich anschloß. Der Wald hatte dichtes Unterholz und war durchzogen von Gräben und künstlichen Bachläufen. Hin und wieder standen in den Gärten entlang der Straßen hohe, schlanke Kiefern.

Dann kamen Äcker, die sich flach und brach ausbreiteten. Das Laub hatte sich zu färben begonnen, es waren auch schon viele Blätter abgefallen, die auf staubigem Boden dahintrieben. Mitten auf einem Feldstück stand ein kleines Holzhaus, von Rosensträuchern umwachsen. Zwei ältere Leute schauten mich mißtrauisch an, als ich über den Gartenweg auf ihr Häuschen zuging.

›Entschuldigen Sie bitte vielmals, daß ich bei Ihnen eindringe‹, sagte ich zaghaft, ›Familie Hartmann schickt mich zu Ihnen. Sie haben mir diesen kleinen Brief mitgegeben‹, damit reichte ich ihnen das Schreiben. Der Mann, der gerade beim Holzhacken war, kam näher, während seine Frau eilig die Zeilen überflog. Sie übergab danach den Brief ihrem Mann.

›Also, das ist Fräulein Engelmann, Hartmanns schicken sie zu uns, weil sie meinen, wir könnten sie für eine gewisse Zeit bei uns unterbringen.‹

›Ich bin als Jüdin zur Zeit ständig auf der Flucht, wissen Sie?‹

›Aber wir haben doch kaum Platz‹, meinte Frau Fischer mit ängstlicher Stimme. Herr Fischer jedoch nahm seine Mütze vom Kopf und reichte mir eine Hand, als er sagte: ›Fräulein Engelmann, für Angehörige des Volkes Gottes haben wir selbstverständlich eine Unterkunft. Wenn wir auch sehr beengt wohnen, aber Raum ist trotzdem in der kleinsten Hütte, wenn es nottut.‹

Er nahm mich beim Arm und führte mich durch einen Nebeneingang in die holzverkleidete Veranda.

›Sie sehen, der Raum ist klein, aber im Winter ganz gut zu heizen‹, erklärte mir Herr Fischer. ›Dort, der Kanonenofen, hat uns schon gute Dienste geleistet. Wir haben zwar kein elektrisches Licht, aber eine Petroleumlampe tut's ja auch.‹

Er bot mir auf dem Sofa Platz an. ›Unsere Verhältnisse hier sind äußerst bescheiden, die Laube hat ein kleines Wohnzimmer, eine Schlafstube, eine Kochnische und diese Veranda. Leider haben wir kein fließendes Wasser, wir können uns das Wasser nur vom Brunnen heraufholen.‹

Ich blickte aus dem Fenster und sah im Garten einige Hühner scharren. Gleich neben dem Holzschuppen befand sich ein großer Kaninchenstall. In einiger Entfernung standen nochmals zwei ähnliche Holzhäuschen. Wie ich später mal erfuhr, waren auch dort Glaubensgenossen von mir untergebracht. Ich habe aber nie nach deren Namen gefragt, um sie nicht verraten zu müssen, falls ich doch noch gefunden und verhaftet würde. Natürlich wußten die Nachbarn es bald, daß Fischers auch eine Jüdin versteckt hielten. Deshalb versorgten sie die Fischers zusätzlich mit Lebensmittelmarken, damit sie für die Jüdin was zu essen kaufen konnten. Die Mahlzeiten nahm ich immer in der Küche ein, da wurde auch die Morgenandacht von Herrn Fischer gehalten.

Eines Tages las er ein Kapitel des zweiten Briefes an die Thessalonicher vor, den mir damals schon Schwester Eva im Diakonissenhaus vorgelesen hatte. Herr Fischer las diesen Abschnitt allerdings in einer anderen Übersetzung: ›Laßt euch von niemand auf irgendeine Weise täuschen; denn zunächst muß ja doch der Abfall eingetreten und der Mensch der Gesetzlosigkeit erschienen sein, der Sohn des Verderbens, der Widersacher, der sich über alles erhöht, was Gott oder anbetungswürdig heißt, so daß er sich sogar in den Tempel Gottes setzt und sich für Gott ausgibt. Erinnert ihr euch nicht, daß ich euch dies schon während meiner Anwesenheit bei euch wiederholt gesagt habe?‹

Frau Fischer vermutete, daß diese Worte bereits auf Hitler zuträfen, aber Herr Fischer war anderer Ansicht. Er sagte: ›Der kommende Weltbeherrscher, der antichristliche Weltpräsident, wird zunächst mit dem Volk Gottes einen Friedensvertrag schließen, um diesen dann in der Hälfte seiner Regierungszeit zu brechen und danach sein wahres Gesicht zu zeigen.‹

Er las weiter: ›Und was die Gegenwart betrifft, so wißt ihr doch, was ihn noch zurückhält, damit er sich erst zu der für ihn bestimmten Zeit offenbaren kann. Freilich, im Geheimen ist die Macht der Gesetzlosigkeit bereits wirksam; nur muß erst der aus dem Weg geräumt werden, der sie bis jetzt noch zurückhält.‹

Herr Fischer deutete auf seine Brust: ›Damit ist der Heilige Geist in uns gemeint, den der Herr noch nicht weggenommen hat‹, dann las er weiter: ›Dann erst wird der Gesetzlose offen hervortreten, den der Herr Jesus aber durch den Hauch seines Mundes wegraffen und durch den Eintritt seiner Ankunft vernichten wird, ihn, dessen Auftreten sich als Wirksamkeit des Satans kundgibt durch alle möglichen Machttaten, Zeichen und Wunder der Lüge und durch jede Art von Trug und der Ungerechtigkeit für die, welche deshalb verlorengehen, weil sie die Liebe zur Wahrheit sich nicht zu eigen gemacht haben, um ihre Rettung zu erlangen. Und aus diesem Grunde sendet Gott ihnen einen starken Irrwahn, damit sie der Lüge Glauben schenken; denn alle sollen dem Gericht verfallen, die nicht der Wahrheit Glauben geschenkt, sondern Wohlgefallen an der Ungerechtigkeit gefunden haben.‹

›Aber das erleben wir doch gerade jetzt in diesen Tagen!‹ erwiderte Frau Fischer.

›In gewissem Sinne schon‹, sagte Herr Fischer. ›Diesen braunen Verführer preisen die Massen als ihren Erlöser, als Retter der deutschen Nation. Sie behaupten, durch ihn sei der Heilige Geist neu ausgegossen und Deutschland habe sein zweites Pfingsten erlebt. Hitler führe das deutsche Volk in die Offenbarung Jesu Christi, usw., usw. Das habe ich selber in einer Kirchenzeitung gelesen und konnte es nicht fassen! – Mir scheint eher, dies ist die Generalprobe auf den zukünftigen, weltbeherrschenden Pseudo-Messias; denn der wird in Jerusalem residieren, und von dort wird dann die antichristliche Weltherrschaft ausgehen.‹

›Woher weißt du das so genau?‹ fragte Frau Fischer ziemlich erstaunt.

Herr Fischer hatte eine überaus gute Bibelkenntnis, deshalb schlug er den Text des Propheten Daniel auf und las: ›Und er wird den Palast seines Gezeltes aufschlagen zwischen zwei Meeren um den werten heiligen Berg, bis es mit ihm ein Ende werde; und niemand wird ihm helfen. Es gibt nur einen heiligen Berg, nämlich den Berg Zion, bei dem Jerusalem gebaut ist, und dieser Berg liegt zwischen zwei Meeren, dem Toten Meer und dem Mittelländischen Meer. Darum bin ich so überzeugt davon, daß Jerusalem der Ort ist, von wo aus der Antichrist einst regieren wird, weil auch an dem Ort der Tempel des Herrn stand und einst wieder stehen wird.‹

›Das heißt doch aber, daß das Volk Israel die Stadt Jerusalem als Anbetungsort neu erbauen muß›, fragte Frau Fischer.

›Aber ja‹, dabei blickte er mich zuversichtlich an, ›ganz gewiß! Einmal wird dieses braune Schreckensregime ein Ende haben, auch wenn zur Zeit Millionen sterben müssen, es werden Menschen überleben, aus denen dann ein neues Volk hervorgehen wird, ein Volk Israel, wie es einst gewesen!‹

›Glauben Sie das wirklich?‹ fragte ich zweifelnd.

›Davon bin ich felsenfest überzeugt. Ich glaube und vertraue dem Wort Gottes uneingeschränkt, und ihr sollt es auch glauben, daß dem Herrn alle Dinge möglich sind, die er zugesagt hat.‹

Welch einen Glauben hatte Herr Fischer. Auch heute denke ich noch oft: Mußten nicht Gedanken des Zweifels in jenen Tagen kommen, wenn täglich Tausende von der Gestapo verhaftet und in Zügen in die Konzentrationslager deportiert wurden?«

Ruth nimmt wieder einen Schluck Grapefruitsaft, ehe sie in ihrem Bericht fortfährt:

»Frohnau gehörte ja zum Vorortgebiet der damaligen Reichshauptstadt. Wir lagen also im Sperrgürtel der Flugabwehrbatterien. Die Mehrzahl der Flakstellungen befanden sich im Norden Berlins. Bei Velten lag eine schwere Batterie, sie diente zum Schutz des Stahl- und Walzwerkes in Hennigsdorf. Dort fuhren auch oft fahrbare Batterien der Eisenbahnflak auf.

Die Hauptlast der feindlichen Bomben wurde über der Innenstadt abgeworfen. Oftmals beobachteten wir vom Holzhaus aus das schauerlich-faszinierende Feuerwerk. Man durfte nur nicht daran denken, daß es jedesmal Hunderten den Tod brachte. Der Himmel war erfüllt von Bündeln schwebender Leuchtbomben und den Leuchtspuren der Flakgeschütze. Hunderte Scheinwerferarme zogen sich am nächtlichem Himmel entlang.

Viele grelle Lichterscheinungen blitzten auf, bunte Erkennungssignale der Nachtjäger, rot-gelb-grüne Leuchttrauben von Zielmarkierungsbomben der Engländer, weiße und rote Blitze von detonierenden Flakgranaten, die sogenannten ›Weihnachtsbäume‹, die den feindlichen Bombern das Ziel markieren sollten, segelten an Fallschirmen vom Himmel, laufend rote, grüne, blaue und weiße Kugeln von sich stoßend. Wäre es nicht der eiskalte Feuerzauber des Todes gewesen, durch den viele hundert Menschen ums Leben kamen, man hätte das Ganze als das eindrucksvollste Feuerwerk bewundert, das man je gesehen.«

Eberhard schaltete sich jetzt in das Gespräch ein und meinte: »Wenn ich mich recht erinnere, gab es damals so eine Art Galgenhumor, der besagte, die Engländer würden uns die Christbäume setzen, die Flak die Kugeln liefern, die Scheinwerfer die Festbeleuchtung, die Bomber die Wunderkerzen, Goebbels erzähle uns Märchen, und die Bevölkerung säße im Keller und warte auf die Bescherung!« Jetzt konnten sie darüber lachen, denn diese angstvolle Zeit lag weit hinter ihnen. Für die Menschen in den Großstädten waren es jedoch immer schlimme Stunden, bis die feindlichen Bomber endlich abdrehten, nachdem sie Tod und Verwüstung gebracht hatten.

Der Mythos von der Unbesiegbarkeit des Großdeutschen Reiches und seiner Naziherrschaft wurde in seinen Grundpfeilern erschüttert.

»Reichsmarschall Göring hatte einmal geprahlt, er wolle ›Meier‹ heißen, wenn feindliche Flugzeuge jemals den Luftabwehrgürtel um Berlin durchbrechen sollten. Wenn man dann in solchen Stunden des Angriffs auf die wehrlose Bevölkerung stadteinwärts blickte, am blutroten Nachthimmel den grausigen Widerschein explodierender Flakgeschosse sah, wenn man die Bomberströme herandröhnen hörte, dann flüsterten wir uns zu: ›Des Reichsmarschall Meiers Totenmesse!‹ –

Dann kam der schreckliche November 1943; ich hatte mich zum erstenmal aus meinem neuen Versteck gewagt und war in die Innenstadt gefahren. Bei Hartmanns gedachte ich zu übernachten, saß aber noch bei einer ehemaligen Freundin, mit der ich ein Konzert besucht hatte. Plötzlich hörten wir folgende Worte aus dem Lautsprecher: ›Achtung! – Achtung! Hier ist der Befehlsstand der ersten Flakdivision Berlin. Die gemeldeten Bomberverbände befinden sich im Anflug auf die Reichshauptstadt. – Wir kommen wieder.‹

›Ich muß schnellstens los, sonst überrascht mich das Ungewitter noch hier!‹ sagte ich zu meiner Bekannten und rannte davon durch die dunklen Straßen von Berlin. Die Sirenen heulten ihr schauriges Requiem. Über Berlin entlud sich in dieser Nacht ein unvorstellbares Maß an Feuer und Schwefel. Ein Vernichtungssturm brauste über uns hinweg wie in der grausamen Schilderung der Apokalypse. Ich rannte durch die brennende Händel-Allee, sah die Kaiser-Friedrich-Gedächtnis-Kirche lichterloh brennen, und die Erde schwankte unter meinen Füßen wie bei einem verheerenden Erdbeben. Der Tiergarten glich einem aufgewühlten Schlachtfeld, überall lagen zerfetzte, zersplitterte und zerrissene Bäume. Ganze Wohnblocks waren auseinandergerissen. Durch gebrochene Wasserrohre sprudelte das Wasser aus der Erde und bildete große Seen. Durch die furchtbaren Phosphorbomben breitete sich das Feuermeer wie eine Sturmflut aus. Die ganze Innenstadt schien zu brennen.

›Mein Gott! – Himmlischer Vater, bewahre mich!‹ rief ich in höchster Not, als in einiger Entfernung eine Luftmine explodierte und alles niederriß. Ich lief, so schnell ich nur konnte, stolperte über Steinblöcke und zerbrochene Möbelstücke und sonstigen Hausrat, der überall herumgeflogen war. Ich lief durch eine Straße, an deren Rand sich eine Frau zu Tode wälzte und wie ein verendendes Tier schrie. Sie war von Flammen umringt und niemand konnte ihr helfen. ›Weiter! – Weiter!‹ hieß es in mir. ›Eile, rette deine Seele! Bleib nirgends stehen, sieh dich nicht um!‹ Angst schnürte mir die Kehle zu.

›Hallo, Sie da! Kommen Sie sofort hierher!‹ schrie eine Männerstimme am Eingang eines Bunkers. Ich tat so, als hätte ich überhaupt nichts gehört und rannte wie von Furien gejagt weiter; denn als Jüdin in einen Luftschutzbunker zu gehen, war zu gefährlich.

In der Stromstraße mußte ich hinter einer Mauer in Deckung gehen, denn Sprengbomben zerwühlten die Straße. Ganze Häuserfronten waren förmlich zerhackt von den Bomben. Als ich die Seestraße erreicht hatte, mußte ich mich ein wenig erholen und rasten. Die Flugzeuge schienen abgedreht zu haben. Was für eine unheimliche Verwüstung hatten sie hinterlassen! Die Bürgersteige waren von Glasscherben übersät und machten das Passieren fast unmöglich. Überall brannte es, Flammen und beißender Qualm zwangen mich zu größtmöglicher Eile. Jetzt hörte ich Feuerwehrwagen mit heulenden Sirenen heranbrausen. Man mußte ja versuchen, die verheerende Feuersbrunst einzudämmen und Menschenleben zu retten. Ältere Männer in ihren verschmutzten Luftschutzuniformen, die Stahlhelme schief auf den Köpfen, Frauen in Trainingshosen, die Haare mit nassen Kopftüchern bedeckt, teilweise auch in nasse Decken gehüllt, rannten schreiend über die Schutthaufen. Krankenwagen fuhren durch die noch befahrbaren Straßen und sammelten verletzte Leute ein, die sie später nur auf den Höfen der bereits überfüllten Krankenhäuser abstellen konnten.

›Großer Gott! Retten Sie meine Kinder!‹ rief eine Frau in Todesangst.

›Hierher!‹ brüllte ein Einsatzleiter, ›alles anpacken, wir müssen in den Keller, ehe der ganze Dreck zusammenbricht!‹

Man hörte dumpfe Klopfzeichen aus dem Luftschutzkeller.

In der Nähe der Residenzstraße hielt ein Wagen der Wehrmacht. Ein Offizier winkte mir und fragte: ›Wo wollen Sie denn hin?‹

›Nach Frohnau‹, rief ich zurück. Mein Herz klopfte bis zum Halse.

›Los, dann steigen Sie ein!‹ Ich kletterte auf den Wagen.

›Ich weiß nicht, ob meine Familie noch lebt.‹

Der Offizier winkte ab: ›Nach dieser Nacht werden viele nicht mehr wissen, wo Vater oder Mutter oder der Rest der Familie geblieben sind.‹

Er preßte seine Lippen zu einem schmalen Strich zusammen, sein Kinn war hart. Unverwandt starrte er mit einer Mischung aus Wut, Verachtung und Resignation auf die brennenden Ruinen, an denen wir vorüberfuhren. Was mochte er wohl denken, ging es mir durch den Sinn. Wie würde er sich verhalten, wenn er meine wahre Herkunft gewußt hätte? Vielleicht war er auch einer von denen, die die Nazis haßten, weil sie das unbeschreibliche Chaos hatten kommen sehen? Der Offizier sagte kein Wort während der ganzen Fahrt. Am S-Bahnhof Frohnau ließ er mich aus dem Wagen.

›Vielen, vielen Dank‹, rief ich ihm noch zu.

›Keine Ursache, Fräulein, hoffentlich finden Sie Ihre Eltern bald!‹

Dabei lächelte er mir müde zu. Erneut fühlte ich einen tiefen Schmerz in meinem Herzen. Vater und Mutter waren sicher umgekommen wie viele Berliner in dieser Nacht. Dieses Schrekkensregime hatte Millionen Menschen auf dem Gewissen, nicht nur die eigenen Deutschen, sondern auch die Angehörigen der Nachbarstaaten, seien es Polen, Holländer, Belgier, Luxemburger, Franzosen, Engländer, Griechen, Jugoslawen, Italiener, Ungarn, Rumänen, Bulgaren, Tschechen und Russen. Wie eine gescheuchte Ratte huschte ich durch die Straßen. Das Holzhäuschen stand noch! Gott sei Dank, es war heil und unversehrt! Fischers weinten vor Freude, als ich rußverschmiert und mit völlig zerzausten Haaren bei ihnen eintrat.

›O Kind, wir haben unablässig für dich gebetet!‹ sagte Herr Fischer und ließ seinen Tränen ebenfalls freien Lauf. Es dauerte eine Weile, bis wir uns einigermaßen beruhigt hatten.

Mit großer Aufmerksamkeit verfolgten wir weiterhin die massiven Einflüge der alliierten Bomberverbände in unser Gebiet der Reichshauptstadt Berlin. Für alle Deutschen war es nicht nur ein Gebot der Vorsicht, sondern eine strenge, gesetzliche Pflicht, während der Luftangriffe in Luftschutzräumen zu bleiben. Bis zum Dauerton der Sirenen, der Entwarnung bedeutete und das Ende eines Angriffs anzeigte, verharrten alle, Eltern, Großeltern und Kinder in den Kellern.

Bei uns in den Vororten Berlins wurden wegen der fehlenden Keller auf den Grundstücken der Laubenkolonien sogenannte überdachte ›Splittergräben‹ ausgehoben. Da solche Unterkünfte aber sehr provisorisch angelegt waren und es im Herbst und Winter recht kalt und feucht wurde, gingen nur wenige der Anwohner in diese Gräben.

Fischers lebten in dem zuversichtlichen Glauben, daß die Engel Gottes sie in allen kritischen Situationen behüten würden, denn sie beteten während jedes Luftangriffs stets um den Schutz Gottes, für sich selbst und auch für die anderen Gotteskinder in der Stadt und ihre Nachbarn.

Sie waren sich aber auch der Tatsache bewußt, daß sie, wenn eine Bombe oder Luftmine in ihrer Gegend runterfiele, im gleichen Augenblick getötet würden. Deshalb waren sie innerlich bereit, jederzeit vor Gott zu treten, denn sein herrlicher Friede regierte ihr Leben. Keineswegs waren sie deshalb leichtsinnig in ihrem Verhalten, nein, wegen der gefährlichen Splitter der zu Hunderten explodierenden Flakgranaten setzten sie sich mit mir in den mittleren Raum des Holzhauses. Es wurde dann kein Licht angezündet. Durch die Spalten der Verdunklungsrollos sahen wir die grellscheinenden Blitze vom Sperrfeuer der Flakgeschütze. Oft genug leuchteten minutenlang die an Fallschirmen hängenden Leuchtmarkierungsbomben der Engländer in schönster Farbenpracht.

Wir hatten aus vielen Berichten von Menschen gehört, die aus verschütteten Kellern geborgen worden waren, daß sie die Bombe, die das Haus traf, vorher nicht gehört hatten, bis dann die schreckliche Explosion das Haus zum Einsturz brachte. Wenn man den grausigen Pfeifton der Luftmine hörte, bestand für die unmittelbare Nähe keine Gefahr, durch sie getroffen zu werden. Aber wer wußte schon, ob nicht zur gleichen Zeit eine ganze Reihe dieser tödlichen Bomben herunterfiel, die man aber nicht gehört hatte.

Eines Tages explodierte keine 500 Meter von unserem Häuschen entfernt eine solche Luftmine. Die enorme Druckwelle, die bei der Explosion ausgelöst wurde, zerstörte alle Fenster in der Gegend und riß viele Dächer von den Häusern. Am anderen Morgen kamen mehrere Männer von der Kreisleitung der NSdAP, um sich den Schaden anzusehen und die nötigen Papiere für die Reparaturarbeiten auszustellen. Ich selber hatte die Herren zuerst gesehen. Im Nu war ich an die Hauskontrolle bei euch in Berlin-Blankenburg erinnert.«

Ruth beugt sich vor, um über die Hände von Frau Nowak zu streicheln.

»Ich spürte einen entsetzlichen Stich in der Herzgegend. Hastig begann ich, alle meine Kleider und sonstigen Gegenstände in Fischers Kleiderschrank zu stopfen. Frau Fischer nahm sofort das Bettzeug von mir und legte es in ihre Betten, die mit einer Bettdecke zugedeckt waren. Indessen räumte auch Herr Fischer meine Taschen in den Geräteschuppen, zog das Sofa von der Wand und sagte: ›Schnell, Kleine, rutsch unter das Sofa!‹

Leise, aber sehr glaubensvoll betete er: ›Großer Gott, bei dir ist unsere Zufluchtsstätte, wir haben dich zum Schutz erwählt, hilf, daß sich unserer Hütte kein Unglück naht. Befiehl du deinen Engeln, daß sie uns bewachen in dieser Not.‹

Ich hatte wohl keine fünf Minuten unter dem Sofa gelegen, als zwei Männer polternd das Häuschen betraten.

›Wir kommen von der Kreisleitung der NSDAP, um den Schaden zu inspizieren, der heute Nacht durch eine Luftmine verursacht worden ist.‹

›Aber bitte, meine Herren‹, sagte Herr Fischer, ›sehen Sie sich nur um. Es ist wirklich ein Skandal, daß man Bomben in Wohngebiete wirft, wo weit und breit keine militärischen Anlagen sind. Wie lange soll das noch so weitergehen? Warum lassen wir uns das gefallen? Wo bleiben unsere berühmten Nachtjäger?‹

›Warten Sie es nur ab, Herr Fischer, wenn der Führer erst die neu entwickelten Wunderwaffen einsetzt, dann wird die ganze Welt erzittern!‹

Die Männer machten sich ein paar Notizen.

›Sind alle Scheiben zu Bruch gegangen?‹ fragte einer der beiden.

›Jawohl, aber ich glaube, es wäre einfacher für Sie, wenn sie die Scheiben zählten, die heil geblieben sind, dann brauchten Sie nicht soviel aufzuschreiben.‹

›Ja, schon, Herr Fischer, aber das geht leider nicht, wir müssen jeden Schaden einzeln aufnehmen. Sie gestatten?‹ Dabei pflanzte er sich auf das Sofa. Ich verspürte einen starken Druck auf meinen Knien und vernahm das raschelnde Geräusch von Papier. Offensichtlich begann der Mann, ein Formular auszufüllen. Ich hörte mein Herz so laut schlagen, als wollte es mir aus der Brust springen. Meine Muskeln waren bis zum Äußersten gespannt. Plötzlich bekam ich auch noch ein ekelhaftes Pieken und Kratzen im Hals, ein fürchterlicher Hustenreiz quälte mich, ich zitterte am ganzen Leib und dachte: Nur nicht husten! Auf keinen Fall husten! –

Ich schluckte unaufhörlich und schluckte und schluckte, um das Kratzen zu beseitigen. Aber der Hustenreiz schien schlimmer zu werden. Ich mußte meinen ganzen Willen zusammennehmen, um das entsetzliche Gefühl zu unterdrücken.

Da der Besucher auf dem Sofa hin- und herrutschte, knarrten die Metallfedern ständig.

›O Gott! Der du mich schon in tausend Gefahren bewahrt hast, hilf mir!‹ schrie ich innerlich. ›Hilf! – Hilf! – Hilf! – Herrgott hilf!‹

Ich atmete ganz langsam, zog die Luft nur durch die Nase ein und hielt ab und zu die Luft an, dadurch bekam ich Erleichterung.

Jetzt setzte sich auch der zweite Herr auf das Sofa, direkt über meinem Kopf schien er zu sitzen. Er rutschte sehr unruhig und geräuschvoll auf seinem Platz hin und her.

›Wenn wir den Krieg erst gewonnen haben, Herr Fischer, werden wir nicht mehr an diese schlechten Zeiten denken!‹ sagte er.

Plötzlich nahm das Kratzen in meinem Hals wieder zu, es war einfach fürchterlich. Der Reiz wurde so unerträglich, daß ich meinte, laut loshusten zu müssen. Tränen traten mir in die Augen und liefen mir über das Gesicht zu den Ohren hin. Mir war bewußt, wenn ich jetzt laut husten würde, dann wäre es mit meinem Leben aus! Man würde mich mitnehmen und ebenfalls ins KZ schaffen. Ich öffnete ein wenig meinen Mund und zog ganz langsam die Luft ein, aber durch die ständigen Bewegungen auf dem Sofa wirbelten sicher viele kleine Staubpartikel herum, so daß der Reiz nicht aufhören konnte. Ich begann, meinen Kehlkopf zu massieren und kniff mich mit der Hand in den Schenkel, um so von dem ekelhaften Reizgefühl abzulenken. Das Kitzeln in der Luftröhre ließ dadurch bald nach.

Ich freute mich sehr, als Herr Fischer zu sprechen begann: ›Wissen Sie, jeden Tag freue ich mich auf den nächsten, und jeden Tag bin ich aufs Neue erleichtert, wenn meine kleine Bude noch steht. Man ist doch sehr bescheiden geworden. Wenn man so Nacht für Nacht durch den Heulton der Sirenen aus dem Schlaf gerissen wird, meint man, die letzten Posaunen verkündigten den Anfang der Apokalypse!‹

›Was für eine Kapoalytze?‹ fragte einer der beiden.

Ich mußte mich auf die Lippen beißen, um nicht zu lachen.

›Apo-ka-lypse‹, wiederholte der andere.

›Und was heißt das?‹ – Es entstand eine peinliche Verlegenheitspause.

›Ja‹, begann Herr Fischer sehr langsam, ›die Apokalypse wird beschrieben in der Offenbarung des Apostels Johannes.‹

›Und was steht da geschrieben?‹

›Ach, zum Beispiel, daß Feuer vom Himmel fallen wird!‹ antwortete Herr Fischer.

›Hier über Deutschland?‹

›Nicht nur, sondern über alle Völker, die sich von Gott abgewandt haben und dem Bösen und Zerstörerischen folgen.‹

Das war eine ziemlich provozierende Antwort, Herr Fischer wollte offensichtlich die beiden herausfordern und dabei ablenken.

›Ach, wissen Sie, Herr Fischer, in diesem albernen Judenbuch stehen so manche Märchen geschrieben, damit wollen wir uns nicht aufhalten.‹

›Ja, ja – aus alten Märchen winkt es hervor mit weißer Hand – und plötzlich sieht man die Flammenschrift an der Wand!‹

Offenbar hatte sich Herr Fischer innerlich gefaßt, denn er wagte es, ein Zitat von Heinrich Heine mit Worten aus der Bibel zu vermischen. Damit machte er die bornierte Dummheit dieser ›Führergesellschaft‹ offenkundig.

›Es wird höchste Zeit, Adolf, wir müssen weiter‹, mahnte der eine, ›wir haben noch mehr zu tun.‹

Beide erhoben sich fast gleichzeitig und riefen wie im Chor: ›Heil Hitler!, Herr Fischer.‹ – ›Heilt Hitler!‹ war die Antwort von Herrn Fischer, und zwar so schnell, daß die beiden die höchst gefährliche Abwandlung des sogenannten deutschen Grußes nicht bemerkten.

Als sie dann gegangen waren, sagte Frau Fischer: ›Du bist aber leichtsinnig gewesen, Heinrich! Wenn das nur nicht mal schiefgeht!‹

›Aber Frauchen‹, lachte ihr Mann, ›solange die Wände keine Ohren haben, kann man mit der Dummheit dieser Leute noch Katz und Maus spielen.‹

›Jetzt hol nur schnell unsere Ruth unter dem Sofa hervor, sonst erstickt sie noch!‹

Herr Fischer zog das Sofa eiligst vor, damit ich mich erheben konnte und umarmte mich dann väterlich.

›Den beiden haben Sie aber tüchtig eingeheizt!‹ sagte ich.

›Hör mal gut zu, mein Kind‹, antwortete er verschmitzt: ›Nach dem Krieg wird es sicher sehr viel Butter geben, worüber du dich freuen solltest, weißt du warum?‹

Ich ahnte, daß das wieder so eine Glosse war, wie er sie schon öfter zum Besten gegeben hatte. ›Weshalb?‹ fragte ich, wobei mir noch die Knie zitterten.

›Nun höre und staune: weil dann alle Hitlerbilder entrahmt werden!‹ Er lachte aus vollem Halse über mein verblüfftes Gesicht.

›Aber Heinrich, wie kannst du noch Witze machen, wo die Zeiten so ernst sind!‹

›Ja, ja, schon gut, Frauchen, aber irgendwie muß man doch dem Ernst mal ein Schnippchen schlagen, findest du nicht?‹

Viele Berliner waren ganz groß im Erfinden solcher Witze. Es war ihre Art Galgenhumor, mit der lausigen Zeit innerlich fertig zu werden.«

Ruth streckt ihre Arme in die Höhe und reckt ihre steifgewordenen Glieder.

»Nur schade, daß ich euch nicht mehr erreichen konnte. Ihr ward ja damals schon in Salzwedel, wohin Vaters Dienststelle verlegt worden war.«

Auch Frau Nowak bewegt ihre Arme und Beine ein wenig, dann antwortet sie: »Ach ja, mein Kind, wir wußten durch Hartmanns, daß du in Frohnau untergebracht warst und konnten dir von Hans ja leider nichts Erfreuliches mehr berichten. Er galt noch immer als vermißt. Ich hatte die Hoffnung seitdem nie aufgegeben und wartete täglich noch immer auf die frohe Nachricht. Ich konnte es an den Vormittagen immer kaum erwarten, bis der Briefträger kam – doch jedesmal ging ich aufs Neue enttäuscht ins Haus. Gott allein weiß, wieviel Tränen ich um ihn geweint habe! Ich betete aber auch für dich, meine liebe Ruth, und zwar jeden Tag, und wie freute ich mich damals, als ich dich im Herbst 1945 in Frankfurt wiedersehen konnte. – Wie oft sind wir dann nach Friedland gefahren«, sie seufzt aus tiefstem Herzen. »Doch Hans war damals schon längst in der himmlischen Heimat. Als Vater dann auch heimgegangen war, sehnte ich mich nur noch nach dem Ort, wo es keine Trauer und keine Schmerzen mehr gibt, wo keine Klagen mehr über unsere Lippen kommen werden und die schrecklichen Trennungen durch Kriege und Tod endgültig vorbei sein werden.«

»Im himmlischen Jerusalem gilt dann: ›Das Erste ist vergangen, siehe, es ist alles neu geworden! Durch unseren Heiland Jesus Christus ist alles neu geworden!‹« beendet Eberhard dieses ausführliche Gespräch.

Da Ruth an diesem Tag noch zum Verlag muß, um dort einen Artikel für die ›Jerusalem Post‹ abzuliefern, beschließen sie, nochmals durch die Basargassen von Jerusalm zu bummeln. Für den Nachmittag planen sie eine Fahrt nach Bethlehem.

Ruth hatte durch die widrigen Kriegsumstände keine abgeschlossene Berufsausbildung. So hat sie sich nach dem Krieg noch in Deutschland in Privatkursen zur Journalistin ausbilden lassen, ehe sie ihr eigentliches Ziel, nach Israel auszuwandern, in Angriff nahm. Ihr größter Wunsch sollte in Erfüllung gehen, einmal über die Bewältigung der schrecklichen Vergangenheit den folgenden Generationen zu berichten, aber auch von einer besseren Zukunft zu schreiben, die einzig und allein in Gottes Händen liegt.

Die Schatten deiner Flügel

»Jerusalem ist auch heute noch ein Sammelbecken vieler religiöser und nationaler Gemeinschaften«, erklärt Ruth ihren Gästen, als sie durch die engen Gassen mit den vielen Kaufbuden schlendern.

»Die Wohnviertel der einzelnen Völkergruppen wetteifern oft miteinander, um ihre Daseinsberechtigung zu unterstreichen. Die Altstadt, der sogenannten ›heiligste Kern‹, ist von der Türkenmauer umgeben, und dort finden wir das jüdische, das christliche, das armenische und vor allen Dingen das mohammedanische Viertel. Jede der Bevölkerungsgruppen wohnt kaum zehn Minuten Gehweg voneinander entfernt, und doch blicken sie sich mißtrauisch, hintergründig und manchmal sogar verächtlich oder feindselig an.«

Eberhard, der an der Seite von Ruth geht, sagt: »Aber wenn der Messias erscheint, dann wird er reinigen wie der Schmied das Silber, und nichts Unreines soll mehr durch die Gassen gehen.«

Ruth nickt und hält den Arm von Frau Nowak fest, damit sie im Gewühl der Basargassen nicht abhanden kommt.

»Woche um Woche erwarten die orthodoxen Juden das Erscheinen des Messias. Am Sabbath klagen und singen sie an der großen Mauer, und doch scheint alles beim alten zu bleiben.«

Es begegnen ihnen Männer mit schwarzen Kaftans und Pelzhüten. Überall riecht es nach orientalischen Gewürzen, Eselkot und verbrannter Holzkohle. Diese unterschiedlichen Gerüche werden oftmals durch die starke Sonneneinstrahlung, durch die Ausdünstungen von Mensch und Tier, dazu dem Kreidestaub in den Gassen zu einem penetranten Gestank.

»Wie geht es dir?« fragt Eberhard seine Frau Maria, deren Überempfindlichkeit gegen extrem starke Gerüche er nur allzu gut kennt.

»Es geht so einigermaßen. Selbst, wenn ich mir die Nase verstopfen würde, ich glaube, auch dann hätte ich den üblen Geschmack auf der Zunge und im Hals.«

Sie nähern sich dem jüdischen Viertel. Auch hier verbreiten sich, wenn auch wesentlich schwächer, die Gerüche von Thymian,

Knoblauch, verbrannten Scheiten und Kreidestaub. An allen Straßenecken findet man jugendliche, arabische Bettler, die sich wie Schlachtfeldhyänen auf die Touristen stürzen und allen möglichen Kram zum Kauf anbieten.

Auf ihrem Gang durch die vielen Gassen und Gäßchen biegen sie wohl um hundert Ecken, so kommt es ihnen jedenfalls vor. Unübersehbar ist das Angebot der Händler von Obst und Gemüse, von Gewürzen und Fleisch, das von Tausenden von Fliegen übersät scheint. Daneben gibt es die Buden mit ihrem Angebot von Kleidern, Touristensouvenirs, Taschen, Messingarbeiten aller Art, von Teppichen und Schnitzereien aus Olivenholz. Durch die Menschenlawine bahnt sich laut schreiend ein Araber, auf einem Esel sitzend, den Weg. Unentwegt traktiert er das Tier mit Tritten in seine Flanken. Maria hält sich mit einer Hand die Nase zu. Staunend blickt sie einigen orthodoxen Juden nach, deren Schläfenlocken wie kleine Korkenzieher hin- und herwippen. Es ist ihr fast unbegreiflich, daß Menschen, wie die Araber, in diesen Wohnhütten, umschwärmt von allerlei Ungeziefer, wohnen können.

Alle vier sind froh, als sie endlich durch das Stephanstor ins Freie gelangen. Mit einem arabischen Taxi fahren sie nach Bethlehem. Dort besuchen sie die alte Geburtskirche, drängen sich mit anderen durch den niedrigen Eingang, um zu dem Platz zu kommen, wo angeblich die Krippe des ewigen Friedensfürsten Jesus Christus gestanden haben soll, doch sind sie froh, nach einiger Zeit das Gebäude verlassen und die reine, frische Luft draußen genießen zu können.

Erst an dem wunderschönen Panorama der von Bildbänden bekannten Hirtenfelder von Bethlehem können sie sich innerlich auf die herrlichen Begebenheiten des Evangeliums einstellen. Neben einer urwüchsigen Felsenhöhle setzen sie sich auf helle Steinblöcke und erleben im Geist die erregende Geschichte, die sich vor fast zweitausend Jahren in dieser, vom Fortschritt fast unberührten Gegend abgespielt hat. Eberhard ist es, der ihnen den Text aus der Heiligen Schrift auswendig zitiert. Er hatte diese Geschichte öfter bei den Weihnachtsfeiern der Sonntagsschule aufsagen müssen.

»Und es waren Hirten in derselben Gegend auf dem Felde bei den Hürden, die hüteten des Nachts ihre Herde.

Und siehe, des Herrn Engel trat zu ihnen, und die Klarheit des Herrn leuchtete um sie; und sie fürchteten sich sehr.

Und der Engel sprach zu ihnen: Fürchtet euch nicht! Siehe, ich verkündige euch große Freude, die allem Volk widerfahren wird;

denn euch ist heute der Heiland geboren, welcher ist Christus, der Herr, in der Stadt Davids.

Und das habt zum Zeichen: ihr werdet finden das Kind in Windeln gewickelt und in einer Krippe liegen.

Und alsbald war da bei dem Engel die Menge der himmlischen Heerscharen, die lobten Gott und sprachen:

Ehre sei Gott in der Höhe und Frieden auf Erden und den Menschen ein Wohlgefallen!«

Am nächsten Abend setzte Eberhard seine Schilderung über die letzten Kriegsereignisse fort:

»Für mich ging der Krieg sehr aufregend, aber doch glücklich zu Ende. Die Invasion stand bevor. Über Nacht wurden wir von Rußland nach Schleswig-Holstein verlegt. Es war ein frohes Wiedersehen mit Maria und ihrer Familie.«

Beide schauen sich glücklich in lieber Erinnerung an. Mit erhobenem Zeigefinger erinnert sich Frau Nowak an diese Zeit: »Und wir wußten überhaupt nichts von deinen heimlichen Plänen! – Du warst ja schon immer recht schreibfaul und verschwiegen.«

»Das verstehe ich aber nicht, als ich in dem Manuskript seiner Biografie las, hatte ich den Eindruck, einen recht fleißigen Schreiber vor mir zu haben«, warf Ruth ein.

»Ach, lassen wir das«, fährt Eberhard fort, »wir waren also an der Westfront. Die Luftüberlegenheit der Alliierten hatte ein derartiges Ausmaß angenommen, daß man sagen konnte, sie besaßen die zehnfache Übermacht. Unsere eigenen Fernaufklärer konnten sich nur noch wie Diebe in der Nacht zur Insel hinüberschleichen. England glich vom Norden bis zum Süden einem einzigen Heerlager. Unsere umgebauten, neuen Junkersmaschinen hatten keine Bodenwannen mehr, die Bugnase war aerodynamisch günstig verglast. Die Höchstgeschwindigkeit unserer JU 88 war immerhin jetzt auf 650 km/h gestiegen und die Gipfelhöhe lag bei 9800 m. Deshalb waren wir als Besatzung nur noch zu dritt, Springer war versetzt worden. Somit hatten wir einen gewissen Vorteil.

Eines Abends, ich hatte gerade meinen Freund und Bruder in Christo aufgesucht, und sprach mit Martini über die Führungen Gottes in unser beider Leben, über die bewahrende Macht durch seine himmlischen Heerscharen und auch über die grauenhafte Entwicklung in der Heimat in bezug auf die Endlösung der Judenfrage, als plötzlich das Telefon läutete. Martini nahm den Hörer ab und meldete sich. Als er seinen Namen und Dienstgrad genannt hatte und in die Ohrmuschel hörte, straffte sich auf einmal sein Körper und nahm stramme Haltung an: ›Jawohl, Herr General!‹ rief er aufgeregt in den Hörer. Während des weiteren Hörens legte er seine rechte Handfläche auf die Membrane und flüsterte in meine Richtung: ›Schnell, such Findeisen, ein Goldfasan will den leitenden Offizier des Gefechtsstandes sprechen!‹

Ich rannte, so schnell ich nur konnte, in die Offiziersbaracke, fand ihn, und schon spurtete Findeisen über den Platz, als gelte es, eine Goldmedaille im 200-Meter-Lauf zu erringen. Ganz außer Atem riß er Martini den Hörer aus der Hand und meldete sich:

›Zu Befehl, Herr General! – Nein, heute liegen noch keine Aufklärerergebnisse vor! – Wie bitte? – Ja, ich verstehe, die Auswertung der gestern mitgebrachten Filme ist noch im vollen Gange. – Ich gebe Ihnen die ersten Ergebnisse in aller Kürze fernmündlich durch, beziehungsweise, ich schicke die wichtigsten Bilder per Eilkurier ab.‹ Findeisen hörte, immer wieder mit dem Kopf nickend, den Anweisungen des Generals zu.

›Nein, Herr General, drei Besatzungen liegen noch auf dem Horst in Reserve.‹ Es entstand eine größere Pause, in der Findeisen hin und wieder bestätigte: ›Habe verstanden! – Jawohl, habe verstanden!‹

Abschließend sagte er: ›Zu Befehl, Herr General! – Sämtliche Besatzungen werden sofort zur Einsatzbesprechung befohlen! – Ende!‹

Findeisen legte den Hörer auf und drehte sich ruckartig um: ›Martini – die restlichen Besatzungen zur Einsatzbesprechung in die Befehlsstelle! Sofort bitte!‹ Martini stürmte hinaus.

Im Besprechungsraum hing eine großflächige Einsatzkarte an der Wand. Findeisen gab kurze Anweisungen. Die Besprechung ließ nichts zu wünschen übrig in bezug auf Kürze und Wichtigkeit der Sache.

Der Anflugweg stand fest, für den Rückflug sollten die Besatzungen den jeweils günstigsten Kurs für sich festlegen, immer nach der Art, wie die Alliierten uns in Empfang genommen hätten.

Hansen starrte unverwandt auf die Karte und murmelte vor sich hin: ›Wieder mal ein Himmelfahrtskommando!‹

›Oberleutnant, Sie wissen, wie wichtig Ihr Auftrag ist!‹ versuchte Findeisen ihn zu beschwichtigen. ›Wir kommen doch stets zur Erde zurück!‹

›Daß wir zurückkommen, steht außer Frage, Herr Hauptmann, doch mit der Seele ist das eine andere Sache‹, dabei deutet er nach oben.

›Wenn ich ihn nur habe, so frage ich nichts nach Himmel und Erde.‹

Beide schauten mich verwundert an, der eine verblüfft, der andere mit einer gewissen Freude.

Ich sagte noch kurz: ›Das Herz im Himmel – den Himmel im Herzen – Gott, dem Herrn, sind alle unsere Wege und auch Flüge bekannt. Der einzige Weg ins Himmelreich geht über Golgatha!‹ –

›Sie beide scheinen mir schon eine verschworene Gemeinschaft von Himmelsbürgern zu sein‹, konterte Findeisen, ›mir wäre es jedoch lieber, Sie kämen zu Ihrem Einsatzhafen zurück!‹

Schwarzkopf warf ein: ›Ich halte es da mehr mit Goethe: Die Träne quillt – die Erde hat mich wieder!‹

›Also dann – Hals- und Beinbruch! – Der reinste Spaziergang beim Spähtruppunternehmen Engel-Land!‹

Findeisen versuchte, ein Lächeln auf sein Gesicht zu zwingen, was ihm aber schon in den Anfängen mißlang. Hansen legte die Hand zum Gruß an: ›Also, in Gottes Namen! – Besatzung Diebische Elster meldet sich zum Feindflug ab!‹ Dann trotteten wir übers Flugfeld. Der lange Ferdinand kam uns entgegen, lässig schlug er die Hacken zusammen: ›Melde, Diebische Elster klar zum Feindflug!‹

Hansen nickte und klopfte dem Oberwerkmeister kameradschaftlich auf die Schulter: ›Hören Sie, Ferdinand, falls wir von diesem Feindflug nicht zurückkommen sollten, nehmen Sie diese goldene Uhr und schicken Sie sie an meine Eltern. Entweder bin ich dann in Abrahams Schoß oder in Kriegsgefangenschaft. Teile es meinen Angehörigen bitte mit‹, und lächelnd schaute er in das breitflächige und gutmütige Gesicht des Hauptfeldwebels.

Es schien, als wollte er noch etwas sagen, dann aber gab er dem Langen einen Stoß vor den Bauch und sagte: ›Mach's gut, Ferdinand! Bleib treu bis in den Tod! – Und denke an uns!‹

Die Männer des Bodenpersonals waren um die Maschine versammelt, wie es vor jedem Start zu neuem Feindflug üblich war. Manche von ihnen betrachteten uns, als hätten sie bereits Todeskandidaten vor sich.

Wenige Augenblicke später griff Hansen als erster nach den schmalen Eisensprossen der kleinen Leiter, die in die Maschine führte. Ich folgte ihm und rutschte auf meinen Beobachterhocker. Schwarzkopf zwängte sich wie immer fluchend und schimpfend in die Maschine: ›Diese Blödmänner, die verstehen überhaupt nichts vom Flugzeugbau! Man sollte sie alle auf den Mond schießen! Mit was für Mühen kommt man in diesen Kasten hinein! Und jetzt haben sie auch noch die Bodenwanne weggenommen!‹

Ich schnallte mich an und blickte auf die Männer, die in ihren schwarzen Kombinationen auf dem Flugfeld standen. Mir kamen sie vor wie eine, allerdings vorzeitig, versammelte Trauergemeinde.

Schwarzkopf machte sich zuerst an seinem Funkgerät zu schaffen. Ich sah, wie der lange Ferdinand den rechten Arm hob und winkte, Hansen winkte zurück. Der Anlasser begann zu singen. Mit tuckernden Stößen fing das rechte, dann auch das linke Triebwerk an zu arbeiten. Das bekannte Zittern der Maschine rüttelte die Mannschaftszelle des Fernaufklärers. Der lange Ferdinand machte noch einmal seine Ehrenbezeigung, als Hansen die Maschine an ihm vorbeirollen ließ. Mir war recht mulmig zumute. Wir wurden hin- und hergeschüttelt, als die gute JU über die Grasnarbe zum Startpunkt schaukelte.

Draußen, über der Nordsee, tobten die Ausläufer eines Sturmtiefs wie eine geballte Ladung gegen die Nordseeküste. Mit eisernem Besen schien der Wind den Himmel blankzufegen. Die stürmischen Böen hetzten mit bockigen Sprüngen über Land und Meer. Die Rollbahn sah im Scheinwerferlicht wie frisch gescheuert aus. Es war eine stockfinstere Nacht. Der Startposten hob die Fahne empor, Sekunden später fegte die ›Diebische Elster‹ über die Startbahn. Ich spürte, wie die Maschine zu hüpfen und zu tanzen begann. Heulend und grollend, den Sturm übertönend, schoß der schlanke Leib des Flugzeugs hinauf in den Himmel. Als wir an Höhe gewonnen hatten, meinte Hansen: ›Die alte Tour!‹

Wir kannten alle Funk- und Leuchtfeuer, alle Kurse und Flakgebiete, aber auch die ruhigen Abschnitte der Strecke. Doch nach einiger Zeit ließ Hansen über der Nordsee die Maschine absinken. Im Kopfhörer vernahmen wir seine knappen Anweisungen: ›Wir bleiben so tief wie nur möglich bis kurz vor England! Wir unterfliegen die Strahlen der feindlichen Radars!‹

Aus der Kanzelspitze konnte ich bald trotz Dunkelheit die unzähligen, weißen, Gischtkronen auf der unendlich weiten Wasserfläche erkennen.

›Hoffentlich bekommen wir keinen nassen Bauch!‹ grunzte Schwarzkopf. ›Mir bekommt das kalte Wasser nämlich nicht.‹

Dann schwiegen wir. Hansen flog entgegen allen Regeln weit unter der Sicherheitshöhe von 300 Metern, deshalb war höchste Konzentration und blitzschnelles Reagieren das Gebot der Stunde. Schwarzkopf hatte zum erstenmal seine gottlosen Witze vergessen, das war außergewöhnlich. Im Kopfhörer herrschte Totenstille, abgesehen von gelegentlichem, feinen Knistern. Auf einmal begann Schwarzkopf recht geräuschvoll an der Handpumpe für den Kraftstoff zu hantieren. Er war in seiner Angst recht hilflos, so wie ein Kind, das sich irgendwo in gefährlicher Dunkelheit verirrt hat. Deshalb fummelte er mit einer, sonst bei ihm nicht gekannten Geschäftigkeit an Knöpfen und Schaltern herum. Er wollte die Ursache seiner Nervosität einfach durch lautstarkes Rumoren überdecken.

›Warum seid ihr heute bloß so mundfaul?‹ fragte er auf einmal. ›Sprecht doch mal was!‹ Und kurz danach: ›Bis zum Sterben haben wir ja noch einige Minuten Zeit, oder?‹

›Na gut, Schwarzkopf‹, antwortete Hansen, ›dann wollen wir über das Wichtigste in unserem Leben sprechen, wie steht es eigentlich mit Ihrer Haltung zu Gott?‹

›Haha, natürlich – die sogenannte Gretchenfrage, wie hältst du es mit der Religion?‹ Schwarzkopf lachte bitter auf.

›Nee, nee, Herr Oberleutnant, mein Religionsbekenntnis lautet: Hilf dir selbst, so hilft dir Gott!‹

›Mensch, Ernst, denk doch mal richtig an die Ewigkeit! Wir drei können noch heute unser Leben verlieren und im Sarg liegen, und was dann?‹ sagte ich.

›Ich glaube kaum, daß einer von uns noch einen Sarg verpaßt bekommt, wir können uns für ein paar Sekunden schon hier an das höllische Feuer gewöhnen,‹ maulte er diabolisch zurück.

›Damit bestätigen Sie, daß Sie doch an ein ewiges Feuer denken‹, konterte Hansen.

›Hören wir doch damit auf! – Jeder muß eben nach seiner Fasson selig werden‹, meinte er leichthin. Doch ich fühlte mich innerlich genötigt, noch weiter mit ihm über die Ewigkeit zu reden: ›Denk daran, aus der Hölle gibt es keinen Rückfahrschein!‹

›Ach, hol dich der Teufel!‹ schrie Schwarzkopf mich an. ›Die Hölle ist euer bester Prediger, damit wollt ich einen nur knieweich machen, ihr Christen! Seid ihr denn besser als ich?‹

Hansen blickte konzentriert auf das Armaturenbrett, hörte unserem Gespräch aber aufmerksam zu.

›Nein, Ernst, wir sind keinen Deut besser als du – aber wir nehmen die Gnade in Anspruch, die uns Gottes Sohn, nämlich Jesus Christus, anbietet. Er hat für uns durch seinen Opfertod auf Golgatha die Straffreiheit errungen, die vor Gott gilt. Wenn uns Sünden in Schuld vor Gott und Menschen gebracht haben, müssen wir nicht darunter zerbrechen, sondern dürfen sie ihm bekennen. Er selbst vergibt uns alle Verfehlungen und macht uns innerlich von allen Belastungen frei‹, erwiderte ich ihm.

›Ich pfeife auf die Gnade! – Aus Gnaden geboren – aus Gnaden in diesen verfluchten Krieg geschickt! – Später aus Gnaden von den Maden zerfressen oder von Haifischen zerrissen! – Ich habe mich nicht selbst gemacht, keiner hat mich gefragt, ob ich leben wollte. Ich brauche keine Gnade, weil ich nichts von einem Gott weiß!‹

›Oder nichts wissen willst!‹ sagte Hansen laut.

Die Motoren brummten ruhig, während die ›Elster‹ sich dem Feindgebiet Kilometer um Kilometer näherte. Die Kompaßnadel zeigte auf Südwestkurs. Kaum hundert Meter unter den Tragflächen zogen die grollenden Wellen der ›Mordsee‹ dahin. Oberleutnant Hansen konzentrierte sich weiterhin voll auf den Flug.

›Sag mal, Ernst, wenn es nun doch einen gerechten Gott gibt und wir uns einst vor ihm zu verantworten haben?‹

›Gäbe es einen gerechten Gott, dann würden wir im Frieden

leben und nicht in dieser elenden Mühle sitzen, um uns blaue Bohnen um die Ohren jagen zu lassen!‹

Schwarzkopf drehte sich um und sagte: ›Was haben wir hier nachts in diesem Vehikel über der Nordsee zu suchen? Weshalb treiben sich Millionen Familienväter und Söhne aus anständigen Bürgerfamilien in fremden Ländern herum? – Weshalb versuchen sie, sich mit allen möglichen Mordinstrumenten die Schädel einzuschlagen, die Gliedmaßen zu zerfetzen und ganze Städte in Schutt und Asche zu legen? Warum lassen sich die Völker dazu hinreißen, aufeinander loszugehen und sich umzubringen? Wer hat uns danach gefragt, ob wir dieses morddürstige Handwerk überhaupt ausüben wollen? Wenn wir den Odem Gottes angeblich in uns haben, dann würden wir doch nicht solchen Bockmist produzieren! – Wenn Gott der Lenker aller seiner Geschöpfe wäre, könnte doch auf Erden niemals solch ein chaotisches Durcheinander herrschen, meine ich!‹

Schwarzkopf war so richtig in Fahrt gekommen. ›Wozu leben wir denn? Werden wir nur dazu geboren, um irgendwann elendiglich zu verrecken?‹

Ich zwang mich zu einer ruhigen Sachlichkeit, denn ich wußte aus den letzten Erfahrungen, daß dies, um überzeugen zu können, unbedingt notwendig ist. Immerhin war es schon bemerkenswert, daß die Besatzung eines Fernaufklärers während eines höchst gefährlichen Feindfluges ein solches Gespräch führte.

›Meinst du nicht, daß doch hinter einem jeden Leben ein genauer Plan, eine beeinflußbare Zielsetzung und ein sinnvoller Auftrag stehen? – Wäre des Menschen Zweck einzig und allein dieses arme Leben hier, dann könnte es nichts Erbärmlicheres geben, als geboren zu werden. Deshalb sagte Jesus auch von einem seiner Mitarbeiter: Es wäre dem Menschen besser, daß er nie geboren wäre. Unsere Lebenszeit eilt täglich, ja stündlich dem Grab entgegen! Man braucht kein Prophet zu sein, um zu behaupten, daß jedem der letzte Tag irgendwann bevorstehe, sehr kurz und unwiederbringlich ist die Zeit des sogenannten Lebens.‹

›Weshalb des sogenannten Lebens?‹ unterbrach mich Schwarzkopf.

›Weil es eben ein besseres, ein höheres, ein ewiges Leben geben wird, nämlich das ewige Leben in der direkten Gemeinschaft mit Gott.‹

Der Sturm über der Nordsee schien sich noch verstärkt zu haben, so daß Hansen die Maschine etwas steigen ließ, um nicht durch ungünstigen Einfluß in die Tiefe gerissen zu werden.

Noch einmal setzte ich an, um Schwarzkopf zu überzeugen: ›Kennst du das Zitat von Schiller: Das Leben ist der Güter höchstes nicht, der Übel größtes aber ist die Schuld!?‹

Hier fiel er mir sofort ins Wort: ›Und weshalb zieht Gott nicht die unmittelbar Schuldigen zur Verantwortung? Habe ich vielleicht Schuld an diesem elenden Krieg? Warum werden nicht die bestraft, die das Ganze in Gang gebracht haben? Warum nicht die, die die Befehle erteilen, über unschuldige Kinder, Mütter und Greise Phosphorbomben und Luftminen abzuwerfen? Der kleine Mann muß doch stets für die großen Raubmörder und Banditen die Suppe auslöffeln und darüber zugrunde gehen! Wo bleibt denn da die Gerechtigkeit Gottes?‹

Leider ließ er mich erst gar nicht zur Antwort kommen, sondern schimpfte unverdrossen weiter: ›Ich pfeife auf die sogenannte Gnade! Wenn es einen Gott gibt, so ist er ein harter Despot. Erst läßt er die Menschen allesamt schuldig werden, und danach erbarmt er sich dann großmütig über die reuigen Sünder. Zuerst müssen sich seine Geschöpfe zu Tode quälen, um dann in den Himmel zu kommen.‹

›Nun laß mich mal zu Wort kommen, mein Lieber! Ich will dir mal folgendes sagen: vielen Menschen gehen leider erst dann die Augen für die Realität eines Jenseits auf, wenn ihnen hier der Boden unter den Füßen weggezogen wird, und zwar durch Katastrophen und Unglücksfälle der mannigfaltigsten Art! So mancher Spötter ist erst dann erbärmlich klein geworden, wenn ihm die Luft auszugehen drohte, doch vorher hatte er den starken Mann gespielt.‹

Schwarzkopf begann schallend zu lachen: ›Nee, nee, mein Teurer, du wirst den strammen Feldwebel Schwarzkopf nicht heulen hören, wenn er krepieren muß – dann muß er eben krepieren. Wenn es also sein muß, dann werd' ich halt als Hilfsheizer in der Hölle arbeiten!‹

Innerlich hatte ich das unwiderstehliche Bedürfnis, meinem Kameraden jetzt das Notwendigste für diese Stunde zu sagen: ›Ernst, es geht doch darum, daß auch du erkennst, Gott hat für uns Menschen das Prinzip der absoluten Freiheit beschlossen. Seit

Schöpfungsbeginn sollen wir Menschen, übrigens als Ebenbilder Gottes, Verwalter dieser Erde sein. Ein Mensch wird dadurch zum Mitschöpfer und Verwalter, wenn er einen freien Willen bei allen Entscheidungen hat. Tiere haben lediglich ihren Instinkt und den Trieb, wir aber haben unseren freien Willen. Wir können ‚Ja' oder ‚Nein' sagen. Wir können darüber nachdenken und mit unserem Gesprächspartner diskutieren. Wir können eine eigene Meinung vertreten, die Meinungen anderer auch verwerfen, das ist unser Adel einerseits, aber auch Versuchung und Gefahr andererseits.‹ Noch nie hatten wir in dieser Ausführlichkeit über die letzten Dinge gesprochen, aber ich war mir in diesem Augenblick bewußt, daß es die letzte Gelegenheit sein würde.

›Der Kampf zwischen uns Menschen mit Gott begann dadurch, daß wir uns erhaben über Gottes Anweisungen und Gebote fühlten. Darin liegt der Urgrund aller Sünden, die wir täglich begehen oder schon begangen haben.‹

›Sünde – was heißt hier Sünde? – Was ist denn Sünde?‹ schrie Schwarzkopf mich an.

›Das Wort Sünde heißt eigentlich nichts weiter als: Zielverfehlung! Du weißt genauso gut wie ich, wenn ein Pilot nach dem Start nur wenige Grade von der angegebenen Flugrichtung abweicht und diesen Kurs nicht korrigiert, daß er das angestrebte Ziel verfehlt.‹

›Und woher kommt das Böse überhaupt?‹

›Auf diese Frage gibt uns die Heilige Schrift keine Antwort. Eines aber ist sicher, wo Adam ist, da folgt die Schlange, das bedeutet: Wohin sich auch der Mensch begeben mag, er wird von der Sünde verfolgt und eingeholt. Gerade das zeigt uns, wie wahr und echt die Geschichte aus dem Garten Eden ist! Alle Menschengenerationen sind in verhängnisvoller Weise in diese Katastrophe hineingezogen worden. Da ist keiner ohne Schuld vor Gott und Menschen, jeder braucht die Vergebung! Deshalb hat unser Schöpfer uns in der Person seines Sohnes Jesus Christus einen Retter und Erlöser gesandt, der uns den Ausweg aus diesem Chaos zeigen kann.‹

›Weshalb müssen wir Menschen für den Bockmist, den andere verursachen, auch noch mitleiden? Was können unschuldige Mütter und Kinder dafür, wenn Männer nicht die nötige Zivilcourage aufbringen, um sich gegen das Unrecht eines Krieges aufzulehnen und die wahnwitzigen Vernichtungsbefehle einfach zu ignorieren?‹

›Überleg doch einmal ganz logisch, Ernst, weshalb sind wir nicht mehr darüber erschüttert, daß Gott seinen eigenen, reinen und unschuldigen Sohn mit unserer Schuld beladen hat und ans Kreuz schlagen ließ zu unserer Vergebung? Wir sind nur zu schnell dabei, den Schöpfer für unsere Fehlleistungen auf die Anklagebank zu zerren mit dem Satz: Warum läßt Gott das alles zu? – Sollten wir uns nicht lieber darauf besinnen, warum wir die Anweisungen und Gebote Gottes nicht befolgen? Warum rebellieren wir ständig und aus purer Ichsucht gegen die Friedensgebote Gottes? Weshalb kapituliert der Feldwebel Ernst Schwarzkopf angesichts der Tatsache, daß er früher oder später zu sterben hat, nicht vor seinem Schöpfer und Richter, der ihn wieder in Ordnung bringen wollte und in das verlorengegangene Paradies zurückzubringen beabsichtigt?‹

›Paradies – Paradies – wie ist deine Frucht so süß!, hab ich mal im Religionsunterricht gelernt‹, dabei kicherte Schwarzkopf zynisch vor sich hin.

Mir krampfte sich das Herz zusammen. Mir war, als ginge der Stich eines Schwertes durch mein Herz. Wie konnte nur ein Mensch gegenüber der Liebe Gottes so eigensinnig und unbelehrbar sein? Warum nur hatte er so gar keine Antenne für Gottes Reden auch in diesen schweren Zeiten?

Plötzlich packten starke Windböen die Maschine und rüttelten uns gewaltig hin und her. Hansen hielt die Steuersäule krampfhaft umklammert, während die Tragflächen der JU 88 zu flattern begannen. Klebriger Schweiß lief mir den Rücken herunter. Dieser wüste Orkan, der die Maschine ergriffen hatte, riß dem Oberleutnant beinahe das Steuer aus den Händen.

›Propellerböen!‹ schrie Hansen. ›Aufpassen! – Oder wir gehen sonst kaputt!‹

›Ja, ja – k a p u u u t t!‹ schrie Schwarzkopf und kicherte dazu wie von Sinnen.

Hansen zog die Maschine langsam aber sicher empor. Mit aller Kraft stemmte er die Füße gegen die Pedale, reckte und streckte seinen Oberkörper und das Rückgrat durch. Mit bis zum Äußersten angespannten Armen und Beinen widerstand der Flugzeugführer den ungewöhnlich harten Ruderausschlägen durch den wütenden Sturm. Immer und immer wieder glich er durch kräftiges Gegenrudern aus, damit die Maschine nicht vom Kurs abgebracht wurde. Der Anzeiger des Höhenmessers stieg langsam, man sah nur den schwachen Schein der Instrumente, der vom Glas der Kanzel ein wenig reflektiert wurde. Draußen regierte die unerbittliche ›Mordseenacht‹.

In maskenhafter Haltung starrten wir in das Dunkel hinaus. Wir hatten einen Punkt erreicht, an dem es keine Gefühle, keine Empfindungen oder Regungen mehr zu geben schien.

Inzwischen war die Maschine auf 2000 Meter Höhe geklettert, aber noch immer zog Hansen beharrlich an der Steuersäule. Im steten Steigflug schraubte sich die ›Elster‹ höher und höher in den pechschwarzen Vorhang des Nachthimmels, um beim Erreichen der Küste von England nicht in den Sperrfeuergürtel der Flakabwehr zu geraten.

›Atemmaske anlegen!‹ befahl Hansen.

In 6000 Metern Höhe hatten wir eine Außentemperatur von minus 30° C. In unserer Kabine wurde es empfindlich kalt. Durch kleinste, undichte Stellen in der Verglasung rieselte ein steter Nebel von Eisnadeln herein.

Mit unwiderlegbarer Macht drängte sich mir der Gedanke auf einmal in mein Bewußtsein: Heute gibt es keinen Rückflug mehr! Ich konnte nicht von Todesahnungen reden, aber mir war auf einmal klar, daß uns etwas bisher nicht Erlebtes begegnen würde. Ich mußte an euch zu Hause denken, Mutter, auch an dich, Maria, und zitterte bei dem Gedanken, euch vielleicht nicht mehr wiedersehen zu können. Ich sah in der Ferne die ersten Lichtarme der feindlichen Scheinwerfer aufleuchten, dabei kam mir das bekannte Apostelwort in den Sinn: ›Wer will uns scheiden von der Liebe Gottes? Trübsal oder Angst oder Verfolgung oder Hunger oder Blöße oder Fährlichkeit oder Schwert?‹

Ich war ergriffen von dem tiefen Bewußtsein: ›Denn ich bin gewiß, daß weder Tod noch Leben, weder Engel noch Fürstentümer noch Gewalten, weder Gegenwärtiges noch Zukünftiges, weder Hohes noch Tiefes noch keine andere Kreatur mag uns scheiden von der Liebe Gottes, die in Christo Jesu ist, unserm Herrn.‹ Den letzten Satz sprach ich wohl halblaut vor mich hin, denn Hansen ergänzte kurz und bestimmt: ›Ja, Herr, Amen!‹

Die Scheinwerfer suchten unentwegt den Himmel ab. Unser

Höhenmesser stand jetzt auf 8000 Meter. Es war mir ein unheimliches Gefühl, zu wissen, daß in diesem Augenblick alle feindlichen Flakgeschützrohre auf einen Punkt am Himmel ausgerichtet waren. Es herrschte eine gespenstische Stille, die sogenannte Ruhe vor dem Sturm! Hansens Gesicht war zu zwei Dritteln unter der Atemmaske verschwunden. Ich starrte hinunter und ahnte, daß die Insel einem einzigen Heerlager glich. Die großen Invasionsarmeen standen in Alarmbereitschaft, um die ›Festung Europa‹ zu erobern. Das sonore Dröhnen der Motoren schien mir aus weiter Ferne zu kommen. Ich beugte mich über die Schaltskala der Bildgeräte und überprüfte noch einmal alle technischen Einrichtungen.

Plötzlich erschreckten mich vom dunklen Abgrund her die ersten Feuerblitze der Flakbatterien. Wir befanden uns im nächsten Augenblick im grellen Licht eines Scheinwerferkegels. Krampfhaft drückten wir unsere Augenlider zu, und Hansen begann mit seinem ›Flakwalzer‹, linke Abwärtskurve, rechter Steigflug, links – rechts, links – rechts, bis wir endlich wieder entkommen waren. Durch die kurzen, ruckartigen Steuerbewegungen wurden wir tüchtig durcheinandergerüttelt. Im Anschluß daran kamen wir von einer Flakzone in die andere. Rechts und links schossen feurige Blitze auf uns zu, der Feuerregen wurde immer dichter. Entsetzt stellte ich fest, daß sich die englische Flak auf unsere Flughöhe eingeschossen hatte, die vorausexplodierenden Geschosse bildeten eine fast geschlossene Feuerwand.

Jetzt geschah etwas, was ich bisher nur aus der Heiligen Schrift und aus Erlebnisberichten anderer erfahren hatte: eine haushohe Lichtgestalt mit flammendem Schwert sah ich aus dem Dunkel der Nacht uns entgegenleuchten. – Mit einer unbeschreiblichen Geste deutete dieses überirdische Wesen nach unten.

Ich schrie: ›Maschine nach unten drücken!‹

Gleichzeitig griff ich zur Steuersäule und schob sie heftig nach vorn.

Mit einer rasanten Abwärtsbewegung unterflogen wir die mörderische Feuerwand. ›Danke!‹ keuchte Hansen, der die blitzende Erscheinung nicht gesehen hatte.

Der Himmel schien angefüllt mit Reihen von Leuchtspurgirlanden von der feindlichen Flak. Mehrere Scheinwerferspinnen umgaben uns zur Rechten wie zur Linken und auch von vorn. Die

Detonationswolken der Flakgranaten verdunkelten hin und wieder einen feindlichen Lichtarm. Es roch förmlich nach verbranntem Pulver. Bunte Erkennungssignale tänzelten um uns herum. Unter uns brodelte es, die grellweißen, unaufhörlich zuckenden Abschußblitze der schweren Flak hatten einen Feuerzauber entfacht wie zu einer großen Silvesterfeier – nur uns war alles andere als feierlich zumute. Plötzlich wurden wir von einer Serie von Explosionen unter und über uns hin- und hergerissen, Splitter prasselten auf die Tragflächen, ja, um die ganze Maschine herum. Schwarzkopf stöhnte auf, aber er schrie nicht. Über unseren Köpfen zerplatzte Kanzelglas und ein kalter Luftzug drang in die Maschine.

Der Tod schien Katz und Maus mit uns zu spielen. Wenn wir gerade meinten, wir wären diesem Feuerorkan entronnen, so waren wir schon wieder mitten darin.

Und wieder detonierte eine breite Lage von Flakgranaten vor uns. Rotgelbe Bündel von Blitzen zuckten vor uns auf. Hunderte Explosionen hallten in dieser Höhe und hörten sich an wie hohles Gelächter der Hölle. Meine Hände tasteten ständig nach der Schaltung der Bildgeräte – aber an Luftaufnahmen war bei diesen wilden Tubulenzen überhaupt nicht zu denken, zumal wir noch keine Leuchtbomben abgeworfen hatten. – Ich bemerkte, daß die Eigenverständigungsanlage nicht mehr funktionierte. Schnell drehte ich mich um und griff mit meiner Linken nach dem Kopf von Ernst, doch der baumelte leblos, nach vorn übergebeugt. Ich konnte es nicht fassen und rief außer mir: ›Uwe, Uwe!‹ und schlug ihm auf die linke Schulter. Hansen zuckte nur mit den Schultern und starrte wie hypnotisiert nach vorn.

Mit einem Griff hatte ich mich losgeschnallt und zwängte mich nach hinten. Schwarzkopf hatte seinen Kopf zur Seite gelegt, die Augen starrten leblos in die Ferne. Ich riß ihm den Handschuh von der Hand und fühlte seinen Puls – nichts!

Wie lange Schwarzkopf schon bewußtlos oder sogar tot war, wußte ich nicht. Vielleicht hatte ein Splitter den Schlauch des Atemgerätes getroffen. Er hatte jenen Tod erlitten, der mit gaukelnden Bildern beginnt und sich, bei völliger Schmerzlosigkeit, in einen Schlaf verwandelt, aus dem es kein Erwachen mehr gibt: den Höhentod durch Sauerstoffmangel.

Als ich mich zu Hansen hindrehte, sah ich vor mir durch das

Kanzelglas zum zweitenmal eine hohe, leuchtende Gestalt am dunklen Himmelszelt mit ausgebreiteten Armen, die sich wie Flügel eines großes Vogels bewegten. Eine Granate explodierte jetzt dicht neben dem linken Motor. Die überirdische Gestalt deutete nach unten, und eine Stimme klang in mir: ›Aussteigen! – Sofort aussteigen!‹

Ich blickte über die Schulter von Hansen auf das Armaturenbrett: Der Öldruck stand auf Null! – Und der Ladedruck: Null am linken Motor! Das bedeutete Triebwerksausfall! Wir flogen immerhin noch in 5000 Metern Höhe! ›Uwe!‹ brüllte ich ihn an, ›wir müssen aussteigen!‹

Er schüttelte mit dem Kopf. – Wieder klopfte ich ihm auf die Schulter und rief: ›Wir müssen aussteigen, sieh auf die Instrumente! – Los, ehe es zu spät ist!‹

Er blickte mich ganz entsetzt an. Offenbar meinte er, mir wären die Nerven durchgegangen. Doch automatisch schob er die Steuersäule nach vorn. Sogleich neigte sich die Maschine, das Pfeifen des Fahrtwindes wurde stärker, es heulte wie eine riesige Windmaschine um die Kanzel.

›Schwarzkopf hat es erwischt!‹ rief ich ihm zu. ›Er ist erstickt!‹

3800 m – 3500 m – bald hatten wir 2000 m erreicht. Da setzte die leichte Flak ein und schoß aus allen Rohren. Es pfiff, zischte, jaulte und rumorte um uns herum. Hansen zog die Maschine wieder in die Horinzontallage. ›Nichts wie raus!‹ schrie er mir zu.

›Himmlischer Vater, behüte du uns! – In deine Hände befehlen wir unser Leben!‹

Schnell drückte ich mich zur Ausstiegsluke, ein prickelndes Gefühl durchjagte mich vom Scheitel bis zur Sohle! – Ich öffnete die Bodenluke. Der dunkle Abgrund mit den feurigen Pilzen des Sperrfeuers durch die Engländer kam mir wie ein brodelnder Höllenschlund vor. Man kann sich tausendmal vornehmen, kaltblütig zu bleiben, wenn es einmal soweit ist, zittern einem doch die Knie. Wer etwas anderes vor einem solchen Sprung in die schwärzeste Nacht der Ungewißheit behaupten sollte, der lügt.

Für den Bruchteil einer Sekunde zögerte ich noch. Doch dann – mit dem Stoßseufzer eines Gebetes: ›Jesus Christus, dein bin ich für Zeit und Ewigkeit!‹ stieß ich mich mit den Füßen ab.

Es kam mir trotzdem noch sehr lange vor, bis ich durch die Öffnung geglitten war und mir die eiskalte Strömung des Flugwindes ins Gesicht schlug. Das einzige, was ich bei diesem unheimlichen Fall in die Tiefe empfand, war das Gefühl, widerstandslos zu torkeln. Es war ein Torkeln, bei dem Beine, Kopf und Hände keinen Halt finden. Das Atmen fiel mir schwer. Ein brausender Luftstrom zischte mir um die Ohren, denn ich hatte mir ja die Haube samt den Kopfhörern abgerissen und in der Maschine gelassen.

Dann zog ich den Abzugbügel, der sich so leicht betätigen ließ, daß ich einen Schrecken bekam. Daraufhin gab es einen leichten Ruck – das Brausen und Zischen um die Ohren hörte mit einem Schlag auf. Mit gespreizten Beinen schwebte ich zwischen Himmel und Erde über dem unbekannten Feindesland. Immer wieder betete ich in Gedanken: ›Jesus, – Jesus, – Jesus – hilf uns!‹

Irgendwie hörte ich so nebenbei das Geräusch der abstürzenden Maschine. Jetzt schoß es mir durch den Sinn: ›Hatte Hansen es auch geschafft? War er freigekommen? – Wie hatte er allein aus der Maschine aussteigen können? O Jesus, hilf ihm!‹ betete ich. ›Ihr Engel Gottes, tragt ihn sicher zur Erde! – Ja, Herr, du rettest und bewahrst ihn! Amen!‹

Die Erde kam immer näher. Wo würde ich aufkommen? Das war ebenfalls eine bange Frage. Wo? In den Gipfeln von Bäumen eines Waldes – auf einem Kirchturm – im sumpfigen Gebiet? Wo nur, wo?

›O Herr, gib Gnade zur Landung!‹ betete ich inständig. Ich drückte meine Beine zusammen und versuchte, etwas vom Boden unter mir zu erkennen. Die Flak hatte ihr Feuer eingestellt. Nur einige Scheinwerfer fingerten lautlos den Himmel ab. Nach dem vorherigen Tosen des fürchterlichen Infernos empfand ich es jetzt als unheimliche Stille, die mich umgab. Ein ganz leises Rauschen meines aufgeblähten Fallschirms war das einzige, was ich hören konnte. Plötzlich bekam ich einen gräßlichen Schlag gegen meinen Kopf, dann war alles zu Ende! –

Als ich erwachte, lag ich in einem Bett. Nur schemenhaft erkannte ich zunächst Gestalten in weißen und blauen Kleidern. Es dauerte eine ganze Weile, bis ich das Gesehene einordnen konnte. Ich war in einem Lazarett. Wie ich später erfuhr, hatte man mich in einem Apfelbaum bewußtlos hängend gefunden. Man hatte mich dann gleich ins nächste Lazarett transportiert. Dumpfe Kopfschmerzen trübten zeitweise mein Gedächtnis, wiederholt schwanden mir die Sinne. Nur langsam und allmählich kam ich zu mir, und auf einmal wußte ich: Der Krieg ist für mich vorüber! – Ich brauche nie mehr ein militärisches Flugzeug zu besteigen!«

Eberhard nimmt sein Glas zur Hand und trinkt den Inhalt ohne abzusetzen aus. Er atmet tief durch und schnalzt genießerisch mit der Zunge:

»Aaah, wie gut das tut! Wie erfrischend und durstlöschend das ist! Meine Kehle war ausgetrocknet wie die Wüste Judäa.«

Ruth gießt erneut, ohne zu fragen, das Glas mit ›Eschkoljot‹, dem beliebten Grapefruitsaft, bis zum Rand voll.

»Wie war denn der Oberleutnant Hansen aus der abstürzenden Maschine herausgekommen? Ist er gerettet worden? Was hast du von ihm erfahren?« möchte sie wissen.

»Ja, auch er war aus der Maschine gesprungen und war mit dem Fallschirm sicher und unverletzt auf englischem Boden aufgesetzt. Er hatte sich dann beim nächsten Polizeiposten gemeldet, wir trafen uns drei Wochen später in einem Kriegsgefangenenlager in Nordengland. Er berichtete mir damals, daß er das Kabinendach, kurz nachdem ich die Maschine verlassen hatte, abwerfen konnte. Die Maschine zerschellte irgendwo, brannte aber nicht. Die Leiche von Schwarzkopf fand man etwa dreißig Meter entfernt von den Wrackteilen, sie war offensichtlich herausgeschleudert worden.

Die Engländer hatten Hansen zwecks Identifizierung zu der Absturzstelle gebracht. Der Feldwebel lag auf dem Rücken, fast schien es, als wäre sein Gesicht zu einem verächtlichen Grinsen verzogen. Seine Arme waren über dem Brustkorb wie im Krampf umeinandergeschlungen – das war sein Ende.«

»Er ist doch aber relativ sanft und friedlich gestorben«, stellte Ruth fest.

»So sieht es aus, Ruth, aber was hilft es ihm, wenn er einst seine Ewigkeit in Qualen verbringen muß? Dann kann er wohl hier auf Erden einen sanften Tod gestorben sein und ohne körperliche Leiden sein Leben ausgehaucht haben, wichtig ist und bleibt, ob ein Mensch die ihm von Gott angebotene Gnade angenommen hat, die uns durch Jesu Opfertod dargeboten wird, oder ob er bis zu seinem letzten Atemzug ein Feind des Evangeliums geblieben ist. Doch das endgültige Urteil liegt bei Gott, dem Allmächtigen, für uns steht geschrieben: ›Richtet nicht, auf daß ihr nicht gerichtet werdet.‹

Hansen blieb später in England und heiratete eine englische Krankenschwester. Beide besuchten eine Bibelschule in London und wurden Missionare. Zur Zeit leitet er eine Missionsstation in Südamerika.«

Eberhard blickt seine Mutter, seine Frau Maria und Ruth an, als er sagt: »Ja, das Leben ist ein Werden und Wirken hin zur himmlischen Heimat! Es soll für jeden ein stetes Hineinreifen in das Wesen Gottes sein.«

Er schließt seine Augen und beginnt zu beten: »Vater im Himmel, im Namen deines Sohnes Jesus danken wir dir für alle Güte und dein ewiges Erbarmen. Wir danken dir für jede Bewahrung und Führung in unserem Leben. Wir demütigen uns unter deinen himmlischen Ratschluß und bitten dich um deinen Beistand in den kommenden Zeiten. Wir sehnen uns danach, Bürger des himmlischen Jerusalems zu werden. Es ist deine Stadt, in der alle Tränen von unseren Augen getrocknet werden und kein Tod, keine Krankheit, keine Trauer und keine Mühsal mehr sein werden. Halt uns treu, Herr Jesus, halt uns treu, bis du erscheinen wirst in den Wolken mit großer Kraft und Herrlichkeit. Deine Worte sind zuverlässig und wahrhaftig, denn du bist der Ursprung und das Ziel des Lebens. Deshalb beten wir dich an, in Jesu heiligem Namen, Amen.«

Im Raum herrschte eine wohltuende Stille, langsam, kaum wahrnehmbar, brennen die sieben Kerzen auf der Menorah nieder, ehe die vier zu Bett gehen.

Am nächsten Morgen fahren sie nach Lod, denn Frau Nowak, Eberhard und Maria wollen mit der Linienmaschine der ELAL nach Deutschland zurück. Nur Ruth bleibt in ihrer geliebten, neuen Heimat.

»Grüßt mir Deutschland von ganzem Herzen und auch meine Geburtsstadt Berlin!« ruft sie ihnen nach, bevor die drei auf einer Rolltreppe entschwinden.

Als eine Stunde später die wuchtige israelische Passagiermaschine vom Ben-Gurion-Flughafen abhebt und nur wenige Augenblicke später das Flugzeug das Mittelländische Meer erreicht, muß Eberhard an das Lied denken, das ihm unzählige Male in den turbulenten Kriegstagen zum Gebet wurde:

»Auf Adlers Flügeln getragen,
übers brausende Meer der Zeit.
Getragen auf Adlers Flügeln
bis hinein in die Herrlichkeit.
Über Berge, Täler und Gründen
immer höher zur himmlischen Höh';
denn die Flügel sind stark, die mich tragen,
die Flügel, auf denen ich steh'.«

Dieses Buch, das Sie, lieber Leser, soeben zu Ende gelesen haben, ist der dritte und abschließende Band der Reihe, in der Jost Müller-Bohn das Erleben der Familie Nowak und der Jüdin Ruth Engelmann während des Zweiten Weltkrieges erzählt.

Band I:
Bleib du im ewgen Leben
TELOS-Paperback Nr. 2069, 232 Seiten

Hans Nowak erlebt den Vormarsch der deutschen Armeen nach Rußland an vorderster Front mit, seine Eltern erfahren die Auswirkungen der Machtübernahme Hitlers und nehmen Ruth Engelmann auf, die als Jüdin in Lebensgefahr ist. Sie wird entdeckt und muß fliehen . . .
Es ist für Christen lebensgefährlich geworden, seines Glaubens zu leben.

Band II:
mein guter Kamerad
TELOS-Paperback Nr. 2077, 200 Seiten

Familie Nowaks zweiter Sohn, Eberhard, erlebt den Krieg als Navigator und Fotograf in einer Aufklärungsmaschine, während sein Bruder Hans als Infanterist das Ende der Vorwärtsstrategie der deutschen Wehrmacht in Rußland bis zur furchtbaren Kesselschlacht bei Stalingrad erleidet. Im Elternhaus in Berlin erfahren die Eltern Nowak die ganze Not der Ungewißheit über das Ergehen der Söhne an der Front. Ihre flehende Fürbitte auch für Ruth Engelmann ist das einzige, was sie tun können.

Zusammen mit dem vorliegenden Band »Die Flügel sind stark« ist eine Trilogie entstanden, die die ganze Problematik des Verhaltens von entschiedenen Christen in einem furchtbaren Krieg und unter einem antichristlichen Gewaltregime aufzeigt. Daß dies alles in packender Weise erzählt wird, macht diese Frage einem Leserkreis zugänglich, der ansonsten nicht zu einer theoretischen Abhandlung über diese Frage greifen würde.

Verlag der St.-Johannis-Druckerei, 7630 Lahr